Le Quatrième Homme

Le Quatrième Homme

Un espion russe à la CIA

Robert Baer

Traduit de l'anglais
par Peggy Sastre

Saint-Simon

Titre original : *The Fourth Man. The Hunt For A KGB Spy At The Top Of The CIA And The Rise Of Putin's Russia.*
Hachette Books New York.

7-9, rue du Bouloi, 75001 Paris
www.edsaintsimon.com

Note de l'auteur

En 1991, le KGB a été scindé en plusieurs agences. Plus important encore, son appareil de renseignement extérieur s'est vu séparé du contre-espionnage. Mais, par souci de simplicité, et à l'instar de nombreux Russes, je me contenterai de désigner comme « le KGB » les organisations qui lui ont succédé. Le KGB est autant une façon de penser qu'une institution *stricto sensu*. J'alternerai aussi entre Russes et Soviétiques, puisque cette histoire fait des allers-retours chronologiques de part et d'autre de la chute de l'URSS. Dans ce même esprit, je ferai de mon mieux pour épargner à mes lecteurs la soupe jargonneuse trop courante dans les livres d'espionnage. Pour une question d'accessibilité, je ferai également usage de termes familiers, comme « agent double », « taupe » et « chasseur de taupes ». En interne, le FBI désignait sa chasse au Quatrième Homme comme une « sonde », mais je m'en tiendrai pour ma part à « enquête » ou « traque ». Toutes mes sources principales ont été, d'une manière ou d'une autre, directement impliquées dans l'enquête sur le Quatrième Homme et leurs propos rapportés l'ont été avec leur accord. Certaines ont également eu la générosité de relire la version finale de ce livre pour y débusquer des erreurs. Cela étant dit, l'enquête de la CIA sur le Quatrième Homme remonte à des décennies de souvenirs qui ne se recoupent pas toujours. En matière de références, deux livres sur le KGB et la chasse américaine aux taupes ont été indispensables pour que les faits et les dates ne s'embrouillent pas dans ma tête : *CIA-KGB, Le dernier combat,* de Milt Bearden et Jim Risen, ainsi que *Circle of Treason,* de Sandy Grimes et Jeanne Vertefeuille. La chasse au Quatrième Homme étant toujours en cours, j'ai proposé à la CIA et au FBI, à la fin de la rédaction de ce livre, de supprimer tout ce qui pourrait entraver leurs enquêtes. La CIA m'a fait quelques demandes, que j'ai volontiers acceptées. Aucune n'a le moins du monde modifié les prémisses de l'histoire.

En 2022, j'ai sorti ce livre racontant comment, au milieu des années 1990, une modeste unité de contre-espionnage de la CIA avait débusqué ce qu'elle soupçonnait être un espion du KGB infiltré à sa tête, avant de voir ses soupçons ignorés et enterrés. Comme j'ai fini par le découvrir, le FBI est en réalité sur la piste de ce même espion depuis maintenant quatre décennies. Et la traque se poursuit toujours. Pour citer un ancien enquêteur du FBI, sur l'affaire depuis le début : l'enquête « hante » le FBI. Vu les dommages irréparables que cette taupe du KGB a pu causer à notre sécurité nationale, on le serait à moins.

La première fois que le FBI a flairé l'anguille sous roche, c'était au milieu des années 1980. Soit une époque où le KGB s'était mis à rafler nos agents russes – espionnant pour la CIA et le FBI – dans une série d'arrestations et d'exécutions. Pendant longtemps, le mystère a plané : comment le KGB s'était-il débrouillé pour nettoyer si vite et si bien les écuries, mettant fin à notre collecte de renseignements sur l'Union soviétique ? Pas par chance, mais parce qu'il avait retourné trois traîtres américains dans nos opérations soviétiques : les officiers de la CIA Edward Lee Howard et Aldrich « Rick » Ames, et l'agent spécial du FBI Robert Hanssen. Avant qu'on ne mette la main sur lui, Ed Howard avait réussi à s'enfuir à Moscou, en 1984, où il mourut du coup du lapin. Rick Ames fut arrêté en 1994, et Hanssen en 2001. Ils purgent une peine à perpétuité dans des pénitenciers fédéraux. Mais la réserve de taupes avait-elle été vidée ? Après tout, Hanssen avait échappé à la vigilance du FBI pendant quinze ans. Même ses supérieurs du KGB ne connaissaient pas son nom.

Quelque chose a très vite attiré l'attention du FBI : des incohérences dans les arrestations des agents russes. Certains avaient été signalés au KGB avant que Rick Ames ne puisse matériellement les dénoncer. Pour la direction du FBI, il aurait été bureaucratiquement commode d'ignorer ces soucis de calendrier, de mettre toutes les pertes sur le dos de Howard, de Rick Ames et de Hanssen, et de tirer un trait sur cette affaire. Mais c'était sans compter l'opiniâtreté d'une section de contre-espionnage du bureau local du FBI à Washington. Au fil des ans, elle a conclu qu'il était peu probable que Rick Ames et les deux autres traîtres aient été les premiers à informer le KGB, causant la disparition d'un nombre inquiétant d'agents et la fin d'opérations en Russie. Plus crucial encore, la section allait isoler plusieurs opérations hautement sensibles révélées au KGB alors que Howard, Ames et Hanssen n'en savaient absolument rien. Au total, selon les traqueurs d'espions du FBI, une trentaine de « compromissions » attribuées au KGB seraient le fait d'un autre espion inconnu, et pas des trois débusqués. Pour citer un agent du FBI aujourd'hui affecté à cette section, de tels calculs ont convaincu le FBI de l'existence d'une autre « infiltration » du KGB dans le renseignement américain. Et ce, sans l'ombre d'un doute. Il n'a pas lui-même employé l'expression, mais on surnomme souvent cette mystérieuse taupe « le Quatrième Homme ».

Le problème, pour le FBI, c'est que ses preuves n'ont été qu'indirectes. À tel point que le « prédicat », c'est-à-dire les preuves tangibles, était insuffisant pour que le FBI ait le droit, selon les termes du FISA *(Foreign Intelligence Surveillance Act)*, de se pencher sérieusement sur le moindre suspect pouvant être le Quatrième Homme. Sans mandat du FISA, impossible pour le FBI de mener une enquête intrusive – pas de fouilles discrètes à son domicile ou sur son lieu de travail, pas d'inspection de ses ordinateurs, pas d'écoutes téléphoniques… Si le FBI a pu compulser les finances de certains suspects, il n'a rien trouvé d'utile pour son enquête.

Sans arme du crime, le FBI n'a eu d'autre choix que de recourir à une matrice. La chose est complexe, mais il s'est agi de cartographier, chronologiquement, les diverses anomalies liées à l'arrestation des agents initialement affectées à Ed Howard, à Rick Ames et à Robert Hanssen. En attribuant, sur cette carte, beaucoup plus d'importance aux compromissions liées aux opérations ultrasensibles connues seulement d'une poignée d'agents de renseignement, et certainement pas des trois à la fois. Si une anomalie isolée ou une compromission inexpliquée ne signifie rien, après un examen sur plusieurs années, les enquêteurs du FBI ont eu de quoi former une trame cohérente. À partir de là, ils ont pu établir le portrait-robot du putatif espion du KGB – quelqu'un qui avait donc accès à la trentaine de compromissions problématiques, et dont la carrière collait avec la chronologie de la matrice.

Si le FBI a isolé son enquête sur le Quatrième Homme de celle de l'unité de contre-espionnage de la CIA mentionnée dans mon livre, il s'avère que sa matrice et son profil correspondent bien aux conclusions de la CIA. Impliqué dans l'enquête sur le Quatrième Homme depuis bien plus longtemps, le FBI disposait même de beaucoup plus de données pour étayer sa matrice. La plupart de ces informations étant encore classifiées, mes sources au FBI n'ont pas pu me les décrire précisément. À part pour me confirmer qu'elles ne pouvaient absolument pas être attribuées à Ed Lee Howard, à Rick Ames ou à Robert Hanssen.

L'enquête du FBI n'a pas été un long fleuve tranquille. Mais en 2006, les convictions de l'Agence ont été suffisamment solides pour réduire la chasse à un officier de la CIA, aujourd'hui à la retraite. De tous les responsables de la CIA sur lesquels le FBI a enquêté, son mandat à la CIA explique à lui seul la trentaine de compromissions suspectes. Le FBI l'a convoqué pour un entretien, lui a expliqué sa matrice et comment il en était arrivé à le profiler comme le Quatrième Homme. Il a nié avoir espionné pour le KGB, ainsi que toute responsabilité dans les pertes inexpliquées de nos agents. Son passage au détecteur de mensonges s'est soldé par quelques résultats perturbants. Le FBI l'a convoqué une seconde fois. Il est venu accompagné d'un avocat. Comme lors du premier entretien, il n'en est rien ressorti. Et il a refusé de se soumettre une nouvelle fois au polygraphe.

Le FBI a beau savoir, par expérience, que les détecteurs de mensonges, les matrices et les profils ne sont pas infaillibles, il a néanmoins exprimé de profondes réserves lorsque cet ancien de la CIA a été pressenti pour diriger le National Counterintelligence and Security Center. Informé par le directeur adjoint du contre-espionnage du FBI que cet ancien haut placé de la CIA était l'objet d'une enquête active pour des soupçons d'espionnage au profit des Russes, le directeur du Renseignement national John Negroponte a retiré son nom du chapeau. Par écrit, le directeur adjoint m'a informé que le FBI n'avait pas pu bloquer formellement sa nomination, ajoutant toutefois, parlant de Negroponte : « Nous ne lui avons sans doute pas laissé d'autre choix. » (Contacté, Negroponte n'a pas répondu à ma demande de commentaire.)

Pourquoi ces deux enquêtes de contre-espionnage n'ayant pas abouti et remontant à la Guerre froide sont-elles si importantes ? Tout d'abord, parce qu'il en va du plus vieux mystère de toute l'histoire de l'espionnage américain. En outre, d'un point de vue plus ciblé, ces enquêtes révèlent la profondeur des divisions qui ont pu séparer la CIA et le FBI dans les années 1980 et 1990. Un fossé rendu parfaitement logique quand on sait que le FBI envisageait qu'un officier de haut rang de la CIA fût un espion du KGB, et que cette taupe était capable de faire dérailler ses enquêtes sur la CIA. Or le véritable problème est que personne, jusqu'à ce jour, n'a d'idée précise de l'ampleur des dommages causés à notre sécurité nationale par ce Quatrième Homme. S'il fut, effectivement, au courant des secrets que soupçonne le FBI, alors ces ravages sont incalculables.

R.B., janvier 2023

1.

Contre-espionnage, *n.m.* Activité visant à ne pas laisser entrer les ennemis et à sortir ceux qui étaient déjà là.

Moscou, 1992

TEL ÉTAIT LE PROBLÈME : trouver un agent du KGB qui ne voulait pas qu'on le trouve. L'homme avait sciemment dissimulé ses coordonnées russes aux Américains. Dans tous les annuaires que la CIA avait à disposition, il était aux abonnés absents. Et pour obtenir l'information, hors de question d'aller toquer chez les Russes : la CIA voulait s'entretenir avec ce type en privé, sans donner au KGB une raison de le coffrer pour espionnage.

À Moscou, la CIA étant sous l'œil constant du KGB, la traque s'annonçait d'autant plus rude. Qu'importe l'effondrement de l'Union soviétique en 1991, la fin de la Guerre froide et l'alignement de la Russie sur l'Occident (en théorie, évidemment), le KGB voyait les choses autrement : les États-Unis étaient toujours l'ennemi juré de la Russie, et la CIA prompte à la saboter par tous les moyens. Et sachant les agents américains pistés dans leurs moindres déplacements, il était très risqué, voire impossible, d'essayer d'accoster un Russe – encore moins un officier de renseignement.

Ce fameux espion était originaire de Géorgie. Il était grand, maigrichon, moustachu et s'appelait Aleksandr Ivanovitch Zaporojski. Il avait rejoint le KGB en 1975 et œuvrait depuis au sein de la direction du contre-espionnage de son service de renseignement extérieur, la PGOu, rebaptisée SVR par Eltsine en 1991 après la dissolution du KGB.

Si, dans ses échanges avec les Américains, Zaporojski s'est toujours jugé plutôt complice que traître – un *agent*, comme la CIA les désigne – il s'était mis à lâcher de très intéressantes infos sur des taupes du KGB opérant au sein du renseignement américain. Pour les rares de la CIA et du FBI l'ayant fréquenté, Aleksandr Ivanovitch Zaporojski était connu par son surnom, « Max ».

La première rencontre entre Max et la CIA remontait à 1988, en Afrique de l'Est. À l'époque, Max avait voulu recruter un Américain, employé dans une ambassade de la région, en s'y prenant comme un manche. Informée par le diplomate que Max lui tournait autour, la CIA s'était dit que la meilleure solution était encore de le coincer entre quatre yeux et de lui faire comprendre qu'il valait mieux continuer ses petites affaires ailleurs. Comme dans un scénario bien huilé, un agent de la CIA – un *officier traitant*, dans le jargon – nommé Mark Sparkman avait débarqué à la table de Max et du diplomate. Ce dernier s'était levé et, s'étant excusé, il avait laissé Max et Sparkman poursuivre le dîner. Max avait alors fixé Sparkman et lui avait dit qu'il savait exactement où il travaillait – à la CIA. Mais sans se débiner pour autant. Pourquoi gâcher une soirée qui promettait d'être divertissante ?

Rien de surprenant à ce que Max eût connu l'employeur de Sparkman. Le pays d'Afrique de l'Est dans lequel il était à l'époque déployé jouait les bons camarades avec les Soviétiques et tenait le KGB dûment informé des Américains présents sur son sol. De même, les circonstances de cette première rencontre n'avaient rien eu d'inhabituel. En Afrique, les règles d'engagement entre KGB et CIA tenaient pour ainsi dire de l'improvisation. Et si c'est surtout l'ennui qui conduisait à la fraternisation, elle eut comme effet secondaire de transformer l'Afrique en un joyeux terrain de chasse pour la CIA et le KGB. Tout Russe voulant déserter ou proposer ses services d'agent double à la CIA savait exactement à quelle porte frapper. Et *vice-versa.*

Lors de leur première rencontre, Max et Sparkman n'étaient pas seuls. Parmi ses missions, Max devait en effet former le service de renseignement local aux techniques d'espionnage. Ce soir-là, dans le cadre d'un exercice, il avait chargé une équipe d'infiltration de se poster aux quatre coins du restaurant et d'observer discrètement son dîner avec le diplomate. Qu'avaient-ils pensé en voyant un autre Américain débarquer à l'improviste ? Nul ne le sait, mais comme Max ne s'en montra pas perturbé, eux non plus.

C'est aussi pour cette raison que Sparkman flaira l'anguille sous roche. Pour un officier du KGB ainsi pris en embuscade, la procédure standard aurait dû être la fuite. Mais non, les deux hommes allaient rester à papoter deux heures durant, à faire ironiquement le tour de tous les sujets de discussion les plus éculés de la Guerre froide. En bon sudiste jovial, Sparkman avait su dissiper le premier malaise et la soirée glissa toute seule. À la fin du dîner, ils convinrent de rester en contact. Une fois Max retourné à sa voiture, Sparkman sut qu'il avait affaire à un homme tiraillé. Il n'avait rien de l'*apparatchik* du KGB *lambda,* fermé comme une huître et raide comme un piquet.

C'est après avoir rencontré plusieurs officiers traitants de la CIA que Max se mit à évoquer l'existence de deux agents doubles infiltrés dans les services secrets américains. Il ne connaissait pas leurs vrais noms, mais il avait entendu dire que l'un était à la CIA et l'autre au FBI. Il affirmait avoir vu un de leurs dossiers sur le bureau d'un collègue. Et savait même dans quel coffre il était rangé. Sans être en mesure de mettre la main dessus. Dans le monde du KGB, la curiosité n'est pas qu'un vilain défaut, elle peut être mortelle. Mais ce dont Max était sûr et certain, c'était que les deux agents doubles étaient toujours en place et, d'après ce qu'il avait pu glaner, en train de livrer leurs secrets. En outre, Max allait fournir les noms de codes donnés par le KGB à ces deux agents. (Je les aurais bien consignés ici, mais la CIA me l'a expressément interdit.)

Il faut se souvenir que ces déclarations précédaient, et de loin, les conclusions de la CIA et du FBI sur la présence effective d'agents doubles dans leurs rangs. Entre 1985 et 1986, la CIA eut à déplorer des pertes massives d'agents russes. Le problème ne pouvait que venir d'une taupe. Sauf qu'aucune preuve irréfutable n'était encore à même de soutenir cette théorie.

Le chef de poste de Sparkman en Afrique de l'Est, un homme pour lequel j'avais moi-même travaillé, n'était pas convaincu par Max. Du moins, pas au début. Vieux briscard de la Guerre froide, il avait suffisamment été enfumé par le KGB pour rester sur ses gardes. Tant que Max ne fournirait pas de renseignements concrets sur les agents doubles, il allait le considérer comme une « chèvre », un agent triple formé par les services secrets russes pour rendre la CIA complètement parano et l'épuiser dans une chasse aux ennemis intérieurs. Parce que rien, ou presque, ne plaît davantage au KGB que de brouiller les pistes et de rendre irrespirable l'atmosphère à Langley.

On doit concéder à Max que la CIA ne l'avait pas vraiment jouée fine avec lui. L'un des agents envoyés en Afrique de l'Est pour le rencontrer avait la réputation, tout à fait méritée, d'être le dernier des connards. Max l'avait tout de suite détesté et lui avait raconté des craques juste pour l'emmerder. Ce qui, sans surprise, n'avait pas amélioré l'opinion que le chef de poste se faisait de lui. Ni celle en cours à Langley : l'administratrice en charge du dossier de Max avait décidé qu'il était impossible de lui faire confiance. Pour ne rien arranger, Max, muté à Moscou, avait coupé tout contact avec les Américains. Il en fallait cependant davantage pour traumatiser la CIA. Déjà qu'il était risqué d'opérer avec un agent russe à Moscou, personne n'allait se mettre en quatre pour un type à l'évidence incapable de se soumettre aux rigueurs des « opérations en zone interdite », comme les appelle la CIA – les fameuses « règles de Moscou ». Soit des tactiques d'espionnage millimétrées pour fouiner sous l'œil du KGB sans se faire coincer.

Max n'était pas le seul responsable de son manque de crédibilité. Vu qu'il n'avait jamais eu droit à un débriefing en bonne et due forme, on ne lui avait jamais demandé de décrire, par le menu, sa découverte des deux agents doubles américains. Et débriefer un agent à la volée, d'autant plus un officier du KGB aussi effarouché que Max, ne peut que générer son lot de malentendus et de fausses pistes. Sans oublier que l'excentricité de Max était loin d'en faire un oiseau rare chez les agents – et encore moins chez les très bons, souvent bourrés de défauts psychologiques. On a beau, du côté des officiers traitants, rêver d'agents qui se pointeraient bien sagement à chaque contact avec une mallette remplie de documents top secret avant de s'évaporer dans la nuit, dans la pratique, on doit souvent gérer des individus bordéliques et rétifs à la discipline.

Sans compter que si Max croyait réellement la CIA noyautée par ses services, il avait toutes les raisons du monde de garder ses distances avec elle. Rétrospectivement, il aurait même dû la fuir à toutes jambes. Reste qu'il eut assez de jugeote pour ne pas approcher la CIA à Moscou lorsqu'il y fut réaffecté après sa mission en Afrique de l'Est.

Max serait probablement resté dans un tiroir, pour finir au placard, si le FBI et la CIA n'avaient pas conclu de leur côté à l'existence d'un agent double dans les opérations russes de la CIA. En 1992, les agences en avaient même suffisamment sous le coude pour dresser une liste de suspects. Un nom, en particulier, avait tout pour être celui d'un agent double : Aldrich « Rick » Ames, agent de la CIA. Non seulement il avait eu accès aux dossiers des agents russes perdus par la CIA et le FBI dans les années 1985-1986 mais, et la chose avait vraiment titillé la curiosité des enquêteurs, il s'était payé une belle maison avec des valises de billets. Cependant Rick Ames n'était qu'une cible parmi plus de deux cents autres. Et qu'importe que la CIA ait jugé son dossier solide, aux yeux du FBI, les preuves manquaient. Avant de se lancer pour de bon à ses trousses, il fallait attester ses liens effectifs avec les services secrets russes. Et puisqu'il était peu probable qu'on le surprenne avec son officier traitant russe à Washington, on espérait que Max serait d'une quelconque utilité. Alors le FBI informa la CIA que si elle n'arrivait pas à débusquer Max à Moscou, il allait s'en charger.

La CIA, ne sachant comment s'y prendre, n'eut d'autre choix que d'attendre que la chance frappe à sa porte. Ce qui, comme par miracle, arriva. Il fallut pour cela une réunion de « liaison » entre Dave Rolph, chef de poste à Moscou, et ses homologues des services russes, organisée dans un lugubre manoir de Moscou. Un lieu autrefois habité par Lavrenti Beria, l'ancien chef de la sécurité de Staline, psychopathe et tueur en série. Globalement, ce genre de rencontre a toujours été une perte de temps, avec des Russes refusant de fournir le moindre début de renseignement valable, et une CIA à peine plus généreuse. Mais il fallait bien entretenir les faux-semblants après la Guerre froide, et la mascarade a perduré.

Dans l'ancienne *datcha* de Beria, David Rolph fut étonné de voir Max jouer les greffiers. Dès son retour au poste, Rolph envoya un câble à Langley pour connaître ses instructions. Réponse *illico* de Langley: qu'il essaye, lors de la prochaine réunion, de faire discrètement passer un mot à Max et de lui proposer un rendez-vous ailleurs, dans un endroit isolé de Moscou. Prendre un tel risque – passer un mot à un agent des services secrets russes en présence de ses collègues – était, pour le moins, assez peu orthodoxe. Et, d'autant plus étrange aux yeux de Rolph, personne ne lui expliqua pourquoi il était si important pour Langley d'approcher Max loin de ses collègues. En temps normal, un chef de poste doit tout savoir de ce que Langley traficote dans son secteur. Mais Rolph, ancien des forces spéciales de l'armée et suffisamment aguerri aux méthodes de la CIA pour ne plus être surpris par leur bizarrerie, ne posa pas de question. En revanche, le tour de passe-passe commandé promettait d'être une autre paire de manches.

Lors de la réunion suivante, toujours chez Beria, Rolph et Max se retrouvèrent à un moment donné, seuls, dans la cage d'un ascenseur vétuste. Rolph en profita pour glisser le papier dans la main de Max qui, sans mot dire, le rangea dans sa poche. La proposition resta lettre morte.

Début 1993, avec le FBI toujours sur le dos, Langley décida d'inviter ses homologues du renseignement russe à Washington pour une conférence. Dans l'optimisme ambiant suivant l'effondrement de l'Union soviétique, de telles visites étaient monnaie courante. Celle-ci, cependant, était animée d'un espoir encore plus fou : que les Russes mettent Max sur la liste de leurs invités. À la surprise générale, la foudre allait frapper deux fois. Le nom de Max s'y trouvait.

Parmi tous les officiers traitants auxquels Max avait eu affaire en Afrique de l'Est, il s'était particulièrement bien entendu avec Dick Corbin, un vieil expert des « rouges » réaffecté au contre-espionnage à Langley. Compact et sportif, Corbin était un type franc du collier, apprécié de tous ceux qui l'avaient fréquenté, surtout des Russes. Il avait appris à parler couramment la langue en travaillant pour la National Security Agency (NSA), la branche du Pentagone chargée des écoutes. Et, essentiel pour Langley, il comptait parmi la douzaine de personnes à être au parfum de la chasse à la taupe au sein de la CIA et du FBI. Soit l'un des rares à savoir exactement pourquoi on s'était autant cassé la tête pour amener Max à Washington.

Côté américain, la présence de Corbin était un mystère pour quasiment tous les participants. Y compris pour Rolph. Vu que Corbin ne travaillait pas sur la Russie à ce moment-là, la chose semblait absurde. Mais, d'un autre côté, tout le monde savait aussi qu'il n'y avait rien à demander. En matière d'opérations russes, les règles du jeu étaient aussi simples et catégoriques que possible : on n'en parle pas, on ne pose pas de questions. Ce n'est que des années plus tard que Rolph comprit son rôle involontaire dans la chasse à Rick Ames.

Une fois la délégation du renseignement russe bien installée à Washington, l'étape suivante consistait à éloigner Max de ses collègues. Pas une mince affaire. Qu'importent la *Perestroïka* et la fin de l'Union soviétique, les agents russes en voyage à l'étranger se surveillaient de près, parfois même avec un garde posté toute la nuit dans le couloir de leur hôtel. Sans compter qu'on les obligeait aussi à partager leur chambre, histoire que personne ne puisse se faufiler dehors en pleine nuit. À la CIA, on allait beaucoup croiser Max lors des réunions et des festivités, sans avoir l'occasion de le coincer en tête-à-tête. Il fallut se contenter de bribes échangées dans les couloirs et les cages d'escalier. Jeanne Vertefeuille, chasseuse de taupes en chef au sein de la CIA, eut pour sa part droit à quelques mots avec Max quand la conférence partit de Washington pour se poursuivre au *Greenbrier*, luxueux complexe hôtelier de White Sulphur Springs en Virginie Occidentale. Sans qu'il lui apprenne quoi que ce soit sur les deux agents doubles du KGB infiltrés dans les services secrets américains.

Il fallut attendre, par un matin froid et pluvieux, que Dick Corbin invite Max à une partie de pêche pour qu'il lâche sa bombe : un collègue des services secrets russes, Youri Karetkine, s'était rendu à Caracas pour y rencontrer un agent double de la CIA. Corbin n'en croyait pas ses oreilles. Pour la première fois, Max avait fourni un renseignement utilisable et susceptible d'être corroboré. Max avait beau ne pas connaître le vrai nom de l'agent double, la piste de Caracas fut suffisante pour que le FBI fasse correspondre les dates du voyage de Youri Karetkine avec celles de Rick Ames. Et pour qu'un juge autorise le FBI à s'introduire secrètement dans la maison de Ames pour la fouiller. Les preuves irréfutables étaient là, il était bien un agent double au profit des Russes. Le FBI arrêta Rick Ames le 21 février 1994, et ses aveux lui furent vite arrachés. C'était lui qui, en 1985, avait dénoncé une douzaine d'Américains aux Soviétiques. Et sa justification n'aurait pas pu être plus banale : l'argent. Il avait vendu le fleuron de la CIA et en avait tiré de quoi se payer une nouvelle Jaguar et un terrain en banlieue. Une trahison dont la CIA, encore aujourd'hui, ne s'est jamais remise.

Avec l'histoire de Max, on saisit quelle part de vérité il y a dans ce vieux précepte du monde des services secrets : rien de mieux qu'un espion pour en choper un autre. Le FBI et la CIA ne l'ont peut-être jamais admis publiquement, mais la piste de Max vers Caracas avait été déterminante pour coincer Rick Ames et le mettre en prison. La leçon primordiale pour toute future chasse à la taupe, c'est qu'aux yeux des services américains, en une fraction de seconde, Max avait cessé d'être une chèvre pour devenir le meilleur agent de contre-espionnage de tous les temps. Tout ce qu'il avait encore à dire sur des agents doubles russes, qu'ils soient infiltrés à la CIA ou au FBI, allait être pris avec le plus grand sérieux. Et il en avait énormément à révéler.

Personne n'a su me dire la date exacte mais, à un moment donné, Max a donné une info encore plus sensationnelle : il y avait un autre agent double du KGB au sein de la CIA. Un agent encore plus expérimenté et mieux placé que Rick Ames. Vu le nombre de compromissions vis-à-vis du KGB impossibles à expliquer par Rick Ames, la CIA et le FBI s'étaient donc lancés dans une nouvelle traque. Qui allait durer près de trois décennies.

Au départ, les chasseurs de taupes avaient appelé ce nouvel agent double « le gros dossier ». Avant qu'on n'en vienne à parler du « Quatrième Homme », une fois débusqués les trois agents doubles Rick Ames, Edward Lee Howard et Robert Hanssen.

Le Quatrième Homme, en revanche, n'a jamais été nommé publiquement, et encore moins poursuivi pour espionnage. Il demeure à ce jour le saint Graal du contre-espionnage américain. Les convictions du FBI étant toujours assez fortes, l'enquête continue. Le problème, c'est que leur adversaire sait comment jouer le jeu pour gagner la partie.

2.

Besoin d'en connaître, *expr.* Restriction de la diffusion d'un secret au plus petit nombre de gens possible.

Langley, Virginie, 1995

J'AI COMMENCÉ À VRAIMENT SAISIR ce qui se tramait moins d'un an plus tard, en mars 1996, quand, avec mon boss, Bill Lofgren, nous avons été convoqués à la Maison-Blanche pour une affaire dont je n'ai pas gardé le souvenir.

À cette époque, Lofgren était à la tête de la division des Opérations de Langley, chapeautant toutes les antennes locales en ex-URSS et en Europe de l'Est. Pour ma part, je supervisais ses postes en Asie centrale et dans le Caucase. Notre travail ? Globalement, tenter de séduire les nouveaux services issus du KGB, pour les convaincre que nous n'étions plus leur ennemi. La CIA n'étant pas experte en danse des sept voiles, nous n'avions pas grand succès.

Comme moi, Bill Lofgren aurait préféré un détachement sur le terrain pour s'occuper d'agents, mais il nous fallait tirer le meilleur de notre présence à Langley. Originaire comme moi du Colorado, Lofgren aimait que je lui confie exactement le fond de ma pensée, sans perdre de temps à lui cirer les bottes. Nous nous étions retrouvés dans un long voyage à l'autre bout du monde, à bord du *Gulfstream*, le jet privé de la direction. Un périple riche en soirées de l'ambassadeur. Sans doute m'étais-je assez bien comporté, car j'avais su gagner un peu de sa confiance. Du moins, le genre de confiance que les espions s'accordent entre eux. Un autre de nos points communs : notre tendance à nous battre contre des moulins à vent. Certes, nous ne l'avions jamais formulé en ces termes, mais nous étions tous deux en quête de la vérité nue. Une proie qui, même entre les portes closes de Langley, n'était pas toujours facile à débusquer.

De retour à Langley, c'est en remontant la George Washington Parkway que Lofgren m'a annoncé, tout de go, qu'il en avait assez et qu'il voulait prendre sa retraite. Marié pour la deuxième fois, avec une flopée de gosses, il m'a expliqué qu'il avait besoin de sa retraite et d'un nouveau salaire pour permettre à ses enfants de terminer leur scolarité.

« Mais il y a ce truc que j'ai laissé en plan et ça m'énerve », a-t-il dit, presque dans sa barbe. J'ai attendu qu'il s'explique, mais il s'est tu un moment, comme s'il calculait dans sa tête ce qu'il pouvait révéler.

Il était en train de se garer devant le siège quand il m'a dit : « On en a une autre.

— Une autre quoi ?

— Une taupe. Le KGB a un agent. Juste là. »

Lofgren pointa du doigt le septième étage du bâtiment principal de Langley, la direction de la CIA, avec son panorama sur le Potomac, sans surprise le meilleur de la maison.

J'ai bêtement levé les yeux. Comme si je m'attendais à voir un nouveau Rick Ames nous regarder par la fenêtre.

Évidemment, ma curiosité avait été piquée au vif. Mais dans la CIA post-Rick Ames, poser trop de questions sur la

Russie était le meilleur moyen de se retrouver dans de sales draps. J'ai donc fermé ma bouche. Une fois Bill Lofgren parti à la retraite, j'étais persuadé que je n'allais plus jamais entendre parler de cette histoire.

Ce n'est que vingt-trois ans plus tard, en mars 2019, que la taupe du septième étage est revenue valser dans ma vie. Ou, plus précisément, la détourner.

J'avais démissionné de la CIA depuis l'année 2000 et passais une bonne partie de mon temps à écrire des livres. D'une manière ou d'une autre, ils avaient tous eu un rapport avec mon passage dans les services. Mais après avoir raconté ce que j'avais à dire sur l'espionnage, j'avais pris la ferme décision de changer de sujet.

Avec Lofgren, nous avions gardé le contact. Le plus souvent autour d'un déjeuner arrosé de bières, avec quelques autres vieux collègues. Comme il souffrait d'une forme de démence précoce, c'était désormais moi qui me trouvais derrière le volant.

Après l'un de ces déjeuners, alors que je venais de tourner dans sa rue, Lofgren m'a dit de but en blanc : « Je pense savoir qui est la taupe du KGB. »

Parlait-il de notre conversation sur le parking de la CIA, cet après-midi de 1996 ? Je ne pouvais que le supposer. Mais vu qu'il abordait un sujet pour le moins sensible, j'ai préféré le laisser parler.

« Je me demande si on l'aurait attrapé si j'étais resté », a-t-il fini par ajouter.

Il est resté silencieux un moment. Comme un homme à la conscience lourde sur le point d'avouer un crime atroce. Puis il m'a lâché un nom.

Moi qui ne suis pas du genre facilement surpris, j'ai failli piler pour demander à Lofgren comment il avait pu en arriver à une conclusion aussi farfelue et complotiste. Dans aucun recoin du multivers, le type qu'il venait de désigner n'aurait pu rouler pour le KGB. Impossible, également, d'imaginer ses motivations, ni comment il aurait pu passer entre les mailles du filet durant toutes ces années. J'en étais sûr, Lofgren faisait fausse route. C'était obligé. Sauf qu'il n'avait jamais eu un gramme de patience pour les théories du complot ou les calomnies. Il avait joué un rôle central dans la mise hors d'état de nuire de Rick Ames.

Dans des livres et des articles de presse, j'avais effectivement croisé l'hypothèse d'une autre taupe du KGB dans les opérations russes de la CIA, en plus de Rick Ames. Milt Bearden, le prédécesseur de Lofgren à la direction de la division chargée de la Russie, avait ainsi écrit une tribune dans le *Los Angeles Times* où il évoquait très clairement cette possibilité. Sans donner de nom, il avait été le premier à désigner publiquement la taupe comme le « Quatrième homme ».

Nous avons continué la route en silence. Dans mon esprit, les implications de la possible trahison de cet homme éclataient comme du pop-corn. S'il était bien la taupe, il avait été en mesure d'infliger plus de dommages à notre sécurité nationale que n'importe quel espion dans toute l'histoire américaine. Bien plus que Ames, Hanssen et Howard réunis. Il avait accès à quasiment tous les secrets de la CIA, y compris l'identité de tous ses agents et officiers sous couverture. Et il aurait pu divulguer la plupart des secrets de la NSA, mais aussi ceux du Département d'État et du Pentagone. Sauf à casser la cryptographie américaine, le KGB n'aurait pas pu rêver mieux.

Je me suis alors rendu compte qu'il n'y avait, à ma connaissance, aucune preuve de cette trahison en très haut lieu. En espionnage, comme en journalisme, une affirmation extraordinaire exige un niveau de preuve extraordinaire. Il m'aurait été plus facile de croire en la culpabilité de cet homme si j'avais vu de mes propres yeux des images de la télévision russe montrant ses victimes menottées dans un tribunal moscovite. Avec Howard, Ames et Hanssen, nous avions eu toutes les preuves nécessaires pour attester leur trahison : des dizaines d'agents russes de la CIA et du FBI exécutés. Mais là encore, qui étais-je pour dire quelle était la vraie histoire du Quatrième Homme ?

Il allait nous falloir encore quelques rendez-vous, mais Bill Lofgren a fini par me proposer de dépoussiérer l'enquête, histoire de voir ce que je pourrais faire pour la relancer. Non pas qu'il m'eût pensé capable de la résoudre, et encore moins de mettre le Quatrième Homme en prison. Le FBI, qui avait remué ciel et terre, n'avait pas réussi. Ce que Lofgren espérait, c'est qu'en trifouillant les cendres, je finisse par attirer l'attention du Quatrième Homme et par l'empêcher de dormir. Hypothèse pertinente si la cible était la bonne… Car dans le cas contraire, l'homme s'en donnerait à cœur joie pour ridiculiser toute l'entreprise et traiter cette histoire comme une belle saloperie complotiste. Dans tous les cas, vu le temps que j'avais passé à la CIA quand l'URSS était encore debout, qu'importe si la guerre de Lofgren semblait perdue d'avance, il n'y avait qu'une chose à faire.

Me dire que la CIA n'en avait pas encore fini avec moi. Et que ma reconversion littéraire allait encore devoir attendre.

* * *

Durant mes vingt années à la CIA, j'avais rarement bataillé contre la « cible soviétique », ayant plutôt roulé ma bosse dans les décombres d'un empire ou d'un autre – Sarajevo, Beyrouth, Khartoum, etc. Des cibles molles, comme on dit. Mais j'ai quand même collaboré avec tout un tas d'experts en surveillance de l'Union soviétique. Autant de sources qui allaient pouvoir m'aider à comprendre la chasse au Quatrième Homme. J'en étais sûr.

J'appelais mes anciens collègues pour leur poser des questions sur le Quatrième Homme et sur le KGB, nos échanges débutaient souvent par un chaleureux « Salut! C'est super d'avoir de tes nouvelles! ». Mais dès qu'ils comprenaient ce que je cherchais, c'est comme si un interrupteur cliquait dans leur tête, pour les rendre aussi froids et laconiques qu'un *apparatchik* soviétique. À l'évidence, ils se disaient que je n'avais aucun « besoin d'en connaître » sur le Quatrième Homme, la chasse, ou n'importe quoi d'autre qui y soit lié de près ou de loin. En d'autres termes, que je pouvais aller me faire voir. Certains m'ont carrément menti, d'autres ont prétendu qu'ils n'en avaient jamais entendu parler. J'ai même été étonné par l'inutilité de leurs mensonges après tant d'années. Un peu comme s'ils niaient notre expérience commune à la CIA.

Au début, je ne sais pas pourquoi, j'ai été assez naïf pour croire que pour ressusciter l'enquête sur le Quatrième Homme il me suffirait de reformer mon groupe. J'allais réchauffer notre vieille camaraderie, titiller les curiosités et, ensemble, nous allions apporter un peu de clarté sur ce vieux mystère. Comme un abruti, je me disais que le brouillard de suspicion et de paranoïa traînant dans le sillage du Quatrième Homme s'était forcément dissipé depuis toutes ces années. Soit plus d'un quart de siècle depuis l'ouverture de l'enquête par la CIA. Or mes histoires sont tombées dans des oreilles de sourds. Mes interlocuteurs cachaient-ils un sombre secret qu'ils voulaient emporter dans leur tombe? Peut-être. Mais le plus probable, c'est qu'ils étaient gênés vis-à-vis d'une organisation à laquelle ils avaient consacré toute leur vie. Aucun retraité ne veut croire que sa carrière n'a servi à rien.

À l'évidence, le temps n'avait rien fait au serment d'*omerta* pris par Hugh « Ted » Price – le directeur adjoint des Opérations de la CIA ayant ordonné la chasse au Quatrième Homme. En l'appelant, j'avais au moins un espoir : qu'il serait curieux de savoir où en était l'enquête depuis son départ à la retraite en 1995. Mais il m'a vite coupé la parole, avec l'accent sec de sa caste. Parler du passé ne l'intéressait pas. Tout cela était loin derrière lui. Que je n'insiste pas. Il est mort durant la rédaction de ce livre. Une même froideur m'a été servie par son prédécesseur, Tom Twetten, le directeur adjoint des Opérations ayant eu la malchance d'occuper le poste de Price quand Rick Ames fut démasqué. J'avais été sous les ordres de Tom Twetten durant l'une de mes affectations à l'étranger, mais cela ne fut d'aucune aide pour briser la glace. Selon lui, il n'y avait eu qu'un seul problème : Rick Ames et personne d'autre. En d'autres termes : aucune raison d'en parler davantage. Mike Sulick, un autre ex-directeur adjoint des Opérations et chef de l'antenne de Moscou, m'a même dit qu'il ne croyait pas à l'existence du Quatrième Homme. Qu'il y avait eu une enquête sur un employé de la CIA, mais qu'elle n'avait rien donné. L'ancien directeur du Renseignement national, James Clapper, et l'ancien directeur de la CIA, Mike Hayden, m'ont assuré qu'ils n'avaient jamais entendu parler d'un Quatrième Homme. Chose étrange car, à ma connaissance, sa traque est le plus gros mystère de toute l'histoire de l'espionnage américain.

Selon plusieurs anciennes sources du FBI, le Bureau n'aurait jamais caché ses enquêtes de contre-espionnage à la direction de la CIA. David Szady, futur directeur adjoint du Contre-espionnage du FBI, m'a écrit que lorsqu'il était affecté par rotation à la CIA en tant que responsable du contre-espionnage, il ne manquait jamais d'informer le directeur de la CIA,

George Tenet, de *toutes* les enquêtes de contre-espionnage en cours sur ses employés. En retour, Tenet était à 100 % derrière le Bureau dans ses procédures de vérification. James Milburn, analyste du Contre-espionnage russe au FBI, m'a confirmé que le FBI avait pour habitude d'informer les directeurs de la CIA des enquêtes sur ses employés, en particulier lorsqu'il fallait procéder à des interrogatoires. En contradiction avec ces informations, après la publication du livre, Tenet a déclaré que le FBI ne l'avait jamais briefé sur le Quatrième Homme.

Je me suis ensuite tourné vers l'ancien chef d'antenne en Afrique de l'Est, celui qui avait eu tant de doutes sur Max au départ. Sans la moindre ambiguïté, il m'a répondu que, de son temps, il n'y avait eu aucun agent du KGB à la CIA. J'ai pensé à lui demander quelle utilité il y avait à couvrir Max, vu qu'il n'était plus actif et qu'il était plus ou moins en sécurité, hors de portée du KGB. Sans compter que l'histoire de Max, je la connaissais désormais mieux que lui. Une question à laquelle je voyais bien qu'il n'allait pas vouloir répondre.

Plus bas dans la hiérarchie, je n'ai pas non plus trouvé qui que ce soit qui désirât aborder le sujet. Un ancien chef des Opérations russes s'est même dit « choqué » que j'aie entendu parler d'une recherche concertée du Quatrième Homme. Pour ensuite admettre que, oui, il y avait eu un agent double russe excessivement nuisible après Rick Ames. « Si je vous dis les noms sur la dernière liste, vous allez halluciner. » Comme indice pourri, il m'a craché que les Russes l'appelaient parfois *Siem*, « sept » en russe. Que le Quatrième Homme était lié d'une manière ou d'une autre à une enquête sur la mort suspecte d'un officier du MI6 à Londres travaillant dans des opérations russes. Le malheureux avait été tué dans un délit de fuite dans le centre de Londres un samedi soir. Je lui ai demandé s'il était possible que les Russes l'aient assassiné pour ce qu'il savait sur le Quatrième Homme. Mais il en avait visiblement trop dit. Il a raccroché et n'a plus jamais répondu à mes appels.

Un autre ancien chef des Opérations russes m'a corrigé : le fameux agent double n'avait jamais été surnommé le Quatrième Homme, mais le Troisième. Un chiffre auquel il était arrivé en soustrayant Ed Howard, à proprement parler transfuge plutôt qu'agent double. Mais au-delà de ces histoires de calcul, il ne doutait pas d'un noyautage de la CIA par les Russes, et à un niveau bien supérieur à celui de Rick Ames. « Il y a eu trop d'indices pour arriver à une autre conclusion », m'a-t-il dit. Avant d'ajouter : « La piste est remontée jusqu'au septième étage. » Mais sans développement. Comme il me l'a dit, ce Troisième Homme était si haut placé que ses ravages ont été largement plus graves que ceux causés par Rick Ames. En plus d'une pléthore de secrets sensibles, il avait ainsi pu transmettre aux Russes des mémorandums sur des conversations entre Boris Eltsine et Bill Clinton. Et les gars du KGB s'en étaient servis comme d'une arme : ils les avaient agités sous le nez d'Eltsine en l'intimant de ne pas trop copiner avec les Américains, sinon ils sauraient le lui faire payer. Et c'est là que mon ancien collègue s'est tu. Jamais il ne m'a dit qui était, selon lui, le Troisième Homme, ni comment il savait ce que la taupe avait remis au KGB. Quand j'ai demandé pourquoi les fils de cette histoire étaient si difficiles à tirer, il m'a simplement répondu, d'une voix blanche : « Les Russes feront tout pour protéger le Troisième Homme. »

Auprès de Sandy Grimes, l'une des enquêtrices en charge de la traque de Rick Ames, j'ai mentionné quel genre de réaction allergique je pouvais provoquer durant mes entretiens. Ma naïveté l'a amusée. Selon elle, même quand les preuves contre Ames avaient commencé à s'accumuler, personne au septième étage de Langley n'avait voulu admettre la présence d'une taupe du KGB à la CIA. Et encore moins qu'un agent double était sur le point d'être confondu, là, sous leurs yeux. Pourquoi les choses auraient-elles changé? Le chef m'ayant parlé du « Troisième Homme » m'avait, lui aussi, dit qu'il s'était heurté au même genre de mur. Agent débutant, il avait essayé de démontrer qu'un agent double était derrière l'hémorragie d'agents russes en 1985 et 1986. Son patron, Burton Gerber, chef de la Division soviétique, lui avait ri au nez. Il l'avait traité de cinglé, tout juste bon à lui faire perdre son temps avec ses théories conspirationnistes et ses histoires de « côté obscur ». Sa carrière en avait rapidement pâti. Il avait été forcé de quitter la division des Opérations pour celle du Renseignement. Le purgatoire pour un officier traitant. C'est grâce à Bill Lofgren qu'il était revenu sur le terrain

Heureusement, il y en a eu quelques-uns, directement impliqués dans la chasse au Quatrième Homme, pour me parler à visage découvert. Du mieux qu'ils ont pu, ils m'ont exposé les preuves pesant contre lui. Comme il s'agit du phénomène le plus troublant de toute leur vie professionnelle – comment le pouvoir brut est à même d'occulter une vérité de cette importance – ce sont des suites de l'enquête qu'ils se souviennent le mieux. En tout et pour tout, une douzaine de bonnes âmes ont accepté de me parler sérieusement du Quatrième Homme, y compris un récent directeur de la CIA briefé sur l'affaire.

Sans surprise, après toutes ces années et les défaillances de la mémoire que l'on connaît, leurs histoires comptent plus d'une divergence. Par exemple, tout le monde n'a pas le même souvenir sur l'existence, ou non, d'un plan pour que Max force le coffre censé renfermer le dossier du Quatrième Homme. Je n'ai jamais pu confirmer l'histoire de Corbin emmenant

Max à la pêche. Elle disait quelque chose au chef de division des Opérations russes, John MacGaffin. En revanche, d'autres agents présents à l'hôtel *Greenbrier* étaient sûrs et certains que cela n'était jamais arrivé. Et si Max avait confié à Corbin que Rick Ames avait rencontré son contact du KGB à Caracas, pour d'autres, ils en mettaient leur main à couper, c'était à Bogota. J'aurais aimé pouvoir corroborer d'autres petits détails, sans succès. Je me suis aussi heurté à de nombreux problèmes de chronologie, pour lesquels j'ai parfois dû bien me creuser la tête. Je tiens à préciser, si jamais cela n'était pas évident, que contrairement à presque tous les livres portant sur des scandales d'espionnage récents, je n'ai reçu aucune aide de la CIA. En fin de compte, je crois être parvenu à un kaléidoscope de l'enquête sur le Quatrième Homme, ou du moins de ses premières étapes. Même avec toutes sortes de réserves et d'ajustements pour tenir compte des lacunes dans les souvenirs de mes sources, une histoire aussi importante mérite qu'on la raconte.

Par moments, par sa profondeur et sa complexité, l'histoire a de quoi donner le tournis. J'ai rencontré la plupart des suspects pouvant être le Quatrième Homme, ceux figurant sur la fameuse dernière liste. Chez aucun d'entre eux, je n'ai vu les marques d'un traître. À mes yeux, tous étaient irréprochables. Et je n'ai cessé de me rappeler que je n'avais qu'une partie de l'histoire, qui s'inscrivait dans une histoire plus vaste, couvrant des empires et des décennies. Une histoire aujourd'hui toujours en cours. Enfin, l'un des principaux suspects est encore en vie et fait l'objet d'une enquête très active du FBI. Une fois ce livre parti chez l'imprimeur, de nouvelles révélations sensationnelles sont possibles. Qui sait ce qui pourrait en émerger, quel nouvel éclairage elles pourraient donner à l'histoire. Que mon récit ait exigé de naviguer dans les failles d'une trame dense et confuse, qu'il me laisse constamment à cheval entre le soupçon et la preuve, voilà quelque chose d'inévitable.

Il n'y a qu'une seule conclusion solide que je puisse en tirer : le Quatrième Homme, une taupe de haut niveau au sein de la CIA, n'est pas une légende. Il y a trop d'experts et de sources de première main, parfaitement dignes de confiance, qui sont certains de son existence. En revanche, ce que je ne suis absolument pas en mesure de faire, c'est de me prononcer sur son identité. L'histoire que je peux raconter n'est que celle que j'ai trouvée. Que les traqueurs d'espions aient débusqué la bonne personne et qu'il s'agisse effectivement du plus grand traître de l'histoire américaine, ou qu'il ne soit qu'une ingénieuse invention des services secrets russes pour pousser la CIA et le FBI dans une chasse aux sorcières, l'histoire de la traque du Quatrième Homme n'en demeure pas moins un élément essentiel pour comprendre les États-Unis, la Russie et l'état dans lequel le monde se trouve aujourd'hui.

3.

Taupe, *n.f.* Terme familier désignant un agent double débauché ou envoyé dans un service de renseignement. Dans le monde des services secrets, on parle de « pénétration », ou d'« infiltration ».

Langley, Virginie, 1991

POURQUOI A-T-IL FALLU neuf longues années – depuis ses premiers faits d'armes pour le KGB, en 1985, jusqu'à son arrestation en février 1994 – pour débusquer l'archi-traître Rick Ames ? Tout simplement parce que la CIA avait peu ou prou stoppé sa chasse aux taupes russes. Avec la chute du mur de Berlin en 1989, l'histoire s'était mise à tourner trop vite pour qu'on leur accorde suffisamment d'attention. Et avec l'effondrement de l'Union soviétique en 1991, c'est le monde entier qui avait été mis sens dessus dessous. La CIA avait suivi le mouvement. Du jour au lendemain, la traque aux agents doubles était passée de mode.

Voyez l'avis de Milt Bearden, le chef de la division de la CIA chargée de l'espionnage de la Russie (division Eurasie centrale). Selon lui, les batailles de la Guerre froide avaient été livrées, les cadavres enterrés, et la Russie en sortait perdante.

Telle était la bonne blague de Bearden, que nous avons tant entendue sur le terrain : les Russes n'avaient plus que leurs yeux pour pleurer et on les considérait comme un pays d'Afrique du type Haute Volta, mais avec un arsenal nucléaire. Selon cette grandiose vision historique, la Russie, comme tout pays du tiers-monde, nécessitait maintenant l'aide de l'Occident, pas son hostilité. Qu'importent les pertes, toujours mystérieuses, d'agents soviétiques en 1985-1986 – la pire débâcle de toute l'histoire de la CIA –, Bearden était persuadé qu'une chasse aux taupes de la Guerre froide était la dernière chose dont la Russie et la CIA avaient besoin. Pour ne pas l'accabler totalement, Bearden écrit dans son livre *CIA-KGB, Le Dernier combat* combien ce changement de cap avait eu la faveur de ses patrons, qui en appelaient à un remaniement de sa division et voulaient qu'elle se défasse de sa fixation malsaine sur le KGB.

Du Bearden dans toute sa splendeur. Un classique pour ce matamore fort comme un bœuf qu'on prenait souvent pour un Texan alors qu'il était né dans l'Oklahoma. J'ai pu le voir en action au Soudan, où j'ai été sous ses ordres. Il était fabuleux. Son esprit de système faisait qu'il tenait davantage de l'homme d'État que d'un maître de l'espionnage. Il savait aller droit au but et charmer son monde pour se faufiler dans les arcanes du pouvoir. Des talents qui allaient porter tout particulièrement leurs fruits à Islamabad, à l'époque où il supervisait l'armement des *moudjahidines* afghans, la guérilla faite de bric et de broc qui contribua à accélérer la fin de l'empire soviétique. Soit dit en passant, en matière d'attention portée à son personnel, Bearden a été l'un des meilleurs patrons de toute ma carrière.

D'un autre côté, je peux comprendre pourquoi, dans sa division, les vieux de la vieille de la Guerre froide sont restés de marbre. Et d'autant plus lorsque Bearden leur a carrément dit qu'à ses yeux, il ne fallait pas voir dans la Russie une menace d'infiltration plus grande que celle que pouvaient poser, pour les États-Unis, des alliés traditionnels comme l'Allemagne ou le Danemark. En d'autres termes, qu'il fallait la jouer gentille avec les restes du KGB. Pour ceux qui avaient connu le plus chaud de la Guerre froide, c'était une pure hérésie. Sauf qu'ils n'ont rien pu y faire.

Milt Bearden a donc ordonné une vidange dans les règles de tous les agents russes de la CIA à Moscou. Selon une rumeur, il aurait envisagé d'envoyer des officiers traitants frapper à chacune de leurs portes pour les informer de leur licenciement. Et selon une autre rumeur, encore plus inquiétante, il aurait même projeté de les dénoncer aux services secrets russes. Si rien de tout cela n'a eu lieu, Bearden a effectivement cessé tout ciblage du renseignement russe et rejeté quasiment toutes les candidatures de Russes se portant volontaires pour espionner pour le compte de la CIA. Parmi eux, Vassili Mitrokhine, un ancien archiviste du KGB qui, clandestinement, avait fait sortir de Russie un trésor de documents secrets. Pour tourner le fer dans la plaie, Bearden allait ordonner la destruction de la base de données du contre-espionnage russe. Selon lui, non seulement de telles ressources n'étaient plus nécessaires, mais si jamais les Russes apprenaient que la CIA continuait de les surveiller, ils risquaient de très mal le prendre.

Personne n'a osé contester Bearden car, sur les questions de stratégie, il avait fait de la Russie sa chasse gardée. Quiconque aurait eu ne serait-ce que l'audace d'essayer risquait d'être chassé de sa division et exilé dans le genre de sinécure qu'était le bureau du Luxembourg. Pour la piétaille, il n'y avait qu'un seul choix : ravaler ses critiques et regarder, en silence, Bearden et la CIA s'enticher de la Russie, nouvelle meilleure amie des États-Unis.

Parce qu'il ne quittait jamais l'histoire des yeux, la seule concession que Bearden a pu faire à la surveillance de la Russie par la CIA touchait à la politique du Kremlin. Souvent et ouvertement, il s'était plaint de l'échec de la CIA à prévoir la chute du mur de Berlin et la tentative de coup d'État d'août 1991 contre Gorbatchev, menée par le KGB et par des partisans de la ligne dure. Autant de défaillances impardonnables, que Bearden cherchait à tout prix à éviter à l'avenir. Ce qui pouvait valoir le coup, c'était de recruter un espion au sein du cabinet de Boris Eltsine, ou un général expérimenté pour prendre le pouls de l'armée russe en temps réel. À part ça, Bearden en avait fini avec les manœuvres et les intrigues de la Guerre froide : le KGB était une force éteinte, point barre.

En outre, ce n'est pas comme si les vétérans de la Guerre froide étaient radicalement opposés à Milt Bearden. Certes, la CIA avait effectivement échoué à prédire le coup d'État d'août 1991, mais elle s'en expliquait par l'absence, à Moscou et à l'époque, d'agents russes dignes de ce nom. En cause ? Les pertes de 1985 et 1986. Leur argument, selon eux, aurait dû être évident pour Bearden : la CIA ne pouvait espérer recruter une source au Kremlin sans, au préalable, nettoyer ses couloirs des taupes russes. Et le seul moyen d'y parvenir était de recruter un espion russe qui les connaissait. Les choses allaient tellement s'envenimer que Paul Redmond, le propre adjoint de Milt Bearden, en vint à le contester dans un débat sur les mérites de l'espionnage du KGB. Redmond avait même placardé des affiches aux quatre coins de la division de Bearden pour en faire la publicité. Après cela, Milt Bearden avait vite transféré Redmond au service de contre-espionnage, où il allait pouvoir chasser les taupes russes matin, midi et soir sans déranger personne.

Paul Redmond m'a raconté une autre version de cette histoire: la décision de son expulsion de la division des Opérations russes avait en réalité été prise par Tom Twetten, directeur adjoint des Opérations. Twetten l'aurait un jour convoqué au septième étage et, sans même lui donner le temps de s'asseoir, lui aurait dit qu'il était trop « angletonien » pour le poste – soit une référence à James Jesus Angleton, l'ex-chef du contre-espionnage qui avait fait perdre la tête à la CIA en l'empêtrant dans une traque aux taupes du KGB. Selon Paul Redmond, Tom Twetten aurait même essayé de l'envoyer à Bangkok, ce qu'il aurait refusé. Mais qu'importe que la mutation ait été commandée par Bearden ou par Twetten, l'essentiel est que des vieux de la vieille du contre-espionnage, à l'instar de Redmond, savaient un truc que leurs patrons ne voulaient pas voir. Comme tout le monde allait vite s'en apercevoir après l'arrestation de Rick Ames.

Dans la division de Bearden, ce qui préoccupait également les anciens de la Guerre froide, c'est que les angles morts de la CIA sur le renseignement russe s'expliquaient globalement par sa taille et son étendue. À son apogée, en 1988, le KGB employait pas moins de 480 000 officiers et agents. Auxquels s'ajoutaient des centaines de milliers d'informateurs et autres sources. Même pour les Russes, le KGB était un léviathan qui vous donnait le tournis. Bien sûr, comme le reste de l'Union soviétique, le KGB était englué dans ses lenteurs bureaucratiques et pouvait souvent marquer contre son camp. Mais il pouvait aussi compter sur un nombre suffisant d'officiers intelligents et dévoués, totalement inféodés à l'Union soviétique et capables de gérer des taupes aussi grosses que le Quatrième Homme sans se faire prendre. Quand il le fallait, le KGB était excellent. Savoir qui espionnait ou non pour lui n'était pas de la petite bière.

En octobre 1991, quand Gorbatchev décida de démanteler le KGB, c'est surtout son asservissement qu'il visait. Parmi les changements les plus radicaux, la séparation du Contre-espionnage (Deuxième Direction générale, futur FSB) du Renseignement étranger (Première Direction générale, futur SVR). Sur le papier, le KGB aurait dû être réduit à sa plus simple expression et devenir l'ombre de lui-même. Or les choses ne se sont pas passées ainsi. Que Poutine ait misé sur le FSB pour prendre le pouvoir en 1999 suffit à l'attester. Quant au Renseignement étranger, jamais il n'a ralenti son recrutement et sa gestion d'agents dans le monde entier. Et même aujourd'hui, avec les oligarques et leurs centaines de milliards de dollars susceptibles de financer des opérations ultra-sophistiquées, on peut tout à fait le juger encore plus efficace. L'implication des services secrets russes dans la campagne de Trump en 2016 en est un cas d'école.

Eltsine aura beau asperger le KGB de *glasnost*, sinon pour rendre publics deux ou trois vieux dossiers historiques ou bavasser sur la fin de l'État policier stalinien, ses revanchards ont toujours fait comme si l'Union soviétique n'avait jamais été démantelée. Jamais ils n'ont eu la moindre intention de laisser le Kremlin leur apprendre comment opérer ou, plus important encore, jamais ils n'ont pensé lui divulguer l'identité de leurs sources ou les *kompromat*, les éléments compromettants, collectés sur des étrangers et des nationaux. Comme ils ont ouvertement méprisé Vadim Bakatine, le président du KGB que Gorbatchev avait choisi de ses blanches mains, sans même se fatiguer à camoufler leur rébellion à la presse. Peut-être que, sur le papier, le coup d'État de 1991 avait été un échec, mais pas pour les durs à cuire du KGB. Ils avaient serré les rangs et continué à faire ce qu'ils faisaient le mieux : espionner les ennemis de la Russie.

À la CIA, pour qui avait un peu de jugeote, les preuves ne manquaient pas pour comprendre que le KGB n'avait concédé qu'un repli stratégique et préparait son retour. À part les changements de nom, et le fait qu'elles n'envoyaient plus au Goulag ni n'exécutaient sommairement des millions de gens, les diverses héritières du KGB étaient fondamentalement restées dans le même moule créé par Lénine le 5 décembre 1917 : une impitoyable police secrète régnant d'une main de fer sur la Russie. Qui n'a jamais abandonné les actions arbitraires et violentes. La vague d'assassinats, de « mesures actives » (sabotage politique et économique) et d'explosions en République tchèque, perpétrée par les services secrets russes en 2014, le prouve allègrement. Contrairement au renseignement américain, le renseignement russe est encore capable de protéger ses secrets. Le KGB est souvent qualifié de trou noir, mais avec un soupçon d'optimisme : un jour, avec le bon éclairage, il sera possible d'y voir quelque chose. Si Eltsine a fait ce qu'il a pu, en définitive, le KGB est surtout un trou noir au sens astrophysique du terme – obstinément imperméable à la lumière. C'est toujours la même secte, quel que soit son nom. (Raison pour laquelle, dans ce livre, j'en parle encore comme du « KGB » malgré son démantèlement formel.)

Je ne nie pas que la CIA, ou d'autres services de renseignement occidentaux, aient pu remporter certaines victoires contre le KGB. Mais elles n'ont principalement touché qu'à la Première Direction générale, son appareil de renseignement extérieur, et au GRU, le Renseignement militaire. On ne sait pratiquement rien des nombreuses autres directions du KGB. Par exemple, lorsque la CIA a découvert que la Troisième Direction, du contre-espionnage militaire, chargée de surveiller l'armée soviétique, s'était mise à recruter des Américains en Europe, elle ignorait tout de son mode de fonctionnement ou de ses résultats. *Idem* pour les codes du KGB, que la CIA n'a jamais réussi à déchiffrer.

Mais c'est dans le contre-espionnage, le Renseignement intérieur du KGB, que la CIA a trouvé son adversaire le plus tenace et le plus opaque. Un organe qui ne se contente pas d'être le plus puissant et le plus efficace du KGB, mais dans les rangs duquel on compte certains de ses officiers les plus dignes de confiance. Les transfuges y sont rarissimes et jamais il n'a été pénétré par la CIA, ni par un autre service de renseignement dont elle aurait connaissance. Ses opérations se faisaient souvent de manière indépendante, y compris avec l'envoi d'agents hors des frontières soviétiques sans que les autres directions en soient informées – ce qui n'est normalement pas une prérogative du contre-espionnage. En un sens, il s'agissait d'un KGB dans le KGB. Un Saint des saints où très peu d'initiés avaient leurs entrées.

Ce qui explique notamment le statut privilégié de l'actuel FSB, c'est que le régime soviétique n'a jamais oublié qu'il était arrivé au pouvoir grâce à un complot d'exilés. Pire encore, cela s'était fait avec la connivence d'un ennemi – l'Allemagne, qui avait clandestinement fait entrer Lénine en Russie en avril 1917 dans un wagon plombé. Bien déterminé à ne pas subir le même sort, le régime soviétique n'a pas ménagé son soutien au futur FSB. Pour ses œuvres les plus essentielles, elle a recruté les meilleurs et les plus brillants, de vrais croyants qui n'auraient jamais envisagé de trahir l'Union soviétique. Pour les observateurs de la Russie, rien de surprenant à ce que, sous Poutine, le successeur de la Deuxième Direction du KGB, le Service fédéral de sécurité (FSB), ait conservé une telle prééminence statutaire et soit aujourd'hui, *de facto,* la garde prétorienne de Poutine. Et on lui doit de plus en plus d'opérations d'espionnage à l'étranger.

Durant la Guerre froide, ce qui n'échappait à personne à la CIA, c'était bien la réalité et la persistance de la menace que représentait l'ancêtre du FSB. Les officiers traitants de la CIA opérant en Union soviétique étaient surveillés 24 heures sur 24. Leurs téléphones étaient sur écoute, leurs bureaux truffés de micros, et leurs logements et véhicules fréquemment fouillés. Gérer des agents imposait des mois de préparation pour une seule rencontre, durant lesquels l'officier traitant chargé de l'affaire disparaissait dans Moscou et peaufinait chaque geste avant d'entrer en contact avec un agent. Une organisation, cela va sans dire, qui ne tolérait aucun des trucs idiots qu'on peut voir dans les films – comme de regarder par-dessus son épaule ou dans une vitrine pour débusquer une filature. Si un OT, un officier traitant, faisait la moindre erreur, son agent était bon pour la potence. Autant dire que Max était parfaitement dans son droit lorsqu'il a refusé de croiser la CIA à Moscou.

Ce qui n'a pas non plus aidé, c'est que la CIA ne savait presque rien du fonctionnement de l'ancêtre du FSB. La seule source sur laquelle elle avait brièvement eu la chance de tomber était un agent de police moscovite qui y était détaché. S'il en savait peu sur son organisation interne, il avait tout de même corroboré des informations selon lesquelles le KGB saupoudrait de « poussière d'espion » radioactive les vêtements des agents de la CIA. Ce qui laissait comme des petits cailloux invisibles que les équipes de surveillance pouvaient suivre. Le policier avait pu fournir un échantillon de cette poudre, et la CIA n'avait plus douté de la détermination du contre-espionnage du KGB à pister ses OT. Le policier ayant été trahi par Rick Ames, puis arrêté et exécuté, la CIA s'était retrouvée plongée dans le noir le plus complet.

Une autre avance significative que l'ancêtre du FSB avait sur la CIA venait de sa puissance policière illimitée, des arrestations sommaires aux écoutes sans mandat. La police pouvait arrêter un suspect dans la rue et lui imposer un interrogatoire sans la moindre raison valable. Le KGB pouvait tenir des procès à huis clos – avec des juges, des procureurs et des avocats de la défense tous soumis à des ordonnances de non-publication. En revanche, chaque fois que la CIA et le FBI portaient une affaire d'espionnage devant les tribunaux, ils divulguaient par la même occasion des secrets extrêmement sensibles à la presse. Dans un livre d'un journaliste du *New York Times*, publié un an après l'arrestation de Rick Ames, une allusion était même faite à Max et à son rôle dans la découverte du traître. Sauf qu'à l'époque, Max était toujours à Moscou, en train de récolter des informations pour la CIA. Certes, le livre ne l'identifiait pas par son nom, mais si jamais les Russes n'avaient pas encore décelé le gros souci d'agent double qu'il leur fallait régler, ils étaient désormais au courant.

D'autres soupçons sur la portée et les talents du KGB ont atteint les plus sombres recoins de l'imagination de la CIA. Impossible d'ignorer la possibilité, aussi lointaine soit-elle, que le KGB ait réussi à casser le cryptage américain. Dans les années 1960 et 1970, le contre-espionnage de la CIA avait ainsi émis cette hypothèse : que l'ancêtre du FSB avait réussi à recruter un chiffreur de la CIA, pour continuer à le diriger une fois réaffecté à Langley. Le scénario du pire, car avec une porte dérobée dans le cryptage de la CIA, plus aucun secret interne n'aurait échappé aux services secrets russes. Si, en définitive, aucune preuve solide n'a pu attester un piratage effectif des codes de la CIA, cette possibilité ne pouvait être écartée.

Une explication plus plausible, cependant, était que l'ancêtre du FSB avait mis sur écoute les locaux de la CIA à Moscou. Ce qu'on a pu prouver, à un moment donné. De 1945 à 1952, les Soviétiques avaient placé un mouchard dans le bureau de l'ambassadeur américain, caché dans une sculpture en bois du grand sceau des États-Unis accrochée au mur – un cadeau des Pionniers soviétiques, une organisation de jeunesse. De même, au milieu des années 1980, le Renseignement intérieur du KGB avait pu exploiter deux agents de sécurité de l'ambassade, issus des corps de Marine, grâce à des affaires de mœurs. Les fameux « pièges à miel ». On allait même soupçonner les agents d'avoir laissé des cambrioleurs du KGB pénétrer dans l'ambassade. Si ces accusations se révélèrent sans fondement, il est possible que d'autres stratagèmes soient passés inaperçues. Le cas échéant, le KGB aurait été en mesure d'écouter toute l'activité de l'antenne, des conversations aux télégrammes. Quand les États-Unis ont finalement négocié la construction d'une nouvelle ambassade à Moscou, avant de commencer sa construction en 1979, les Soviétiques allaient si minutieusement (et manifestement) la truffer de micros qu'elle ne serait pas utilisable avant 2000. Pour le dire en deux mots, que la CIA ait réussi à diriger des agents en Union soviétique en totale sécurité aurait tenu du miracle.

Toute aussi préoccupante, avec le KGB effectivement capable d'une surveillance généralisée de la CIA et d'autres fonctionnaires américains, la myriade d'opportunités de recrutement que cela offrait aux Russes. Il avait consacré des ressources illimitées – en technologie et en main-d'œuvre – à fouiner dans la vie privée des Américains présents à l'Est. Plus rien n'avait donc de secret pour lui, et tous les profits possibles et imaginables pouvaient être tirés du minuscule bocal moscovite où les Américains étaient obligés de se serrer comme des sardines. Mettre le doigt sur les vulnérabilités personnelles et autres problèmes financiers ? Un jeu d'enfant. Chaque fois qu'un Américain appelait chez lui pour prendre des nouvelles de sa famille, le KGB avait un écouteur à l'oreille. Si un mariage battait de l'aile, le KGB le savait, dans ses moindres et sordides détails. Et les couloirs se peuplaient alors de nymphes et d'éphèbes russes, comme autant d'épaules sur lesquelles pleurer. Plus j'ai avancé dans mon enquête sur la chasse au Quatrième Homme, plus j'ai entendu d'histoires d'officiers en poste à Moscou confondus au détecteur de mensonges à cause de coucheries avec des locales. Pour beaucoup, des traductrices que le KGB avait mises sur leur chemin. Comme me l'a raconté un ancien agent russe, tout le monde connaissait le poste où commander une prostituée à recruter pour un piège à miel. Pour la plupart, ces histoires – ou du moins celles que la CIA et le FBI ont pu découvrir – n'ont pas dépassé le stade des confidences sur l'oreiller. Mais elles ont suffi à faire dérailler pas mal de grandes carrières.

Quelques années après l'effondrement de l'Union soviétique, j'avais eu la démonstration, par un service de renseignement du Caucase, du fonctionnement d'un *kompromat*. On m'avait fait asseoir devant une vidéo tournée par une caméra cachée au plafond, dans un conduit d'aération. Le film était en noir et blanc et sa résolution granuleuse, mais suffisamment bonne pour que l'on puisse y voir un homme et une femme, sur un lit, en pleine performance acrobatique. Au bout d'un moment, on entend le craquement d'une porte qu'on enfonce et une demi-douzaine de brutes font irruption dans la chambre. Ils menottent l'homme, qui couine comme un cochon qu'on égorge et implore leur indulgence. On m'a expliqué, qu'il s'agissait d'un religieux musulman radical qui, contre une promesse de non-diffusion des images, allait accepter de devenir informateur. Une fois la vidéo terminée, mon hôte s'est tourné vers moi et m'a dit : « Tu vois, mon ami, ça, c'est une bonne méthode de recrutement. »

En cas d'approche financière, comme me l'a détaillé un ancien officier du renseignement russe, un agent allait s'asseoir à côté de sa cible américaine, dans un café ou un restaurant, et lui montrait une mallette remplie d'un million de dollars en liquide. « L'argent est à vous, si vous signez au bas de cette feuille », lui disait-on. Pour la cible, il y avait là la promesse d'un répit financier, pour toujours et tout de suite. Sans compter que le million n'était qu'un premier versement : l'agent désignait alors un de ses collègues, à une autre table, lui aussi avec une mallette à ses pieds.

Aux débuts de l'Union soviétique, le recrutement d'espions étrangers n'était pas si compliqué. *Grosso modo,* il suffisait de trouver quelqu'un à qui Karl Marx et ses rêves utopiques avaient fait tourner la tête. Et la petite machine avait marché à merveille, ce qui permit aux Soviétiques de placer des agents à peu près partout où ils en avaient besoin. Mais avec le déclin du communisme, le rythme des recrutements s'était ralenti, avant que les Russes ne reprennent du terrain en passant d'un recrutement idéologique à un recrutement contre rémunération. La Russie n'étant pas hermétique aux attraits de la cupidité, elle s'était rapidement adaptée.

Les insomnies des chasseurs de taupes ne venaient pas tant de ce qu'ils savaient sur le KGB que de ce qu'ils ne savaient pas. Combien de pièges à miel et de mallettes à millions du futur FSB avaient-ils fonctionné ? On ne pouvait que le supputer. Le futur FSB avait très bien pu recruter des dizaines d'agents bien placés dans la sécurité nationale américaine parmi les milliers de fonctionnaires américains à avoir fait la navette avec Moscou et l'Union soviétique au fil des ans. Un ancien chef des Opérations russes à la CIA, à qui je rapportais la théorie d'un Quatrième Homme embauché par le Renseignement intérieur du KGB, m'a immédiatement rétorqué : « Que le recrutement ait eu lieu à Moscou, cela tombe sous le sens. »

Marcher la fleur au fusil tient de l'habitude pour la CIA, elle qui se dit toujours que les Russes n'ont rien de monstres invincibles. Mais la vérité, c'est qu'au Grand Jeu contre les services secrets russes, les États-Unis n'ont pas toutes les cartes en main. Le KGB et tout ce qui a pu lui succéder n'ont jamais perdu de vue qu'il fallait recruter des taupes dans les rangs des adversaires, puis les exploiter pendant des années sans se faire prendre. Pour citer Mike Sulick, ancien chef des Opérations de la CIA : « C'est tout simplement une réalité, les Russes font de meilleurs espions. »

* * *

Pour être juste avec Milton Bearden et d'autres thuriféraires de la Russie, ils ne faisaient que surfer sur la vague d'optimisme aveugle qui avait déferlé sur tout Washington dans les années suivant l'effondrement de l'Union soviétique. La Maison-Blanche avait comme seul objectif de soutenir Eltsine et la démocratie russe, en faisant voter par le Congrès des programmes d'assistance. Comme me l'a dit John MacGaffin, le successeur de Milt Bearden, « aujourd'hui, il est devenu presque impossible de comprendre l'état d'esprit de l'époque ». Il se souvient ainsi du jour où un conseiller principal de Bill Clinton sur la Russie l'avait appelé pour lui demander la permission de transmettre un rapport sensible de la CIA sur la politique russe au ministre russe des Affaires étrangères. MacGaffin s'était mis à bouillir intérieurement. Jusqu'où pouvait aller la folie russe ? Une fois son calme retrouvé, il avait simplement dit non, en expliquant que dire oui serait un crime.

Des gens comme moi, experts à temps partiel de la Russie, pouvaient facilement tomber dans le panneau. Quand je passais par Moscou, la vitesse et l'ampleur de l'effondrement du pays me sautaient aux yeux. Les meurtres mafieux se multipliaient, il y en avait visiblement au moins un par jour. J'ai moi-même assisté à mon lot d'enterrements de Russes assassinés. Boris Eltsine a fait pilonner la Douma lors de la crise constitutionnelle de 1993, faisant plus d'une centaine de victimes dans l'indifférence générale. Quant aux services secrets russes, il m'a semblé qu'ils avaient rendu l'âme. Plus l'ombre d'agents rôdant dans les halls d'hôtel et les aéroports de Moscou, ou en faction dans des petites voitures, des Jiouli, garées au coin des rues comme jadis. En l'état des connaissances, Bearden avait vu juste : il s'agissait d'une force éteinte. S'ils étaient en train de préparer leur retour, je n'en avais vu aucun indice.

Une fois, en transit vers l'Asie centrale, nous avions été quelques-uns à nous arrêter à Moscou pour quelques jours, impatients de tester un nouveau système de communication par satellite – un genre d'émetteur-récepteur de la taille d'un téléphone portable qui nous permettrait de nous connecter au réseau téléphonique américain *via* un satellite de l'US Navy volant à basse altitude. Nous étions censés attendre la permission de l'antenne d'Asie centrale avant de l'utiliser, mais nous avons crocheté la porte menant à la terrasse de notre hôtel pour l'essayer. À l'époque soviétique, un tel coup d'éclat, qui plus est pour manipuler un appareil qui avait l'air d'un truc d'espion, vous aurait valu une arrestation *manu militari* et une expulsion à vie de la Russie. Mais personne n'a semblé nous avoir remarqués. Lors d'un autre passage à l'aéroport national de Moscou, les armes de poing que nous portions à la ceinture avaient fait sonner un détecteur de métaux. Tout penauds, nous avions avoué notre délit à l'agent de sécurité, qui nous avait simplement fait signe de contourner le portique.

À Washington, toute la classe politique s'était démenée pour faire croire que la chute de l'Union soviétique rappelait la défaite de l'Allemagne nazie. À l'évidence, ce ne fut pas le cas – comme l'attestent l'ascension « miraculeuse » de Poutine en 1999-2000 et la renaissance de l'État policier russe – mais il fallait que la Maison-Blanche de Clinton gobe ce mensonge. Pourquoi ? Principalement parce que les faucons républicains et autres extrémistes de la sécurité nationale se gargarisaient des actions de leur saint patron Reagan, qui avait, à les entendre, démoli « l'empire du mal » avec ses petits bras. Langley avait sagement suivi le mouvement, et n'avait rien voulu entendre des protestations de ses briscards de la Guerre froide pour qui rien n'indiquait que les Russes auraient tourné casaque, ni même changé de disque.

Parce qu'à la fin des années 1980, ces vétérans étaient, pour ainsi dire, certains que les Russes avaient au moins un agent double à la CIA. C'était la seule explication raisonnable aux pertes de 1985 et 1986. La cote la plus haute – même avant que Paul Redmond ne le soupçonne – était sur Rick Ames. Début 1992, le chef du *Russia Group* avait commencé à mettre en garde ses collaborateurs : qu'ils se tiennent à l'écart de Ames et qu'ils ne laissent pas échapper un seul mot sur les opérations russes en cours. Ce qui justifiait d'autant plus cette méfiance, qu'importe le soi-disant « dégel » entre la Russie et les États-Unis, c'est que le KGB cherchait toujours à recruter des Américains, et avec un degré d'agressivité quasi identique à celui de la Guerre froide. Jamais il n'avait cessé de pister la CIA dans Moscou. En définitive, Milton Bearden et d'autres apologistes de la Russie pouvaient caqueter tout ce qu'ils voulaient sur les services secrets russes, nouveaux meilleurs amis de la CIA, la dure réalité n'avait en rien changé : du point de vue de la Russie, la Guerre froide n'avait jamais cessé. Et à Langley, du point de vue des vétérans de la Guerre froide, Milt Bearden était un narcissique touché par la folie des grandeurs. Il leur rendait la pareille, les traitant de « fielleux derrière leur porte verte » en référence à la sous-section de sa division d'où étaient menées les opérations de contre-espionnage et de renseignement interne russes.

Campés sur leurs convictions, les chasseurs d'espions de la CIA avaient ignoré Bearden, certains qu'en donnant un laissez-passer aux services secrets russes, la CIA n'aurait aucune chance d'éclaircir le vieux mystère sur l'identité du traître qui avait donné ses agents russes entre 1985 et 1986. Comment la découvrir ? En écoutant tous les officiers du KGB qui avaient approché la CIA, et en particulier ceux présents lors des opérations américaines au début ou au milieu des années 1980. Retraités ou pas, ces agents du KGB pouvaient posséder une pièce essentielle du puzzle.

Et Bearden n'était pas le seul à avoir tort. Les traqueurs d'espions savaient pertinemment que la chasse à la taupe avait été trop timorée, dès le premier jour, pour permettre l'établissement d'une liste pertinente de suspects. Parmi ses nombreux manquements flagrants, la CIA ne s'était jamais fatiguée à enquêter sur les antécédents des agents ayant eu accès à l'identité des agents russes compromis. Ils savaient aussi que plus la CIA persévérait à balayer les pertes de 1985-1986 sous le tapis, plus elle leur faisait perdre un temps précieux. La piste de la taupe refroidissait.

Pour la chasse, le moment semblait idéal, mais quelque chose de très étrange était à l'œuvre. Après la chute du mur de Berlin en 1989 et – deux ans plus tard – celle de l'Union soviétique, la CIA avait tout pour être en veine. Un flot de Russes et d'Européens de l'Est auraient dû se presser à sa porte pour offrir leurs services, qu'ils aient été motivés par l'argent ou par un dégoût du communisme. On aurait dû voir une myriade de fonctionnaires du KGB et du Kremlin démoralisés venir chercher des voies de communication indirectes avec Washington, dans l'espoir d'une consolidation de leurs positions politiques ou d'un peu d'argent de poche. C'est ce qui arrive normalement quand un pays plonge dans le chaos et se désintègre. Mais le déluge n'était jamais arrivé. Contre toute attente, c'est même le contraire qui s'était produit.

Puisqu'elle n'avait plus que le *New York Times* et CNN pour être informée de l'évolution de la Russie, la CIA des années 1990 ne pouvait plus que présumer de ce qui se passait dans les profondeurs du pays. Tout ce qu'elle savait, c'est que le fantôme du KGB s'était en quelque sorte introduit dans la machine, qu'il était partout et nulle part, qu'il dérobait à la CIA ses secrets russes, et qu'il était impossible de l'en déloger. Le KGB avait non seulement mis à genoux les opérations russes de la CIA, mais également causé des dommages de premier ordre à la sécurité nationale américaine. Comme je ne cesse de le dire, la CIA n'avait pas su prévoir qu'un ancien agent du KGB, nommé Vladimir Poutine allait se frayer un chemin jusqu'au pouvoir et rétablir l'État policier russe dans toute son horreur. L'avenir a donné raison aux vieux loups de la Guerre froide. Le KGB était bien à l'affût pour frapper au moment opportun. Mais, sans agents russes, la CIA n'avait plus de visibilité.

Ce que le Quatrième Homme a pensé de tout cela ? Là encore, nous en sommes réduits à des conjectures. J'imagine que, voyant ses camarades de la CIA la tête dans le sable, pas plus offensifs qu'un sérail d'eunuques, il a dû identifier une extraordinaire opportunité. Pour passer entre les mailles du filet, le moment n'aurait pu être mieux choisi.

4.

Traîtrise, *n.f.* Action consistant à trahir la confiance d'un individu ou d'un groupe.

Washington, district de Columbia, février 1994

Trois mois après l'arrestation de Rick Ames, en juin 1994, la CIA a officiellement lancé une nouvelle traque à la taupe. Cette enquête avait en réalité commencé le 13 juin 1985, le jour des deux fiascos qui avaient fermé l'œil de l'Amérique sur Moscou. L'un avait été découvert par l'Agence sur-le-champ, l'autre neuf ans plus tard. Et les divergences entre les deux ont jeté les bases de l'enquête sur le Quatrième Homme.

Le désastre que la CIA a mis des années à exhumer s'était produit durant un déjeuner au *Chadwicks,* une brasserie de Georgetown dans l'ombre d'un pont d'autoroute, près d'un parking sordide longeant le Potomac. Pas le genre d'endroit où la plus grande trahison de toute l'histoire américaine aurait dû se jouer. Mais c'est bien là que Rick Ames avait décidé de lâcher la quasi-totalité des opérations d'espionnage de la CIA contre la Russie dont il avait connaissance – y compris en dénonçant une douzaine d'agents jusqu'alors essentiels aux États-Unis pour y voir plus clair en Union soviétique, et sur la force étayant le trône du Kremlin : le KGB.

Le midi, en pleine semaine, le *Chadwicks* était toujours assez calme. Pas si mal pour un rendez-vous romantique ou pour avaler vite fait un hamburger au bar. Pour autant, qu'on puisse surprendre Rick Ames avec son intermédiaire du KGB, un diplomate russe agissant pour la direction des services secrets, ne lui posait pas le moindre problème. Lorsqu'il avait décidé de vendre son pays, l'homme avait été assez roublard pour se glisser dans une unité conjointe de la CIA et du FBI chargée de cibler des officiels soviétiques de passage à Washington afin de les recruter. Pour Rick Ames, c'était l'alibi parfait pour s'entretenir avec des Russes quand et où il en avait envie. Si jamais le FBI avait pisté son contact russe jusqu'au *Chadwicks*, il n'y aurait vu que du feu, se disant que Rick Ames n'y faisait rien d'autre que son boulot.

Au cours du déjeuner, Rick Ames avait discrètement glissé sous la table un cabas rempli de trois kilos de documents secrets. Selon les détails qu'il donna après son arrestation, il y avait là assez de preuves pour que le KGB déniche une bonne douzaine d'agents russes avant de les envoyer au cimetière. Nul ne sait si Rick Ames ou quelqu'un d'autre connaissait le poids du colis. Mais l'étendue des dégâts qu'il a provoqués ne fait aucun doute. L'un des agents trahis s'appelait Dimitri Fédérovitch Poliakov, un général de division, fort d'une longue et brillante carrière au sein des services de renseignement militaire, le GRU. On lui doit notamment d'avoir rencardé la CIA sur la mésentente sino-soviétique. Ce qui aurait contribué à convaincre Nixon de prendre le risque d'une visite à Pékin, pour encore plus creuser le fossé entre l'Union soviétique et la Chine, et faire éclater le monolithe communiste.

D'un intérêt plus actuel, certains des agents trahis par Rick Ames frayaient dans les mêmes cercles du KGB que Vladimir Poutine – dont la CIA ne sut quasiment rien avant qu'il ne s'empare du pouvoir en 1999. Sans Rick Ames, il y a fort à parier qu'une de ces sources aurait été en mesure d'alerter la CIA sur les machinations de Poutine pour se hisser au sommet et ses projets une fois intronisé nouveau tsar de Russie. On peut par exemple penser à l'un des agents trahis par Rick Ames qui se trouvait alors à l'Académie de formation du KGB. Il aurait eu accès au dossier Poutine, ou, à tout le moins, il aurait pu sonder les proches de Poutine au moment de son ascension. Les États-Unis n'auraient sans doute pas été en mesure de l'entraver, mais une compréhension, même indirecte, de la personnalité de cet homme et de ses vues sanguinaires aurait été d'un grand secours.

Une chose est absolument sûre : l'arrestation de Rick Ames, le 21 février 1994, avait tranché les ailes de la CIA. Sa prétention à se déclarer service d'espionnage d'élite s'était révélée comme la plus évidente des farces. Et l'humiliation fut d'autant plus cuisante quand Rick Ames se révéla pour ce qu'il était : un alcoolique pataud et cupide, qui avait été un calvaire pour la CIA dès le premier jour. Sa photo dans les journaux – menotté par le FBI à côté de sa Jaguar flambant neuve – offrait une métaphore parfaite de la ruine de la CIA. Même sans le moindre intérêt pour l'espionnage, on était sidéré que la CIA ait pu lui confier le moindre secret, et encore plus l'identité de ses irremplaçables agents russes.

Le comprendre est complexe, mais l'explication tient essentiellement à la situation familiale de Rick Ames – un enfant gâté de la CIA, embauché par cooptation sans avoir été soumis aux procédures de vérification d'usage. Qu'importe que le père ait été un officier de seconde zone, chargé d'une mission médiocre en Birmanie et vite réassigné à Langley pour trier de la paperasse jusqu'à sa retraite, cela avait suffi pour que le fils soit traité comme un membre de confiance de la tribu. À la CIA, comme à peu près partout ailleurs, le sang a plus de valeur que le bon sens.

Au lycée, Rick Ames avait travaillé l'été à la CIA, employé à des jobs administratifs subalternes. Il était ensuite entré à l'université de Chicago, où il s'était fait rapidement recaler. Après avoir zoné un temps dans le milieu du théâtre de Chicago, il était retourné à Washington, étudiant le soir à l'université George Washington et travaillant le jour à la CIA, grâce à son père. En 1962, son diplôme en poche, il avait suivi une formation de deux ans à la CIA, destinée aux jeunes officiers en passe de devenir des agents infiltrés à l'étranger sous les ordres de la direction des Opérations. Globalement, la CIA se compose de deux directions : les Opérations, à qui revient « la collecte de renseignement acquis par des sources humaines », et l'Analyse, chargée des « analyses opportunes, précises et objectives des renseignements ». Du temps de Rick Ames, la direction des Opérations était vue comme l'élite de la CIA, et plusieurs de ses membres s'étaient hissés jusqu'à la tête de l'Agence.

Après sa formation, Rick Ames avait épousé une collègue, analyste à la direction de l'Intelligence. Tous deux avaient effectué des missions sans importance à Ankara et à New York. Paresseux notoire, Ames n'avait jamais recruté un seul agent, alors que tel est précisément le rôle des officiers traitants affectés à l'étranger. Séparé de sa femme en 1981, il avait accepté une mission en solo à Mexico. Le couple divorçait l'année suivante. À ma connaissance, la première épouse de Rick Ames n'a jamais donné publiquement sa version des faits.

Rick Ames avait toujours été un parfait soûlard. On le voyait souvent revenir de déjeuner rond comme une queue de pelle, même à Langley. Une fois, après un pot entre collègues, la sécurité de la CIA avait dû se charger de le ramener chez lui. En mission à Rome, il s'était fait repêcher par la police dans un caniveau et ramener à l'ambassade. Même ses contacts du KGB s'inquiétaient de sa consommation d'alcool – ce qui n'est pas peu dire quand on connaît la descente des Russes. Mais qu'y pouvaient-ils ? Ils n'étaient pas formés aux douze étapes des Alcooliques Anonymes.

Ames avait la réputation d'être un officier traitant bordélique. Un jour, on l'avait surpris dans une planque de la CIA en train de coucher avec sa fiancée, une diplomate colombienne exubérante et cultivée, rencontrée à Mexico. En violation du règlement, il l'avait présentée à un transfuge soviétique. Une autre fois, il avait oublié une valise remplie de secrets dans un train. Un seul de ces manquements aurait dû suffire à le faire mettre à la porte ou, au moins, à s'en débarrasser dans quelque placard bureaucratique où il n'aurait plus été en état de nuire. Mais la CIA, comme à son habitude, avait préféré cacher la poussière sous le tapis et, en 1983, on lui avait confié l'un des postes les plus sensibles de Langley : chef du Contre-espionnage soviétique.

Ce qui n'avait pas aidé à garantir la loyauté de Rick Ames, c'est que le contre-espionnage avait tout d'une impasse professionnelle, même pour un officier traitant aux ambitions modestes. À l'époque, la direction des Opérations fonctionnait de telle sorte que les promotions venaient surtout du service à l'étranger et du recrutement d'agents. Ou, si vous aviez plus d'ancienneté, en supervisant des OT en charge du recrutement d'agents. Mais un poste d'analyste coincé dans un bureau cafardeux à écluser des tonnes de paperasse ne faisait rien pour une carrière, à part la condamner. Heureux ceux qui pouvaient arriver « GS-14 » à la retraite, l'équivalent de lieutenant-colonel dans l'armée. En termes de prestige et de pouvoir, le contre-espionnage de la CIA n'arrivait pas à la cheville du futur FSB. Ce qui avait dévoré Rick Ames.

Selon certains agents qui avaient travaillé avec lui, il n'était pas forcément le complet *looser* dépeint par beaucoup. Il avait ainsi la réputation d'être un bon débriefeur, minutieux et parfait pour mettre à l'aise les transfuges russes. Il avait également un tempérament facile. Reste qu'il avait un gros défaut : son *ego*. Comme me l'a dit Sandy Grimes, qui l'avait côtoyé durant des années avant de participer à la chasse à la taupe qui allait le débusquer, elle n'avait rien détecté chez lui qui indique un tel risque de trahison. Mais, en même temps, il lui était paru comme un être profondément amer, un type persuadé qu'on ne l'avait pas reconnu à sa juste valeur, que sa carrière avait patiné trop vite et que son plein potentiel n'avait pas eu le temps de se déployer. Il se voyait, comme son père, poussé vers la sortie, à devoir vivoter avec une retraite bien en deçà de ses envies de château. Bourré de ressentiment, de précarité financière et d'alcool, Ames était un train à grande vitesse cherchant une occasion de dérailler.

Il ramena sa petite amie colombienne à Washington dans l'intention de l'épouser. Si le divorce était une pratique courante à la CIA, se marier avec une étrangère était fortement déconseillé, voire un motif de démission forcée. Selon le point de vue tout à fait raisonnable de la CIA, un conjoint étranger ouvrait la porte à un conflit de loyautés. Et rendait impossible ou presque toute enquête approfondie sur les antécédents d'une fiancée étrangère. La sécurité de la CIA ne pouvait pas débarquer dans un pays étranger et se mettre à poser des questions sur l'un de ses ressortissants.

Rien ne prouve que la femme colombienne de Rick Ames l'ait poussé à se vendre aux Russes. Mais elle était issue d'une famille riche et instruite, et l'idée de vivre dans la région de Washington sur le modeste salaire de son mari ne l'enchantait guère. Un train de vie d'autant plus déconcertant pour elle qu'à Mexico, Rick Ames semblait avoir la belle vie. Mais c'était oublier la prime d'expatriation, l'appartement et la voiture que lui payait la CIA, en sus de notes de frais quasi illimitées. De retour à Washington, les fins de mois étaient plus difficiles. Comme souvent dans ce genre d'histoire, Rick Ames s'était décidé à faire appel aux Russes sur un coup de tête, pour recevoir un coup de pouce. Un peu comme quelqu'un de fauché se tournerait vers un prêteur sur gages en espérant retomber par magie sur ses pieds.

Rick Ames était assez malin pour savoir qu'il ne pouvait pas débarquer chez les Russes à l'improviste. C'était trop risqué, un poste d'observation du FBI installé juste en face de leur ambassade aurait pu le repérer et l'identifier. Raison pour laquelle il persuada ses patrons de le laisser travailler dans l'unité conjointe FBI-CIA chargée de recruter des officiels soviétiques à Washington. Ce qui allait fonctionner à merveille : Rick Ames se mit à rencontrer des responsables russes et à rédiger des rapports avec le FBI et la CIA, et les Américains n'y virent que du feu. À un moment donné, il se rendit même carrément à l'ambassade de Russie pour y rencontrer le KGB en tête-à-tête, au nez et à la barbe du FBI qui pointait ses entrées et ses sorties. C'est à cette occasion que Rick Ames demanda 50 000 dollars en échange de la révélation des noms des « chèvres » de la CIA, de faux transfuges envoyés par les Russes pour duper les services secrets américains. Dans l'esprit de Rick Ames, livrer des faux et non de vrais agents russes n'était pas une trahison. Mais il allait se raviser en comprenant que la nouvelle de son approche du KGB risquait de faire le tour de sa *rézidientoura,* son antenne à Washington, pour revenir jusqu'aux oreilles du FBI. Rick Ames savait aussi que le FBI avait recruté deux agents du KGB en poste dans cette antenne secrète. Pour sauver sa peau, mieux valait donc dénoncer ceux-là.

À un certain moment – il est difficile de fixer une date précise avec un ivrogne –, il décida de faire tapis en donnant les noms de toutes les sources de la CIA et du FBI au sein du KGB dont il avait connaissance. En tout et pour tout, les Russes lui avaient offert 4 millions de dollars en contrepartie de ses efforts. Ce qu'il ne se fatigua jamais à vouloir cacher, allant jusqu'à se payer une maison d'un demi-million de dollars en liquide. La CIA goba son mensonge – que l'argent venait de sa femme – jusqu'à ce que Paul Redmond et sa cellule d'enquête formée par Sandy Grimes, Jeanne Vertefeuille, Diana Worthen et Dan Payne découvrent les dépôts en espèces effectués sur son compte bancaire après chacune de ses rencontres avec les Russes. Et avec son tuyau sur Caracas en 1993, Max avait donné la dernière pièce du puzzle.

Quand tous les vilains détails ont été révélés par la presse et les audiences au Congrès, Ames a eu l'air d'une taupe aux yeux des rares personnes qui ne l'avaient pas remarqué. Restait à savoir comment la CIA avait pu ignorer qu'un bureaucrate au salaire modeste s'était offert une nouvelle Jaguar, une maison d'un demi-million de dollars, des vêtements de marque et des soins dentaires cosmétiques. Sans parler d'une épouse toujours pomponnée et tirée à quatre épingles – sa nouvelle vie aux États-Unis n'ayant été qu'une longue séance de shopping. La justification donnée par Rick Ames – que l'argent était celui de sa belle-famille – fut sans peine démontée comme un gros bobard. Si les services de sécurité de la CIA s'étaient donné la peine de poser quelques questions à des collègues connaissant sa femme et son passé à Mexico, ils auraient vu clair dans le jeu de Rick Ames. Dès le début. En définitive, la CIA n'a jamais pu formellement expliquer pourquoi il s'était retrouvé avec les clés de la caverne aux secrets d'Ali Baba.

La CIA avait également dû admettre en plein jour que Rick Ames avait tranquillement poursuivi des activités de haute trahison pendant neuf ans sans être inquiété – sachant qu'il était évident que l'Agence n'aurait jamais dû l'embaucher au départ. Elle avait aussi dû reconnaître tardivement combien l'absence d'enquête de contre-espionnage sérieuse et exhaustive après les pertes de 1985 et 1986 relevait d'une négligence bureaucratique impardonnable. Un fait d'autant plus grave que le système qui aurait dû éviter sa trahison était déjà en place quand Ames avait offert ses services au KGB en 1985. Des détecteurs de mensonges et une enquête rigoureuse sur ses antécédents auraient dû, dès le début, permettre de déceler le problème et conduire à son licenciement ou, au moins, à l'empêcher d'accéder au poste ultrasensible de chef du Contre-espionnage soviétique.

Fait aggravant, le contre-espionnage de la CIA avait complètement échoué dans sa mission principale : détecter les traîtres dans ses rangs. Normalement, la seule ligne de conduite raisonnable après les pertes de 1985 et 1986 eût été une mobilisation générale et une battue intégrale. En partant du principe tout à fait justifié que seul un agent double infiltré au sein des Opérations russes pouvait avoir causé ce désastre. Pour commencer, il aurait fallu soumettre tous ceux qui avaient eu accès aux dossiers russes au détecteur de mensonges, en leur posant une seule et unique question : êtes-vous un agent du KGB ? À partir de là, l'enquête se serait étendue à la vérification de la solvabilité, à l'examen des relevés bancaires et téléphoniques, à la recherche de voyages à l'étranger inexpliqués, et ainsi de suite. Enfin, si le contre-espionnage de la CIA avait pris en compte toutes les personnes ayant eu des contacts avec les Russes, il aurait facilement pu dresser une liste très courte de suspects. Rick Ames serait apparu tout en haut, avec quatre ou cinq autres. Soit le travail méticuleux et systématique qui fait l'essence du contre-espionnage.

Il n'est un secret pour personne que l'arrestation de Rick Ames avait fait à la CIA une publicité cauchemardesque, qui s'était répandue dans toute son horreur dans la presse internationale et dans une série de livres qui la dépeignaient sous un jour peu flatteur. Ses problèmes avaient été mis à nu, le monde entier se penchait pour les ausculter. Quel Russe sain d'esprit aurait eu envie d'offrir ses services à la CIA, sachant qu'elle avait toutes les chances d'être truffée de taupes du KGB ? Elle restait longue à la détente, hors de l'élite. Il était évident que personne n'allait risquer sa position de pouvoir en tentant d'approcher la CIA en dehors des canaux officiels. Son aura disparue, il lui était impossible d'espérer un afflux régulier de Russes venant lui offrir d'espionner gratuitement pour son compte. Avec l'arrestation de Robert Hanssen en 2001, on avait touché le fond du fond. Rien d'étonnant à ce que la Russie soit redevenue la zone blanche qu'elle avait toujours été au cours de son histoire – un endroit où un coup d'État peut se produire sans que le reste du monde le sache avant le retour des tanks à la caserne. Où, un jour, sans crier gare, le Kremlin s'immisce dans des élections américaines et européennes.

Face au très médiocre butin généré par sa chasse à la taupe, la CIA ne pouvait s'empêcher de se demander combien il y avait encore de traîtres dans ses rangs – et, plus inquiétant encore, combien étaient assez habiles pour passer entre les mailles du filet. Par exemple, des taupes qui ne se feraient pas payer ou qui savaient qu'il ne fallait pas laisser traîner chez elles leur correspondance avec le KGB. Les réalistes de la CIA et du FBI avaient bien conscience que débusquer un espion aussi nul que Rick Ames n'avait rien d'une prouesse. Après tout, il ne s'était pour ainsi dire jamais caché. Mais un traître sachant ce qu'il faisait était une bestiole d'un tout autre calibre.

Quelques têtes étaient tombées après l'arrestation de Rick Ames. Et si cela put étancher la soif de sang d'un Congrès et d'une Maison-Blanche qui avaient vu rouge, ainsi que d'une presse qui avait en horreur la CIA, cela n'avait rien fait pour amender le sol sur lequel Rick Ames avait germé – une bureaucratie exsangue ayant perdu tout sens de l'orientation dans les dernières années de la Guerre froide. La pourriture ayant atteint le sommet, personne ne savait par où commencer pour y remédier. Les appels à confier le Renseignement au Département d'État se firent de plus en plus pressants.

Il fut un temps où la CIA se targuait d'être vaccinée contre la trahison, une maladie dont avaient souffert des gosses un peu trop idéalistes des écoles privées anglaises – qui avait eu un précédent dans les années 1930 et 1940 lorsque le NKVD, prédécesseur du KGB, avait profondément infiltré les services secrets britanniques. Les tristement célèbres Cinq de Cambridge – dont le chef des Opérations de contre-espionnage du MI6, Kim Philby – furent les espions les plus notoires, mais le NKVD avait visiblement des sources partout où cela lui était nécessaire. Certains furent même persuadés à un moment que le chef du MI5 britannique – l'équivalent du FBI – était une taupe du NKVD. Mais avec son chef du contre-espionnage soviétique qui avait vendu son âme pour s'offrir une Jaguar et des dents bien alignées, la CIA ne pouvait plus se permettre de regarder tout le monde de haut. Et pour ceux qui ratissaient les cendres laissées derrière Rick Ames, l'évidence se faisait de plus en plus brûlante : la CIA avait un problème encore plus grave qui allait faire passer les affaires Kim Philby et Rick Ames pour du pipi de chat.

5.

Paranoïa, *n.f.* Peur confuse ou sans fondement.

Moscou, 13 juin 1985

JETER RICK AMES EN PRISON ne fut pas d'un grand réconfort pour la CIA. Certes, le traître avait été mis hors d'état de nuire, mais la réputation de la CIA était en charpie et l'Agence n'avait aucun moyen de recoller les morceaux. Sauf à faire passer Rick Ames pour un monstre, unique en son genre. Au septième étage, on s'était convaincu qu'il concentrait toute la problématique sur sa personne et qu'il était inutile de creuser davantage. Mais, comme cela arrive trop souvent dans le contre-espionnage, le diable se cache dans les détails.

Le deuxième fléau à s'abattre sur la CIA le 13 juin 1985, le jour justement choisi par Rick Ames pour larguer ses trois kilos de secrets aux Russes, était survenu à l'autre bout du monde, dans une rue déserte de Moscou, vers 20 heures. Des gros bras du KGB s'étaient rués sur Paul Stombaugh, officier traitant de la CIA en poste à Moscou, pour l'arrêter. Cet ancien agent spécial du FBI était alors en chemin pour rencontrer un agent russe, Adolf Gueorguievitch Tolkatchev. Si Stombaugh était certain d'avoir échappé à la filature du KGB, il ignorait malheureusement que Tolkatchev avait été cueilli par le KGB, qui venait de lui faire subir un de ses fameux interrogatoires musclés. Que ce soit dans de telles circonstances que Tolkatchev ait donné les détails de son rendez-vous avec Stombaugh ne fait presque aucun doute. À partir de là, le KGB n'avait plus eu qu'à se faire discret et à attendre, caméras à l'appui, l'arrestation de Stombaugh et l'humiliation de la CIA. Invoquant son immunité diplomatique, Stombaugh finit par être libéré et expulsé d'Union soviétique. Tolkatchev, pour sa part, fut jugé et fusillé.

Ingénieur en électronique, Adolf Tolkatchev avait été l'une des meilleures sources de toute l'histoire de la CIA, tous secteurs confondus. Sept ans durant, il avait fourni des kilomètres de documents militaires soviétiques extrêmement sensibles, principalement liés aux progrès des missiles et des radars. Des informations qui avaient contribué à la supériorité aérienne des États-Unis sur l'Union soviétique, expliquant notamment pourquoi les chasseurs américains avaient surclassé les avions de fabrication soviétique de l'armée irakienne durant la guerre du Golfe de 1990-1991. Sans équivalent de Tolkatchev, le Pentagone s'était ensuite retrouvé dans le noir le plus complet eu égard aux avancées de l'arsenal russe. Selon un journaliste du *Washington Post*, auteur d'un passionnant best-seller sur les faits d'armes de Tolkatchev, son espionnage pour la CIA fut l'une des plus grandes victoires de la Guerre froide en matière de renseignement.

Et son arrestation fut un coup très dur pour la CIA. Non seulement l'homme était irremplaçable, mais personne ne savait comment le KGB l'avait repéré. Forcée de spéculer dans le vide, la CIA avait envisagé une possible erreur de Paul Stombaugh. Peut-être que l'Américain n'avait pas repéré la filature du KGB lors d'un précédent contact avec sa source… Le cas échéant, le KGB n'aurait plus eu qu'à suivre Adolf Tolkatchev jusque chez lui pour l'arrêter. Personne ne résiste bien longtemps à un interrogatoire du KGB.

Si la veille du KGB avait fait tomber Tolkatchev, on ne serait nullement surpris. L'Union soviétique était l'une des sociétés les plus efficacement et minutieusement surveillées au monde – aucun Russe ou étranger ne pouvait échapper au radar du KGB. Moscou grouillait d'équipes de surveillance mobiles et fixes, auxquelles s'ajoutaient des dizaines de milliers d'informateurs clandestins. Selon un ancien officier des services secrets russes, plus d'un Russe sur dix caftait au KGB. Il y avait des micros et des caméras partout. La police elle aussi était à sa botte. Et ce qui rendait cette surveillance d'autant plus étouffante pour la CIA, c'est qu'elle devait se contenter d'une poignée d'officiers infiltrés qu'il lui était impossible de camoufler au KGB. Une pression à laquelle était également soumis le MI6. Si l'on ajoute à tout cela une population elle aussi sous tutelle et passablement xénophobe, il n'existait pas le plus petit recoin à Moscou où l'on puisse être certain d'échapper à l'œil du KGB.

Il était possible aussi que l'erreur soit venue de Tolkatchev. Il avait pu, par exemple, se confier à sa femme qui, paniquée, se serait précipitée au KGB pour le dénoncer. Qu'un proche d'une source fasse tout capoter n'avait rien d'exceptionnel. Ou alors, peut-être que l'information était venue d'un collègue ayant surpris Tolkatchev en train de photographier des documents au travail. Autre possibilité : que le KGB l'ait grillé au cours d'une simple enquête routinière de sécurité, en tombant sur quelque chose de suspect dans son passé. Enfin, scénario le plus probable, le KGB aurait pu découvrir que Tolkatchev vivait bien au-dessus de ses moyens. C'est là la plus grande crainte de tout officier traitant : qu'en remettant une liasse de billets à un agent, ce dernier cède à la tentation de les dépenser comme bon lui chante et finisse par attirer l'attention. Pour Rick Ames, c'est ce qui avait mis la puce à l'oreille des chasseurs de taupes. Reste que le mystère de l'arrestation d'Adolf Tolkatchev allait apparemment être éclairci le 1er août 1985, à Rome, avec la désertion de Vitali Sergueïevitch Iourtchenko, colonel du KGB bientôt promu général, pour la CIA. Chef adjoint du département des Amériques au sein de la direction du Renseignement étranger du KGB, Iourtchenko avait généralement beaucoup à dire, mais les informations qu'il détenait sur deux agents du renseignement américains au service du KGB étaient d'un intérêt immédiat. S'il ne connaissait pas leurs noms, il croyait savoir que l'un d'eux était employé par la NSA, et l'autre par la CIA.

La description de l'agent de la CIA donnée par Iourtchenko correspondait parfaitement à Ed Lee Howard. Alors qu'il venait tout juste de recevoir ses galons d'officier traitant, Howard avait été pressenti pour un poste à Moscou, où il aurait dû s'occuper du dossier Tolkatchev. Mais après avoir échoué à plusieurs tests au détecteur de mensonges, il avait été licencié en mai 1983, sans jamais mettre un pied dans la capitale russe. D'après les informations que je tiens du Bureau de la sécurité, la CIA aurait décidé de se passer de lui parce qu'il avait avoué avoir volé de l'argent dans le sac d'une femme dans un avion, afin d'« exercer son sang-froid » avant sa mission à Moscou. Une fois au chômage et marinant dans sa rancune, Howard avait confié à un psychologue de la CIA qu'il avait envisagé, pour se venger, de proposer ses services au KGB. Mais personne n'avait alors pensé à faire remonter l'info au FBI.

Certes, Howard méritait la porte. Mais, d'un autre côté, le virer alors qu'il avait la tête farcie de secrets russes et sensibles était une faute professionnelle dont personne n'eut jamais à répondre au niveau de la Direction. À part pour noircir encore un peu plus la réputation de la CIA. Lorsque Howard découvrit qu'il était dans le collimateur du FBI, il prit le premier avion pour Moscou, d'où, à l'abri du KGB, il nia avoir trahi Tolkatchev. Le problème, c'est qu'à peu près personne à Langley n'était plus disposé à le croire.

Il s'est avéré que la taupe à la NSA dont Iourtchenko n'avait pas le nom était Ronald Pelton, passé au KGB en 1980. Renvoyé de la NSA, il avait essuyé de graves problèmes financiers et s'était tourné vers les Russes pour se remplumer. Iourtchenko, à l'époque affecté à la *rézidientoura* de Washington, avait été parmi les premiers à prendre contact avec lui. Comme le détermina le FBI, Pelton avait lâché tout ce qu'il savait au sujet de la NSA, en trahissant notamment la mise sur écoute, réalisée avec la CIA, d'un câble militaire soviétique qui passait au fond de la mer d'Okhotsk. Le seul regret du KGB ? Que Pelton ne soit plus en poste à la NSA.

À Washington et dans la presse, tandis qu'on pointait du doigt Ed Howard et Ronald Pelton, on avait porté aux nues Vitali Iourtchenko. Il était la preuve en chair et en os que la CIA avait su s'auto-nettoyer de parasites comme Howard. Étant à l'époque de retour à Langley, j'étais aux premières loges pour voir combien l'atmosphère dégoulinait de satisfaction et de fierté. Même s'il allait s'avérer qu'un tel enthousiasme n'était pas entièrement justifié, sur le moment, tout le monde se rassurait en se disant que si un colonel du département des Amériques du KGB avait déserté, c'est que le KGB devait être sacrément dans la panade. Et l'Union soviétique par la même occasion. Suivant le décompte de ce livre, Edward Lee Howard avait été le Premier Homme. Et pour la CIA, il devait être le dernier.

La crédibilité du colonel Vitali Iourtchenko allait cependant en prendre un coup en octobre 1985, lorsqu'il déserta Langley, cette fois pour la Russie. Un revirement dû en partie à une déception amoureuse, en partie au mal du pays. L'élue de son cœur, la femme d'un diplomate soviétique, l'avait éconduit lorsqu'il était allé la voir au Canada. Au fond du trou, le cœur en miettes, Iourtchenko avait alors décidé de retenter sa chance au pays. Un pari gagnant : jamais il ne fut arrêté et, à part une démission forcée du KGB, il n'eut pas non plus à subir la punition d'ordinaire réservée aux traîtres. De temps en temps, Iourtchenko fut même aperçu dans les rues de Moscou, vivant sa petite vie d'homme libre et bien portant. Et selon certaines sources, il n'aurait même pas perdu son poste au KGB. Mais comme personne à la CIA ne comprenait le mode de pensée des hautes sphères du KGB, on ne savait pas comment Iourtchenko avait pu s'y prendre pour sortir du bois. Ce qui a suscité des interrogations chez des esprits maladivement suspicieux : et s'il avait été un piège depuis le début, un faux transfuge en mission pour leurrer la CIA et la détourner d'une autre piste ? Peut-être celle d'un autre agent double, en plus de Howard ? Mais comme les paranos l'ont admis, ce soupçon ne reposait sur aucune base solide.

Ces soupçonneux s'étaient empressés de souligner combien les gros yeux que le KGB avait faits à Iourtchenko étaient aux antipodes du traitement réservé habituellement aux traîtres, un procès expéditif suivi, comme le veut la formule fleurie du KGB, d'un « tir de contrôle » à l'arrière du crâne. Et il y avait autre chose. L'indice le plus substantiel était que Iourtchenko n'avait pas dénoncé le moindre agent américain taupinant pour le KGB. Si les Russes avaient effectivement de tels atouts dans leur besace, il n'était pas logique que Vitali Iourtchenko ne sache rien d'eux.

L'une des explications avancées par les défenseurs de Iourtchenko fut qu'il n'avait pas été en poste assez longtemps pour avoir accès aux dossiers américains. Ou même qu'il y avait plein d'officiers supérieurs du KGB qui ne consultaient jamais les dossiers sensibles. Dans tous les cas, pour les esprits chagrins, tout cela était bien trop commode. Quant à Ed Lee Howard et à Ronald Pelton, ils avaient tout l'air de fusibles – n'ayant servi qu'à protéger des agents plus précieux. Au moment de leurs petites magouilles, les deux n'étaient plus en poste et n'avaient donc plus accès à la moindre information. Si leur dénonciation avait été du pain bénit pour la crédibilité de Iourtchenko, le KGB n'y avait pas perdu grand-chose. Et après l'arrestation de Rick Ames, les indécrottables sceptiques étaient d'autant plus convaincus que Iourtchenko n'avait été qu'un traquenard. Comment se fait-il qu'il n'ait jamais entendu quoi que ce soit sur Rick Ames, pas même une petite rumeur ? Mais cette hypothèse avait été évacuée d'un revers de main par la direction de la CIA : il était impossible que Iourtchenko ait servi de cheval de Troie, car jamais le KGB n'aurait osé mettre en péril un de ses officiers supérieurs.

Selon ses confidences, recueillies par un collègue, Paul Redmond, qui dirigeait la section URSS au moment de la désertion de Iourtchenko, avait eu ses propres doutes sur la bonne foi du général russe. S'il n'avait pas d'accusation précise à formuler, il lui semblait louche que Iourtchenko soit apparu si peu de temps après l'arrestation d'Adolf Tolkatchev. Certes, le type était peut-être net, mais Redmond ne pouvait exclure qu'il ait été un leurre, servant à éloigner la CIA du traître ayant réellement donné Tolkatchev. Ce qui ne plaisait pas non plus à Paul Redmond, c'est qu'en cinq ans à la *rézidientoura* de Washington, Iourtchenko n'avait quasiment rien dévoilé d'utile sur le *modus operandi* du KGB et de ses agents.

Un peu comme si un personnage de la Panthère Rose, venu cambrioler chez Tiffany's, en était ressorti avec un pendentif en argent sans valeur.

À Langley, du côté des chasseurs de taupes, on se demandait encore comment Iourtchenko avait fait pour ne rien savoir sur Rick Ames. Au moment de sa désertion, en août 1985, il avait dû y avoir des rumeurs au siège du KGB. De fait, ses « chuchoteurs de chiottes » y étaient de notoriété publique – ses administrateurs discutaient de leurs dossiers devant l'urinoir, partant du principe que le bruit de l'eau brouillait les micros.

Si Max, qui était moins gradé que Iourtchenko, avait découvert l'existence des deux agents doubles infiltrés dans les services secrets américains, pourquoi Iourtchenko n'avait-il pas su pour Rick Ames ? Au minimum, il aurait dû entendre parler des enquêtes sur ceux de ses collègues que Rick Ames avait trahis un mois et demi avant sa désertion, le 1er août. Il ne semblait pas logique que quelqu'un d'aussi haut placé que Iourtchenko, numéro deux du département des Amériques, n'en ait pas eu vent, même de façon indirecte. Sans compter qu'il n'avait rien à dire non plus sur le Quatrième Homme – qui devait déjà figurer dans les fichiers du KGB en août 1985, comme cela fut établi par la suite.

Pour les chasseurs de taupes de la CIA et leur obsession des détails, il y avait une autre bizarrerie : Ed Howard ne connaissait Adolf Tolkatchev que par son cryptonyme, pas par son vrai nom. De même, il ne connaissait pas sa position exacte dans son administration. Certes, il aurait pu la découvrir par hasard, quand il était dans la section URSS de Langley avant d'être envoyé à Moscou, mais rien ne le prouve. Si, effectivement, Howard n'avait pu donner qu'une vague description d'Adolf Tolkatchev à ses contacts du KGB, reste à se demander comment le contre-espionnage du KGB avait pu être à même de réduire le nombre de suspects potentiels entre novembre 1984 (soit la première fois où Howard avait évoqué Tolkatchev auprès du KGB) et l'arrestation de l'ingénieur (qui, selon la chronologie établie par la CIA, avait eu lieu bien avant le 13 juin 1985, jour de l'arrestation de son officier traitant à Moscou). Pour certains chasseurs, ce *timing* était bien trop serré.

Plus encore, à mesure que les chasseurs de taupes creusaient la compromission de Tolkatchev, les questions se faisaient plus nombreuses. En avril 1983, il avait informé la CIA de l'enquête menée par le Renseignement intérieur du KGB sur une fuite d'informations classifiées provenant de son institut. Le KGB n'avait pas de nom mais, d'après ce que Tolkatchev avait appris, il était sûr qu'il y avait un mouchard quelque part. Le plus important, ici, c'est que cette enquête avait eu lieu bien avant la première prise de contact entre Ed Howard et le KGB. Ensuite, à un moment donné, les informations recueillies par Tolkatchev s'étaient mises à rencontrer des problèmes bizarres. Une fois, ses photos de documents secrets étaient sorties inhabituellement floues et inexploitables. En outre, certaines pages étaient dans le désordre, quand d'autres étaient tout simplement manquantes. Était-ce une coïncidence ? Était-ce le signe que l'ingénieur avait été repéré et placé sous surveillance par le KGB ? Il n'y avait aucun moyen de remonter à l'origine de ces tracasseries, mais cela remettait une question sur le tapis : quand et par qui Tolkatchev avait-il été trahi pour la première fois ?

Un ancien officier des services secrets russes m'a raconté qu'il avait eu à analyser, lors de sa formation, l'histoire de Tolkatchev en tant qu'étude de cas de contre-espionnage. Elle avait été décrite comme une enquête « sous le chapeau », à savoir une procédure longue et complexe. Entre autres, sa classe avait appris que Tolkatchev avait été placé sous surveillance discrète 24 heures sur 24 et 7 jours sur 7, que son appartement était sur écoute et qu'il était secrètement pris en photo au travail. L'objectif du KGB ? S'assurer que Tolkatchev n'avait pas de complices. Si ce genre de pratique est courante dans n'importe quelle enquête un tant soit peu complexe de contre-espionnage, la mettre en œuvre demande forcément des mois. Ce qui renforce la suspicion que le KGB avait repéré Tolkatchev plus tôt qu'escompté. En d'autres termes, bien avant que Howard ne le débusque.

Autre détail étrange avec Tolkatchev, sa famille n'avait jamais été sanctionnée comme le sont habituellement les proches d'un espion. Elle n'avait pas reçu de « billet de loup » dans le jargon du KGB – leur version de la lettre de menaces. Et n'avait pas été exilée au fin fond de l'Union soviétique ni privée des meilleurs emplois, comme le voulait l'usage. Sa famille avait conservé son appartement du quartier de la place de l'Insurrection, un bien de premier ordre à Moscou. Et le fils Tolkatchev, Oleg, avait poursuivi sans encombre sa carrière d'architecte. Toujours selon ma source au sein des services secrets russes, la seule raison pour laquelle la famille avait pu échapper au « billet de loup » est que Tolkatchev avait pleinement coopéré avec le KGB dès que les services l'avaient repéré. Ce qui accrédite l'hypothèse selon laquelle il aurait été dénoncé bien avant que Howard n'entre en scène.

Enfin, avec Ed Howard, un souci avait tout particulièrement tracassé le FBI : il aurait dit à sa femme qu'il avait la nette impression que le KGB savait déjà pour Tolkatchev. Selon elle, ses contacts du KGB se moquaient de ce qu'il pourrait révéler sur Tolkatchev – comment, par exemple, l'ingénieur avait été approché à Moscou au départ, ou ce qu'il avait transmis aux Américains au fil des ans. Pire encore, dès que Howard abordait ce sujet, ils semblaient se fermer, visiblement incapables de contenir leur impatience. Mais comme la femme de Howard avait été jugée complice de la trahison de son mari, ses propos n'avaient pas été pris pour argent comptant. Il est possible aussi que Howard lui ait menti sur l'indifférence du KGB dans l'espoir d'alléger le poids de sa culpabilité. Après tout, il avait contribué à l'assassinat d'un homme qui avait mis sa vie entre les mains de la CIA. L'un dans l'autre, que fallait-il faire de tout cela ? Pas grand-chose, si ce n'est y voir une énième zone d'ombre dans le dossier Tolkatchev. Qui, à ce jour, n'a toujours pas été éclaircie.

* * *

Dès lors, que penser de l'hypothèse, désormais consensuelle, que Howard n'aurait pas été le premier à trahir Adolf Tolkatchev ? Il en découle une autre question, encore plus évidente : et si c'était Rick Ames ? Le cas échéant, sa trahison ne daterait pas du déjeuner du 13 juin 1985 au *Chadwicks*. À cette date, Tolkatchev avait été arrêté depuis longtemps. Rick Ames avait-il lâché le nom de Tolkatchev lors d'une rencontre antérieure avec les Russes, en avril ou en mai 1985 ? Mais même ainsi, le *timing* aurait été beaucoup trop serré pour que le KGB puisse procéder à l'arrestation. Sans compter que Rick Ames n'avait pas encore été formellement mis au parfum du cas Tolkatchev. Lorsqu'un officier traitant est chargé d'un nouvel agent, cela signifie qu'on lui donne accès à son « 201 » – le dossier rassemblant toutes les informations pertinentes et connues sur la source. Or sans lien avec le contre-espionnage, le 201 de Tolkatchev était aux mains de la section URSS, pas de celle que dirigeait Rick Ames. Bien sûr, il est certain qu'il connaissait son existence, et qu'il allait finir par lâcher son nom aux Russes. Mais de l'avis général, l'ingénieur n'avait rien du dossier idéal pour appâter le KGB au cours de leurs premières rencontres.

Qui plus est, les enquêteurs de la CIA et du FBI ayant interrogé Rick Ames après son arrestation avaient tous conclu qu'il avait fait des aveux francs et exhaustifs. Il s'était ainsi livré en échange de la clémence du ministère de la Justice envers sa femme. Tels étaient les termes du contrat. Et lorsqu'un agent du FBI l'avait informé qu'une taupe britannique au sein du KGB, faisant partie des agents qu'il avait livrés, avait été rappelée à Moscou et interrogée un mois avant son déjeuner du 13 juin, et qu'il y avait donc de fortes chances que quelqu'un d'autre l'ait mouchardée avant lui, Ames en avait été manifestement choqué. Et même un peu agacé qu'on lui ait coupé l'herbe sous le pied. Il n'avait pas l'air de jouer la comédie.

Toutes mes sources s'accordent à dire que Rick Ames avait une mémoire d'éléphant en ce qui concerne les détails opérationnels, et qu'il se rappelait exactement ce qu'il avait remis au KGB le 13 juin. Il savait quelles copies de quels fichiers il avait fourrées dans son cabas. Il se souvenait même des vrais noms des agents russes, ainsi que de leurs fonctions et des cryptonymes que la CIA leur avait attribués. Comme de juste avec un sociopathe indifférent à l'idée de précipiter des tas de gens dans la tombe, il se targuait même d'avoir été aussi efficace et minutieux que possible en vendant son pays. Mais là encore, il est difficile de croire aveuglément ce qui sort de la bouche d'un ivrogne et d'un traître.

Avec Iourtchenko, une autre anomalie avait perturbé les chasseurs de taupes : il prétendait que Howard avait informé ses contacts au KGB de l'existence d'un officier de renseignement soviétique à Budapest espionnant pour la CIA. D'après ce qu'avait entendu Iourtchenko, Howard ne connaissait pas son nom, et l'appelait « le colonel du KGB en colère » parce que l'homme n'avait pas apprécié les façons de faire de la CIA. Du côté de la CIA, l'identité de ce colonel ne faisait aucun doute, c'était Vladimir Mikhaïlovitch Vassiliev, un agent basé à Budapest. Or il ne travaillait pas pour le KGB, mais pour le GRU, le renseignement militaire soviétique. Quant à sa mauvaise humeur, elle venait du fait qu'il aurait préféré être géré par un officier militaire que par un civil. Si les chasseurs de taupes n'avaient pas complètement écarté la possibilité que Howard ait effectivement parlé à ses contacts d'un « colonel du KGB en colère », ils doutaient que cette description ait suffi au KGB pour identifier Vassiliev et l'arrêter...

À l'automne 1985, peu après la désertion de Vitali Iourtchenko pour la CIA, Vladimir Vassiliev avait quitté Budapest. Il avait été réaffecté à Moscou, une mission de routine. En jetant la plus élémentaire des prudences aux orties, la CIA avait ignoré le risque que Howard le dénonce au KGB, et décidé de prendre contact avec lui à Moscou. Sa logique : que le KGB ne disposait pas d'assez d'éléments pour identifier Vassiliev, ne serait-ce que parce qu'il y avait trop de colonels du renseignement affectés à Budapest pour les passer au crible. Mais ce fut une erreur, qui allait se révéler tragique. Le dernier contact avec Vassiliev eut lieu le 11 décembre 1985, *via* une « boîte aux lettres morte ». (Quand un agent laisse des documents dans un endroit caché pour que son officier traitant vienne les récupérer, ou *vice versa*.) Quelque temps après, Vassiliev était arrêté, jugé et fusillé. Et on en fit immédiatement porter le chapeau à Howard, sans se soucier du bien-fondé d'une telle accusation. La direction avait jugé inutile de creuser davantage. Et refusé d'envisager que le contact de Vassiliev, le 11 décembre, ait pu être capté par le KGB. En réalité, jusqu'au 11 décembre, le KGB aurait eu toutes les raisons de faire croire que Vladimir Vassiliev n'avait pas été grillé, alors qu'il l'était depuis des mois, et probablement par quelqu'un d'autre que Edward Lee Howard. Quelqu'un qui, contrairement à lui, savait que Vassiliev travaillait pour le GRU, et pas pour le KGB.

Les chasseurs de taupes avaient aussi remarqué que le dossier de Vladimir Vassiliev était aux mains des Opérations d'Europe de l'Est, et pas de la section URSS, où Ed Howard était en poste. Les opérations internes et externes de la Russie étant strictement compartimentées, en « silos » comme on dit, Ed Howard n'avait pas accès au dossier Vassiliev. *Idem* pour Rick Ames, qui, de manière habituelle, n'était pas au courant des affaires soviétiques menées en Europe de l'Est. Et personne ne se souvenait d'en avoir parlé à Ed Howard. Certes, on ne pouvait pas non plus strictement exclure qu'Ed Howard ou Rick Ames aient entendu parler d'un agent soviétique à Budapest. Mais, sans preuve, l'hypothèse ne valait rien. Soit dit en passant, Robert Hanssen ne savait pas non plus pour Vladimir Vassiliev.

Les questions sur Ed Howard ne s'arrêtent pas là. *Grosso modo,* au moment de sa prise de contact avec le KGB, des agents avaient signalé que certains documents de la CIA, ou leur synthèse, avaient trouvé le chemin de Moscou. Selon Iourtchenko, Howard était en cause. Seulement selon les registres, jamais Howard n'avait eu accès à ces documents. De plus, rien ne prouve que Howard ait sorti des documents classifiés. Mais, là encore, c'est à Howard que le septième étage a fait porter le chapeau. Laissant les analystes du contre-espionnage face à un gros point d'interrogation.

On pardonnera au lecteur de ne pas voir spontanément l'intérêt de tout cela. De se demander pourquoi ces incohérences et ces questions sans réponse sont autre chose que des détails dérisoires dans des histoires qui ne semblent plus avoir d'importance. Or si ces anomalies et ces divergences, même présentées sous leur plus mauvais jour, ne constituent pas une preuve de l'existence d'un autre agent double au sein de la CIA qui aurait trahi Adolf Tolkatchev avant Ed Howard, ou qui serait responsable des autres compromissions avec le KGB, elles sont les premiers indices de l'existence possible d'un problème dépassant de loin Ed Howard. Ce que le septième étage de la CIA n'a jamais voulu entendre, préférant s'en remettre à la méthode du rasoir d'Occam, sans imagination, en attribuant à Ed Howard chaque anomalie et chaque compromission inexpliquée. Quant à Vitali Iourtchenko, vu qu'aucun élément concret n'indiquait qu'il eût été un faux transfuge, sa parole avait été prise pour argent comptant. Ce qui n'avait pas empêché les chasseurs de taupes de Langley de ranger tout cela dans un coin de leur tête. En espérant qu'un jour, de nouvelles données remonteraient à la surface et permettraient d'éclaircir le mystère.

De fait, l'arrestation de Rick Ames en février 1994 en avait expliqué une bonne part. Et une bonne partie du reste s'était éclairée avec l'arrestation, en 2001, de l'agent du FBI Robert Hanssen, passé aux Russes. Or ces deux traîtres combinés, en plus de Howard, ne peuvent rendre compte de toutes les pertes. En d'autres termes, la preuve de l'existence du Quatrième Homme est une simple question de mathématiques. Comme me l'a dit un enquêteur, toujours sur l'affaire : « Soustrayez les compromissions attribuables à Ed Howard, à Rick Ames et à Robert Hanssen du nombre total de celles attribuables aux Russes, et vous arriverez à la seule conclusion possible : qu'il y avait un autre agent double du KGB dans les Opérations CIA-Russie. »

6.

Fils prodigue, *expr.* Individu rentrant au bercail après sa disgrâce pour être pardonné.

Amérique du Sud, avril 1994

UN PEU APRÈS 7 HEURES DU MATIN, Laine Bannerman arpentait un couloir désert de Langley lorsqu'elle aperçut son patron, Paul Redmond, devenu numéro deux du contre-espionnage, qui s'engouffrait dans une pièce d'un pas rapide.

La voyant, Redmond tourna les talons et agita une feuille de papier dans sa direction. Jamais elle ne l'avait vu aussi nerveux. Arrivé à sa hauteur, il retourna le document pour qu'elle puisse le lire. « C'est bien lui, n'est-ce pas ? », demanda Redmond à Bannerman, qui comprenait maintenant quel était son souci.

La feuille était un câble de routine adressé par une antenne sud-américaine qui informait Langley qu'un officier du renseignement russe, un certain Aleksandr Zaporojski, les avait approchés et leur avait demandé à voir dès que possible son contact habituel à la CIA, Dick Corbin. Zaporojski affirmait détenir une information urgente.

L'antenne sud-américaine ignorait tout de son identité, ne sachant ni qu'il était connu à Langley sous le nom de Max, ni qu'il avait été la source responsable de la capture de Rick Ames. De même, elle ne savait rien de la nature de l'urgence qu'il avait à transmettre. Mais pour s'assurer que Langley le reconnaîtrait, Max avait mentionné le surnom que lui donnaient ses officiers traitants. En plus de garder secret le pays où il se trouvait à ce moment-là, la CIA m'a demandé de ne pas divulguer son surnom, et son cryptonyme.

En temps normal, les agents ne sont pas censés connaître leurs cryptonymes, mais sans doute qu'à un moment donné, un officier traitant rebelle avait dû se dire que mettre Max au courant de ce petit secret l'aiderait à tisser des liens. Dans tous les cas, pour l'instant, c'était bien le cadet des soucis de Redmond. Comme Bannerman l'avait instantanément compris, le problème était que le câble avait été envoyé à Langley par les canaux de routine. En d'autres termes, qu'il était en train d'être diffusé partout. Sachant que le dossier avait été jugé si sensible qu'on l'avait exclu des dépêches et des bases de données numériques, c'était un cauchemar. S'il y avait un autre agent double russe à la CIA, comme Max lui-même s'était mis à le laisser entendre, les chances que la taupe apprenne que Max avait refait surface en Amérique du Sud étaient certaines.

Avant que Laine Bannerman n'ait pu lire la dépêche jusqu'au bout, Redmond lui ordonna de déguerpir pour aller récupérer tous les exemplaires du câble, peu importe où ils avaient été distribués, et de se charger personnellement de les passer au broyeur. Elle devait aussi demander au service technique de désindexer le nom de Max des bases de données numériques de l'Agence. Ensuite, il fallait qu'elle trouve Dick Corbin et qu'elle le mette dans le premier avion en partance pour l'Amérique du Sud pour qu'il aille rejoindre Max. Corbin, comme le précisa Bannerman, était en vacances, en randonnée, perdu quelque part dans une montagne. Ce qui laissa Paul Redmond de marbre. « Trouvez-le ! », avait-il crié.

Alors que Bannerman faisait le tour du bâtiment pour repêcher les copies du câble, elle put enfin le lire jusqu'au bout. Arrivée à la partie où Max disait qu'il était en mission en Amérique du Sud depuis plus d'un mois, elle ne put s'empêcher de penser : « Du Max tout craché, toujours à décider où et quand se font les contacts. Complice plutôt qu'agent. »

Comme toutes les personnes concernées, Laine Bannerman savait à quel point Max était difficile à gérer : il pouvait disparaître pendant des mois ; se targuant d'être un opérateur brillant, il ignorait toutes les consignes de la CIA en matière de sécurité opérationnelle pour faire les choses à sa manière – en fin de compte, pas toujours la meilleure. Par exemple, Max aurait dû éviter de contacter une antenne qui ne le connaissait pas. La situation aurait pu dégénérer de mille façons – le contre-espionnage local aurait pu repérer sa rencontre avec des fonctionnaires américains. Un agent double russe dans ce service aurait pu cafter aux Russes… De telles détections fortuites sont monnaie courante.

Après le rendez-vous à l'hôtel *Greenbrier*, Max avait continué à refuser de donner à la CIA des coordonnées de secours pour qu'on puisse le contacter à Moscou. Il n'avait même pas accepté qu'on le contacte par des méthodes clandestines éprouvées – la marque de craie sur un mur ou le pot de fleurs à la fenêtre. D'ailleurs, jamais il ne s'était engagé à un contact en bonne et due forme en dehors de la Russie. Et rien de ce que la CIA avait pu dire ne l'avait fait changer d'avis.

Normalement, un agent aussi versatile et imprévisible que Max aurait dû être mis sur le carreau. « Terminé », comme on dit à la CIA. Or son exceptionnel tuyau sur Caracas avait définitivement écarté cette possibilité. Les meilleures sources du KGB ayant été perdues dans les années 1980, dans le contre-espionnage russe, la CIA n'avait pas d'autre atout. Incapable de le contrôler, la CIA n'avait plus qu'à ronger son frein et à prier pour qu'il ne s'évapore pas pour de bon, pour reparaître un jour avec une nouvelle piste d'agent double. C'était comme de parier toutes ses économies à la roulette, mais avec une roulette truquée.

Dick Corbin s'était donc envolé en Amérique du Sud pour retrouver Max. Et la confiance que Paul Redmond plaçait en lui n'allait pas se révéler incongrue. Si le temps a brouillé les mémoires, c'est lors de ces retrouvailles avec Corbin en Amérique du Sud ou lors d'un autre rendez-vous à la même période que Max a filé un tuyau presque aussi énorme que celui sur la virée de Rick Ames à Caracas : des informations sur un autre agent double russe à la CIA, en plus de Ames et de Howard. Mais ce dont mes sources sont sûres, c'est que Max a livré deux détails clés sur cet agent. Premièrement, qu'il assistait aux réunions des chefs de division de la direction des Opérations de la CIA. Deuxièmement, qu'il avait eu accès aux fichiers répertoriant les points de rencontre moscovites entre officiers et agents. Cette taupe avait même décrit à son contact russe que les principaux dossiers relatifs aux sites étaient conservés par la branche russe/URSS de Langley dans un coffre-fort à quatre étages, mais que, pour une exploitation rapide, leurs résumés étaient consignés sur des fiches manuscrites de format A7. Là encore, les souvenirs varient, mais, selon certains, Max aurait affirmé que ce nouvel agent double avait transmis quelques copies de ces fiches à son contact du

KGB. Et Max aurait même ajouté avoir déjà vu la copie d'une de ces fiches traîner sur le bureau de son patron.

Inutile de dire que ces nouvelles révélations avaient semé la panique à bord. Rick Ames n'avait jamais assisté aux réunions des chefs de division de la direction des Opérations – seule une douzaine d'officiers y étaient autorisés, tous très haut placés. Bien évidemment, Ed Howard n'en faisait plus partie. Si Max disait vrai, on parlait d'un officier ayant une vue d'ensemble sur les opérations américaines de renseignement dans le monde entier. Si la NSA avait réussi à casser un code qui lui avait résisté jusque-là, il l'aurait su. Si le président avait lancé un plan d'action ultrasecret, *idem*. Sans compter les périls pour l'armée américaine. Par exemple, pendant des décennies, la CIA s'était démenée pour voler les manuels de technologie militaire soviétiques, et ensuite russes, afin de permettre au Pentagone d'adapter son arsenal en fonction. Mais si cette nouvelle taupe avait été en mesure de connaître le contenu précis des informations volées, et d'en informer les Russes, eux aussi auraient pu modifier leur armement. Qu'ils aient mis cette stratégie en œuvre après la compromission d'Adolf Tolkatchev ne fait aucun doute.

Que la nouvelle taupe ait pu assister aux réunions des chefs de division de la direction des Opérations était déjà dramatique, mais l'idée que les Russes aient pu mettre la main sur des fiches A7 tenait de la catastrophe. Rick Ames comme Ed Howard savait que les renseignements issus de sources soviétiques sensibles étaient consignés sur des fiches A7, mais ni l'un ni l'autre ne savaient quoi que ce soit des usages de leurs sites de contact à Moscou. Tout simplement parce que ce système n'avait pas encore été mis en place lorsqu'ils travaillaient à la section URSS. Dans cette section, seules cinq ou six personnes avaient accès à ces bristols. Si Max disait vrai sur cette histoire de fiches, le KGB avait eu ou avait toujours une taupe dans les Opérations soviétiques. Une taupe certainement mieux placée que Rick Ames.

L'intégrité des sites de contact à Moscou était l'un des secrets les plus étroitement gardés de la CIA. Si les Russes savaient à l'avance où un officier traitant de l'antenne de Moscou allait rencontrer un agent, ou entrer indirectement en contact avec lui, *via* une boîte aux lettres morte, par exemple, alors toutes les sources risquaient d'être compromises. Le scénario du pire était que la nouvelle taupe aurait révélé tous nos points de chute au KGB – en d'autres termes, qu'il était devenu impossible aux officiers du poste de Moscou d'entrer en liaison avec des agents. Point barre.

Pour donner une idée de la sensibilité des sites de Moscou, il faut savoir que pendant un certain temps, ni les dossiers ni leur résumé sur fiches n'avaient été conservés au poste de Moscou. Lorsqu'un OT avait une communication à faire par boîte aux lettres morte ou par échange furtif (un transfert physique d'informations ne laissant rien voir), il envoyait un câble à la section URSS de Langley pour lui demander de sélectionner un site. À Langley, l'agent chargé du dossier vérifiait les sites disponibles pour s'assurer, entre autres, que celui qui avait été choisi n'était pas utilisé par un autre agent ou n'avait pas été compromis d'une manière ou d'une autre. On vérifiait également par satellite que rien n'empêchait l'utilisation dudit site. Par exemple, une construction récente ou un nouveau poste de police dans les parages. Si le site convenait, Langley envoyait sa description par câble à Moscou. En résumé, la CIA faisait tout son possible pour dissimuler au KGB les sites de contact de ses sources.

On ne s'étonnera donc pas que les révélations de Max sur un agent double de la CIA ayant pu faire passer aux Russes des fiches A7 aient levé un véritable vent de panique – d'autant plus lorsqu'on sait le peu de personnes pouvant coller à cette description. Si ces informations étaient exactes, elles constituaient une preuve quasi irréfutable qu'à une époque, le Quatrième Homme avait officié dans la section URSS. Des informations qui, évidemment, allaient permettre de considérablement réduire la liste des suspects. Et en y ajoutant ce que Max avait dit sur la présence de l'agent double aux réunions des haut gradés, le portrait-robot du Quatrième Homme se faisait, d'un coup, beaucoup plus net.

Même après la percée de Caracas, Max avait toujours ses détracteurs. Et la portée de ses nouvelles allégations n'allait pas arranger les choses. Que ce soit en Amérique du Sud, ou lors de débriefings ultérieurs, on lui avait reproché d'avoir affirmé en Afrique de l'Est qu'il n'y avait que deux agents doubles dans les services secrets américains, l'un au FBI et l'autre à la CIA. Max s'était hérissé et avait rétorqué qu'il avait toujours parlé de trois taupes : deux à la CIA et une au FBI. Si cette ambiguïté n'a jamais été résolue d'une manière satisfaisante, ce que Max avançait sur un nouvel agent double infiltré dans les hautes sphères de la CIA devait être pris au sérieux.

Car s'il avait raison et que les Russes avaient effectivement pénétré les services secrets américains au niveau qu'il disait, le cataclysme promettait d'être biblique – cette taupe étant susceptible de battre le record de dégâts de toute l'histoire américaine. Pour reprendre la description du Quatrième Homme que ferait un général des services secrets russes, il s'agissait de la meilleure source que le KGB ait jamais eue. Ce qui n'est pas peu dire, vu que le KGB est le meilleur service de renseignement de l'histoire contemporaine.

Et tandis que Max faisait sonner toutes sortes de nouvelles alarmes, en plus des incohérences toujours plus nombreuses dans les secrets que Ed Howard et Rick Ames avaient pu trahir, les chasseurs de taupes en étaient plus que jamais convaincus : il était temps qu'au septième étage de la CIA, on commence à s'inquiéter.

7.

Preuve indirecte, *loc. nom.* Déduction faite à partir de faits partiels ou contradictoires.

Langley, mai 1994

L'ENQUÊTE DE LA CIA sur une possible nouvelle taupe russe démarra discrètement en mai 1994, quand le chef des Opérations de l'Agence, Ted Price, chargea son numéro deux du contre-espionnage, Paul Redmond, de mener « une enquête de nettoyage post-Ames », pour reprendre la propre formule de Price.

Mais lorsque le dossier en vint à être transmis aux chasseurs de taupes, Price n'informa pas Redmond de sa conclusion : qu'il y avait un autre agent double russe caché quelque part au sein de la CIA. Certes, ce n'était pas le genre de nouvelle qu'on voulait entendre à la CIA à ce moment-là. Mais comme le traître Rick Ames venait tout juste d'admettre devant la justice qu'il avait matériellement anéanti les opérations russes de la CIA le 13 juin 1985, la prudence aurait commandé de ne plus rien laisser au hasard. Devant les enquêteurs, jamais Price et Redmond n'admettraient quel rôle prépondérant les informations récoltées par Max avaient joué dans leur décision.

Pour diriger l'enquête voulue par Ted Price, Redmond était le choix qui s'imposait. À Langley, il avait chapeauté les opérations à Moscou, dirigé le Contre-espionnage dans la Division soviétique, et en était devenu le numéro deux, avant de passer numéro deux du Contre-espionnage, où il avait supervisé la chasse à la taupe soldée par l'arrestation de Rick Ames. À la CIA, rester autant de temps sur un seul dossier n'est pas chose courante.

Puisque Price n'avait rien voulu dire, je n'avais eu aucun moyen de savoir ce qui l'avait motivé à ouvrir l'enquête sur le Quatrième Homme. Comme il me l'expliqua, c'est à peine « quelques jours » après l'arrestation de Rick Ames que l'éventualité d'une autre infiltration russe au sein de la CIA était devenue évidente – le KGB devait compter sur une source ayant eu accès aux opérations soviétiques/russes. Dans tous les cas, ni Price ni Redmond n'avaient besoin qu'on leur rappelle à quel point la CIA avait bâclé le travail avec Ames et Howard. On connaît désormais par le menu les échecs désastreux de Rick Ames. Ed Howard ne valait guère mieux : lui aussi était lourdement porté sur la bouteille, voleur et, pour parfaire le tableau, il avait été cocaïnomane. Si la vérification de ses antécédents avait été menée correctement, lui non plus n'aurait jamais franchi les fourches caudines de la CIA. Du côté de la direction, il ne restait plus qu'à se demander si l'infiltration du KGB s'arrêtait quelque part.

Après Rick Ames, savoir comment la CIA devrait-elle s'y prendre pour mettre de l'ordre dans cette pagaille et arrêter d'offrir des agents au KGB ? Cela n'avait rien d'une mince affaire. Elle allait commencer par imposer des tests polygraphiques plus fréquents et plus rigoureux, par mieux surveiller et traiter l'alcoolisme de son personnel, et par examiner de plus près tout contact étranger suspect. Mais elle savait également que cela n'était pas la panacée, vu que de telles procédures étaient déjà en place à l'époque où Rick Ames caftait sans frein au KGB (il avait passé deux tests sur polygraphe). Et savoir jusqu'à quelle profondeur la CIA pouvait pénétrer dans la vie personnelle de ses employés n'était pas non plus une question simple à résoudre. Elle ne disposait pas des ressources nécessaires pour retracer l'origine de l'argent chaque fois qu'un agent héritait d'une tante restée vieille fille. Se laisser berner par l'alibi de Rick Ames sur la riche famille de son épouse colombienne n'avait rien eu d'une erreur de débutant. Bon courage pour pister de l'argent en provenance de Colombie, et encore plus dans les années 1980, alors que ce pays était la capitale mondiale de la cocaïne. Pour renforcer sa sécurité, la CIA devait trouver d'autres moyens.

Chasser la taupe au lance-flammes n'était pas une option. James Jesus Angleton, directeur du contre-espionnage de la CIA de 1954 à 1975, qui avait essayé cette technique, avait misérablement échoué. L'idée que la CIA était infiltrée par les Russes en était venue à l'obséder. Non seulement il n'attrapa jamais la moindre taupe, mais, à cause de lui, la CIA s'était tellement repliée sur elle-même qu'elle avait pratiquement cessé d'espionner l'Union soviétique. Les agents capables de comprendre le pays et qui en parlaient couramment la langue avaient été injustement soupçonnés et mis sur la touche, pour être trop souvent remplacés par des types qui n'avaient jamais croisé un Russe de leur vie. Avec sa chasse aux sorcières, Angleton ferma la porte à de possibles transfuges soviétiques, en qui il voyait, sans le moindre fondement, des chevaux de Troie envoyés par le KGB pour semer la confusion. De même, Angleton barra la route à de véritables transfuges qui avaient pourtant réussi à entrer aux États-Unis, en les accusant d'être des agents du KGB. L'un d'entre eux, Yuri Ivanovitch Nosenko, officier du futur FSB, fut emprisonné et mis à l'isolement près de quatre ans.

Pour ne pas totalement accabler Angleton, le fait est que sa paranoïa n'avait rien d'une vue de l'esprit. Grâce au décryptage des codes soviétiques par l'armée américaine, il avait su que, dans les années 1930 et 1940, les services secrets de Staline avaient pu compter sur plus de trois cents sources américaines, pour beaucoup bien placées et prolifiques. Parmi les secrets volés à l'époque, on compte les plans des bombes nucléaires américaines et britanniques. Les Russes avaient également réussi à placer un agent au sein de la Maison-Blanche du président Roosevelt. En outre, les Soviétiques possédaient plus d'une douzaine d'espions au sein de l'OSS, le prédécesseur de la CIA. Sans preuves du contraire, Angleton n'a fait que partir du principe que les services secrets russes avaient continué sur leur lancée.

Le décryptage des codes soviétiques fut l'un des plus grands triomphes de l'histoire de l'espionnage. Mais une fois informée grâce à des agents doubles du NKVD, l'Union soviétique avait bétonné son cryptage, pour s'assurer que ses codes ne seraient plus jamais piratés. Du jour au lendemain, la chasse aux taupes soviétiques, déjà difficile, était devenue quasiment impossible. Les écoutes téléphoniques et les interceptions n'étaient plus d'aucune utilité car, plus que quiconque, le KGB savait combien des oreilles qui traînent pouvaient être dangereuses. Par défaut, jamais les contacts de Rick Ames ne l'avaient appelé chez lui ou au bureau, ou ne lui avaient envoyé de courrier. À la place, ils avaient usé de bonnes vieilles méthodes, comme les boîtes aux lettres mortes et la craie sur le mur. Après quelques rencontres physiques à Washington, le KGB n'avait rencontré Rick Ames qu'en dehors des États-Unis, et dans des endroits où la surveillance de la CIA et du FBI était limitée, ou inexistante. Le KGB savait également qu'il était plus sûr de déposer l'argent dans des banques hors de portée de la surveillance bancaire américaine, par exemple avec un prête-nom en Suisse ou au Panama, que de passer des virements directs sur des comptes américains. Ou, mieux encore, de les payer en espèces. Si possible, les taupes russes n'étaient d'ailleurs pas rémunérées du tout. Et jamais les officiers du renseignement russes ne discutaient d'un agent dans des lieux susceptibles d'être mis sur écoute. Il arrivait même que la *rézidientoura* de Washington ne soit pas mise au courant de l'identité d'espions particulièrement sensibles, pour parer au risque de trahison d'un transfuge présent dans les locaux. En bref, avec des Soviétiques ayant blindé leurs codes et leurs techniques, la chasse aux taupes se limitait aux agents du KGB comme Max et aux pistes qu'ils pouvaient fournir.

Mais vu que les Max ne couraient pas les rues, la CIA n'avait d'autre choix que de limiter la diffusion des secrets russes sensibles – à la fois pour compliquer la tâche de potentielles taupes, mais aussi pour mettre plus facilement le doigt sur l'origine de toute fuite. La première étape consistait à réduire le nombre de personnes au fait de telles informations. Lorsqu'on sait que plus de deux cents agents de la CIA avaient eu accès aux noms des agents russes perdus entre 1985 et 1986, c'était ajouter l'excessif à l'inutile. Les tire-au-flanc du genre de Rick Ames, qui ne contribuaient pas vraiment à la recherche d'agents, furent écartés des affaires sensibles. Puis ce fut au tour des administratifs et des secrétaires. Et lorsque les Opérations russes furent réglementées selon le « besoin d'en connaître », l'identité des agents les plus sensibles de la CIA fut même occultée aux premiers assistants de la direction.

Le processus de cloisonnement des secrets russes progressait à mesure que l'ampleur des pertes russes de 1985 et 1986 devenait manifeste. Devant l'éventualité que l'ennemi serait toujours sous leur toit, le chef des Opérations soviétiques, Burton Gerber, et son chef du contre-espionnage, Paul Redmond, avaient réuni en janvier 1986 leur équipe soviétique et leur avaient dit : « Faites tout ce qu'il faut pour garder nos gars en vie. » En conséquence, les dossiers de contre-espionnage et de renseignement interne russe furent transférés au « réduit » : une petite pièce sans fenêtre et toujours fermée à clé au cœur du siège historique de Langley. La charge en fut donnée aux deux officiers les plus fiables de la division, Sandy Grimes et Diana Worthen. Elles devaient rendre compte directement à Burton Gerber et à Paul Redmond. Histoire de ne rien laisser transparaître, la nouvelle unité fut simplement baptisée « Projets spéciaux ». Son existence était si secrète que même ceux du bureau voisin ignoraient sa mission. Des membres de la Division soviétique de l'époque se souviennent que la porte du « réduit » était toujours fermée et muette comme une tombe. Seul signe de vie : la fumée de cigarette qui, parfois, s'en échappait.

Quand les effectifs du « réduit » avaient augmenté, la cellule avait fini par s'installer au rez-de-chaussée des nouveaux locaux de Langley, dans une pièce plus grande, insonorisée et sous alarme. Son personnel était constitué des officiers les plus fiables, tous expérimentés. Il s'agissait presque toujours de femmes discrètes, ayant l'âge de la retraite, au-dessus de tout soupçon. Aucune ne conduisait de Jaguar ou ne s'était payé de maison de luxe avec des valises de billets. Les noms de cette tribu étrange – Jeanne Vertefeuille, Diana Worthen, Sue Eckstein, Myrna Fitzgerald et Sandy Grimes –, familiers à certains membres de la Division soviétique, étaient inconnus partout ailleurs à la CIA. Leurs dossiers étaient connus d'elles seules, et de deux ou trois de leurs patrons tout au plus.

Ces nouvelles mesures, destinées à limiter la diffusion des opérations russes, étaient en effet venues s'ajouter à d'autres déjà en place avant les pertes de 1985-1986. Par exemple, les « canaux de commandement » – les protocoles de communication standards de la CIA – avaient été renforcés en transférant tous les agents sensibles dans les « canaux TR » – traitement restreint. Pour pouvoir lire les plus sensibles des câbles TR, un agent devait être inscrit sur ce qu'on appelle une liste « Bigot », comptant six agents au minimum, et rarement plus de vingt. Ces câbles n'étaient pas distribués *via* des registres ou par l'intermédiaire de secrétaires, mais plutôt à un guichet situé à l'extérieur d'un site de communication spécial du quartier général où les destinataires autorisés devaient quotidiennement passer pour récupérer les copies physiques de ces dépêches. De même, les noms figurant dans les câbles TR russes n'étaient pas automatiquement indexés dans les bases de données, comme le sont normalement ceux mentionnés dans les câbles de la CIA, mais saisis manuellement dans une base de données spéciale, à laquelle avaient accès à peine une demi-douzaine d'analystes. C'est la base de données dont Milt Bearden avait voulu se débarrasser en 1992.

La CIA a mis en œuvre bien d'autres mesures pour s'assurer que le moins de personnes possible aient accès aux câbles classifiés. Si ces mesures ont finalement contribué à réduire la liste de suspects jusqu'à pointer un Quatrième Homme précis, la CIA m'a demandé de ne pas les détailler. Elles sont probablement toujours en place, mais ce n'est là qu'une hypothèse de ma part.

Les opérations russes ont été encore plus bétonnées lorsqu'il a été décidé de se passer de toute communication électronique, en ordonnant aux officiers traitants de revenir à Langley après leurs contacts avec leurs sources russes de premier ordre et de remettre en personne leurs rapports à leurs supérieurs. Les enregistrements des réunions étaient retranscrits sur des ordinateurs autonomes, ou à la main. Les choses sont devenues encore plus étranges lorsque Langley s'est mis – un peu comme on le fait dans la mafia – à tenir deux types de registres : l'un bidon et l'autre authentique. Une ruse dont l'origine remonte à une tentative de Milt Bearden et de Paul Redmond de débusquer un agent double à Langley. Le principe était le suivant : une antenne de la CIA à l'étranger produisait un câble dit « de sonde » ou « écran de fumée », signalant faussement le recrutement d'un fonctionnaire russe. On espérait que la taupe des opérations soviétiques à Langley tomberait sur le câble et dénoncerait ledit fonctionnaire à son contact du KGB. Si le Russe piégé était soudainement rappelé à Moscou, le souci d'infiltration suspecté par la CIA était confirmé et, avec un peu de chance, la taupe aurait laissé des traces jusqu'à l'endroit par où elle était entrée. Si aucune taupe n'était attrapée, la CIA n'aurait rien perdu de sa superbe. De fait, au fil des ans, les écrans de fumée étaient devenus une petite spécialité des opérations russes.

Inutile de dire qu'un système aussi désordonné n'était pas de tout repos pour les premières lignes. Une assistante au sein de la direction des Opérations m'a ainsi raconté que tout un tas de « sondes » arrivaient sur son bureau chaque matin dans les dépêches TR, sauf qu'elle n'avait aucun moyen de trier le bon grain de l'ivraie. Elle ne savait pas du tout comment son patron, le directeur adjoint des Opérations, pouvait s'y retrouver. De même, elle n'avait pas non plus la moindre idée de la façon dont la CIA réussissait à concilier ses registres frauduleux avec la législation régissant les archives fédérales.

Un officier traitant, en charge des Opérations russes pendant de nombreuses années, m'a aussi raconté qu'au début des années 1980, on en était arrivé au point où le groupe Russie n'était plus composé que de fausses infos TR, les vrais rapports des agents russes étant exclusivement tapés à la machine et distribués à la main. Selon lui, la situation était devenue encore plus folle quand les Opérations russes avaient tout simplement décidé d'arrêter de coucher quoi que ce soit sur papier : les rapports étaient, à la place, cadenassés dans les cervelles des officiers et, d'après ce que j'ai compris, définitivement perdus lorsqu'ils partaient à la retraite. (Soit dit en passant, je n'avais jamais entendu parler de tout cela quand je travaillais pour la CIA, et, de l'avis général, je doute que ces méthodes de contre-espionnage soient très efficaces.)

Les informations de Max sur le Quatrième Homme, et sur d'autres agents doubles au sein des services secrets américains qu'il a pu exposer ont été traitées suivant ces nouveaux protocoles. Après la première rencontre en Afrique de l'Est, Max s'était vu attribuer un cryptonyme standard et un numéro de dossier d'agent, le fameux « 201 ». Les comptes rendus de ses contacts et de ses rapports de renseignement étaient envoyés par câble à Langley *via* les canaux de commandement, avec les noms propres indexés. Mais lorsqu'il en est venu à mentionner les deux agents doubles, ses officiers traitants d'Afrique de l'Est ont pris l'avion pour Londres pour y envoyer des câbles doublement cryptés à Langley, à partir de GRiD autonomes à boîtier rigide : des ordinateurs portables blindés et coupés du réseau, conçus spécialement pour ne pas émettre d'émissions électromagnétiques « TEMPEST » susceptibles d'être interceptées à distance. Très vite, les rapports de Max ont été exclus des canaux de communication. Parallèlement, son cryptonyme a été remplacé par un surnom, Maximillian, puis tout simplement Max. Aux officiers au courant de son apparition en Afrique de l'Est, on a fait croire que Max avait rompu tout contact avec la CIA. Avec moins d'une douzaine de personnes au FBI et à la CIA ayant accès à son dossier, il allait devenir un « agent fantôme ».

À partir de ce moment-là, après un contact avec Max, l'OT devait retourner à Langley avec un enregistrement de leur rencontre. Un traducteur s'occupait de traduire en anglais la retranscription, dont une seule copie papier était ensuite consignée dans le 201 de Max. Au restaurant de l'hôtel *Greenbrier,* certaines des notes de son débriefing avaient été griffonnées sur des serviettes de table, puis rangées dans des dossiers à Langley. Aucune de ces notes ne s'était retrouvée dans les bases de données ou n'avait été distribuée à Langley.

Toutes les autres sources russes de la CIA sachant quelque chose du Quatrième Homme furent également camouflées par le même régime draconien – les cryptonymes remplacés par des surnoms, l'accès à leurs rapports limité à une poignée d'individus et rien d'archivé dans les bases de données numériques.

Après l'arrestation de Rick Ames, il était prévisible que les informations sensibles quitteraient les ordinateurs pour passer sur des supports papier et des fiches cartonnées. Mais personne ne s'attendait à ce que ces précautions permettent de débusquer le Quatrième Homme.

Sans surprise, ces méthodes de fortune et le culte du secret se révélèrent extrêmement inefficaces. Pour rechercher une taupe, il ne suffisait plus de s'asseoir devant un ordinateur et de suivre des indices, il fallait savoir où trouver les preuves susceptibles de mener quelque part. C'était un peu comme passer au peigne fin la carlingue explosée d'un avion à la recherche de fragments de bombe. Et lorsque les agents de la CIA ayant accès aux secrets russes sont passés de plusieurs centaines à une petite douzaine, on peut se dire que le Quatrième Homme a commencé à trouver le filet un peu trop serré à son goût.

* * *

Si l'enquête de Ted Price sur le Quatrième Homme ne put jamais rattraper les débâcles de Ed Howard et de Rick Ames, c'était un début. Price, un rouquin compact aux tempes grisonnantes et à l'allure de premier de la classe, était un maître de l'espionnage. Diplômé de Yale et après cinq ans passés dans les Marines, il avait rejoint la CIA en tant qu'officier traitant. Il en gravit les échelons à l'ancienne, en recrutant et en gérant des agents sur le terrain. L'homme parlait couramment le mandarin et travaillait principalement en Asie orientale, y compris la Chine. Avant de prendre la direction des Opérations de la CIA, Price avait dirigé le Contre-espionnage, soit une formation accélérée pour se familiariser avec le renseignement russe. S'il n'avait pas l'aura d'un Paul Redmond en matière de connaissances du KGB, il était un fin lecteur, et avait une extraordinaire mémoire des noms et des détails. Mais en matière de contre-espionnage, le véritable atout de Price était sa capacité à ne jamais dévoiler totalement son jeu. Pour certains, la chose s'explique par son passage chez les *Skull and Bones*, la fameuse société secrète de l'université de Yale. Mais qu'il ait été ou non membre de cette confrérie, on n'avait pas eu besoin de lui expliquer que la seule méthode pour espérer une enquête de contre-espionnage fructueuse était d'en limiter le nombre de participants. Et si un seul chasseur de taupes pouvait faire le boulot, c'était encore mieux.

Avec des yeux cyniques, on pourrait voir l'enquête de Ted Price sur le Quatrième Homme comme une opération prévisible pour couvrir ses arrières. Ou, avec Rick Ames emprisonné à vie, un coup d'épée dans l'eau. Mais ce serait faire offense à l'intelligence de Ted Price. Il savait que les allusions de Max à de nouveaux agents doubles russes ne pourraient être ignorées, ni toutes les autres pistes ouvertes depuis une décennie. Sans compter les compromissions de sources russes et autres opérations techniques qui ne pouvaient pas venir d'Ed Howard ou de Rick Ames – comme Adolf Tolkatchev. Ted Price comme Paul Redmond savaient pertinemment que, d'un point de vue politique, il aurait mieux valu tout coller sur le dos d'Ed Howard et de Rick Ames sans demander son reste. Sauf qu'ils savaient aussi qu'agir de la sorte reviendrait à nier l'évidence.

Et ils n'étaient pas les seuls à avoir des soupçons. Au FBI, l'agent principal chargé de l'enquête sur Rick Ames, Les Wiser, m'a dit qu'une fois qu'on avait fait le tour des dégâts qui lui étaient imputables, sans aucun doute possible il y avait eu, ou il y avait encore une autre taupe russe à la CIA. Dell Spry, l'agent du FBI ayant menotté Rick Ames à côté de sa Jaguar, m'a aussi dit que son équipe était partie du principe que les Russes avaient une autre source dans les opérations russes de la CIA. Un officier traitant ayant participé à l'enquête sur Rick Ames – son « évaluation des dommages », comme on dit à la CIA – était du même avis. Une fois méticuleusement passés en revue les secrets que Rick Ames avait avoués, il en avait conclu qu'il devait forcément y avoir une autre infiltration russe dans la CIA. Pour le citer : « Avec toutes les pertes inexpliquées, il ne pouvait pas y avoir d'autre explication. » Et il était tout à fait ouvert à la possibilité qu'il y ait pu y avoir non seulement un Quatrième Homme, mais peut-être même un cinquième, voire on ne sait combien d'autres. Même Milt Bearden avait fini par croire à l'existence d'un Quatrième Homme et par plaider en faveur de son existence dans le *Los Angeles Times.* Sauf qu'il pensait que cette taupe était morte dans les années 1980. J'ai entendu le même son de cloche chez la plupart de mes sources à la CIA et au FBI qui connaissaient un tant soit peu le renseignement russe et qui avaient objectivement évalué les preuves. À leur connaissance, les Russes avaient eu ou avaient encore une autre source que Rick Ames au sein des Opérations russes de la CIA. Si personne ne voulait spéculer sur son identité, personne ne doutait non plus de son existence. Il est donc tout à fait naturel qu'un tel consensus ait éclairé la décision de Ted Price d'ordonner une enquête de nettoyage post-Ames. (J'ai appris récemment que le FBI l'avait briefé sur son enquête indépendante sur le Quatrième Homme.)

Ce à quoi Price et Redmond ont dû faire attention, c'est à la manière dont une nouvelle chasse à la taupe allait être accueillie dans une CIA qui avait du mal à se remettre de la trahison de Rick Ames. À l'époque, avec le renforcement de la sécurité, elle était aux prises avec de très graves problèmes de personnel – les pires de toute son histoire. Notamment parce que les tests au détecteur de mensonges étaient désormais calibrés avec des seuils de détection plus sensibles. N'oublions pas que Rick Ames avait réussi deux de ces tests coup sur coup alors qu'il était totalement en cheville avec le KGB. Ces nouveaux seuils signifiaient qu'au moindre défaut sur un graphique, l'opérateur se lançait dans un interrogatoire agressif. Qui se soldait presque inévitablement par un résultat d'examen « non concluant ». Selon un membre du bureau de Ted Price, au fait des statistiques, plus de 400 officiers auraient été soupçonnés après un test polygraphique non concluant. Même si personne n'a pu croire que la totalité de ces 400 officiers étaient des espions russes, la prudence exigeait qu'ils soient renvoyés « tailler des crayons », pour citer ma source.

Aux maux de tête de Ted Price s'ajoutaient les maux endémiques affligeant la société américaine contemporaine, et en particulier le cocktail explosif associant *ego* hypertrophiés et problèmes d'argent. Deux pentes naturelles vers la trahison. Bien que Rick Ames ait essayé d'édulcorer sa félonie avec des arguments tirés par les cheveux qu'il ne sert à rien de répéter ici, il l'a fait pour l'argent. Si la motivation immédiate d'Ed Howard fut la vengeance, le KGB l'avait également grassement payé. *Idem* pour Robert Hanssen. La réalité est que des salaires de fonctionnaires ne collent pas avec le coût de la vie, qui plus est avec les prix de l'immobilier autour de Washington. La tentation était grande, pour un employé de la CIA souffrant de fins de mois difficiles, de se tourner vers les services secrets russes pour obtenir un coup de pouce immédiat. Ted Price s'était forcément dit que s'il y avait eu une pomme pourrie comme Rick Ames, rien n'empêchait qu'il y en ait eu deux. Ou un nombre inconnu de tous, hormis du KGB.

Ted Price devait également gérer l'arrivée imminente d'une nuée d'agents du FBI, qui étaient en passe de s'abattre sur la CIA sur ordre de la Maison-Blanche avec le retour en boomerang des affaires Ed Howard et Rick Ames. À peine le FBI arrivé, il ne fit aucun mystère de ses ambitions : il était là pour purger la CIA. Un agent du FBI, Ed Curran, fut désigné pour prendre en charge le contre-espionnage de la CIA – soit la section de l'Agence chargée de traquer les espions dans ses propres rangs. Pour le FBI, c'était un moyen de tenir la CIA à la gorge. Avec ce genre de menace au-dessus de la tête, c'en était fini des affectations à l'étranger et des promotions.

Pour le personnel de la CIA, Ed Curran était un agent du FBI rigide au possible. En bon flic, il voyait le monde en noir et blanc, aux antipodes des nuances de gris de la CIA. Soit vous aviez les preuves irréfutables d'un crime à lui montrer, soit il n'avait pas une minute à perdre avec vous. Trois fois oui pour ouvrir une enquête sur Rick Ames sur la base de ses dépôts en espèces effectués après ses rendez-vous avec des Soviétiques, mais il ne fallait pas lui parler des photos floues de Tolkatchev ou du fait que sa famille n'avait pas quitté son appartement après son arrestation. Pour les chasseurs de taupes de Langley, l'arrivée d'Ed Curran à bord compliquait les choses. Et vu qu'il était capable de geler n'importe quelle carrière, tout le monde était à cran.

James Milburn se rappelle qu'Ed Curran avait été informé par le FBI de sa traque parallèle du Quatrième Homme, ce que Curran a catégoriquement nié après la publication de ce livre.

Un agent du FBI allait même être affecté au groupe Russie, avec un accès aux dossiers les plus sensibles de la CIA – une première dans toute son histoire. Ce qui a terrifié la vieille garde de la Guerre froide, ne serait-ce parce que le FBI était loin de partager leurs normes de compartimentage. À la CIA, moins d'une douzaine de personnes étaient en général informées d'une affaire sensible ; maintenant, avec l'arrivée du FBI, les renseignements fournis par les agents russes de la CIA se retrouvaient dans des centaines de bureaux locaux. Quand Robert Hanssen fut arrêté en 2001, la folie de cette décision apparut au grand jour.

Une accusation qu'un agent du FBI ayant participé à la chasse au Quatrième Homme conteste vivement, en faisant notamment remarquer que le travail du FBI sur cette affaire était resté confidentiel, et que c'est la CIA qui n'était pas capable de garder un secret. Avant d'ajouter qu'il était furieux que j'aie pu en découvrir autant sur cette procédure. « Vous vous êtes approché trop près de la vérité », m'a-t-il dit. Quand je lui ai dit que tout un tas de mes collègues m'avaient menti au sujet de l'enquête, il a répondu : « Tant mieux pour eux. À leur place, je vous aurais menti aussi. »

Pour ajouter à la frousse de la CIA, avec le FBI dans les couloirs de Langley, tout ce qui avait vaguement l'air d'un crime commis par un officier de la CIA promettait d'entraîner un renvoi au ministère de la Justice. On vous surprenait avec une heure de retard alors que vous étiez censé commencer à l'aube ? Un courrier d'huissier vous informait de poursuites. (Certes, j'exagère un peu, mais l'arrivée du FBI fut pour beaucoup un motif suffisant pour chercher du travail ailleurs, là où le patron ne passe pas sa journée à trouver des raisons de vous mettre en prison.) Mais les choses se sont avérées encore pires que Ted Price ne l'avait imaginé.

La rumeur a rapidement circulé que le FBI allait débarquer à Langley avec une liste de cibles établie en fonction de ses intuitions, de ses aversions et, surtout, de sa méfiance à l'égard de la CIA. En d'autres termes, une entorse mineure comme d'avoir une petite amie étrangère ou une grosse et belle voiture serait un motif suffisant pour vous placer sous le microscope du FBI. Ce qui n'aboutirait pas forcément à des poursuites judiciaires, mais pourrait freiner une carrière. Un de mes anciens collègues m'a ainsi raconté que le FBI s'en était pris à lui pour la seule et unique raison qu'il les avait énervés quelques années plus tôt. Certes, il avait déjà presque achevé sa carrière, mais le FBI a définitivement anéanti ce qu'il en restait. Et le gros temps de la chasse aux sorcières s'est fait d'autant plus menaçant que le FBI a tout gardé pour lui. De ses nombreuses enquêtes, jamais la direction de la CIA ne fut informée. J'étais en poste à Langley à cette époque et, même si je ne savais absolument rien de la traque du Quatrième Homme, il eût été impossible de ne pas percevoir l'ambiance de purge et l'angoisse générale qui régnaient à la CIA. Moi-même, j'étais terrifié à l'idée que ma vie personnelle, bien peu reluisante, soit portée à leur connaissance et que mon nom se retrouve sur une liste noire du FBI.

Comme on a pu me le dire, le FBI n'a jamais voulu être, ni n'a jamais été, la « police du sexe » de la CIA. En réalité, les requêtes de la CIA en ce domaine ne faisaient que détourner l'attention de la chasse au Quatrième Homme, entre autres enquêtes sérieuses de contre-espionnage menées par le FBI.

La méfiance atteint un tel degré de corrosivité que Price se sentit obligé de couper quasiment tout son entourage de l'enquête sur le Quatrième Homme. Son assistante en ignorait tout. Et il alla jusqu'à en exclure son adjoint, John MacGaffin, pourtant chef de la division chargée de la Russie quand Max avait parlé de Caracas à Dick Corbin. Présent à la conférence du *Greenbrier*, MacGaffin aurait pu lui contextualiser les révélations apparemment folles de Max sur les agents doubles. Le remplaçant de MacGaffin, Jack Devine, fut logé à la même enseigne. Selon une de ses assistantes, il se plaignait régulièrement des façons de faire de Price, qui le tenait dans l'ignorance des affaires sensibles de contre-espionnage. Parallèlement, une autre rumeur commençait à circuler : Jack Devine lui-même était soupçonné par le FBI. On racontait que des agents s'étaient pointés un matin à son bureau pour l'interroger de manière agressive sur ses liens avec les services de renseignement russes. Une fausse rumeur selon Devine. Mais qu'elle ait pu circuler prouve combien l'atmosphère était toxique à la CIA. La paranoïa était endémique : Paul Redmond m'a raconté que Ted Price l'avait fait venir un jour à l'extérieur du bâtiment pour lui demander s'il pensait que le FBI avait pu mettre sur écoute les bureaux de la direction, au septième étage de la CIA. Ils n'eurent jamais de réponse, mais cela montre une fois de plus à quel niveau d'isolement opéraient

Price et Redmond, et combien ils étaient privés des avis dont ils auraient eu tellement besoin.

La pression de la traque du Quatrième Homme ne s'était jamais relâchée. Qu'importe l'époque, moins d'une douzaine de personnes à la fois étaient mises au parfum. Si j'en crois les dires du chef de cabinet d'un directeur de la CIA, lui-même n'avait pas eu le droit d'approcher les enquêtes du contre-espionnage russe. Qu'importe qu'il eût été à la droite du directeur de la CIA quand la chasse au Quatrième Homme battait son plein, on ne lui avait jamais rien confié à ce sujet. Je lui ai demandé pourquoi, et il s'est contenté de me répondre : « Parce que les gens du contre-espionnage sont des "trous du cul". » Les choses avaient empiré bien au-delà de ce que je pouvais imaginer, me dit-il, et le FBI avait mis fin à l'une de ses vieilles pratiques en cachant désormais aux directeurs de la CIA les mandats que la justice avait secrètement accordés au contre-espionnage pour enquêter sur des agents de la maison.

* * *

Un jour, un haut responsable de la CIA dit à Milton Bearden qu'il s'interrogeait sur l'utilité des officiers traitants : « Tout ce que vous faites, c'est de laver votre linge sale en famille. » En d'autres termes, qu'ils avaient trop à faire avec le ménage des traîtres dans leurs propres rangs pour être d'une quelconque utilité face aux grandes questions qui se posaient dans le monde. Par exemple, qu'est-ce qui avait bien pu se passer dans la tête de Boris Eltsine pour qu'il s'entiche d'un ex-agent du KGB dur à cuire, et en fasse son successeur ?

Ce fonctionnaire n'avait pas tout à fait tort, mais ce qui lui avait échappé, comme à Milt Bearden, c'est qu'on ne peut pas répondre aux grandes questions tant qu'on n'a pas vidé sa maison des traîtres. C'est une réalité incontournable. Si, par exemple, un proche d'Eltsine avait pu directement expliquer à la CIA pourquoi il avait choisi Vladimir Poutine, le Quatrième Homme (s'il existe) aurait eu vite fait de le dénoncer à ses maîtres russes, et la CIA serait revenue à la case départ : sans plus aucune source sur la Russie.

En mai 1994, les débuts de la carrière politique de Poutine étaient bien le cadet des soucis de Ted Price et de Paul Redmond. En revanche, ce qui les empêchait de dormir, c'était de savoir à qui confier le balai du grand nettoyage post-Ames. Un choix loin d'être évident. Mais vu le fonctionnement de la CIA, leur décision allait se limiter à une alternative : soit quelqu'un d'extérieur aux opérations russes et au contre-espionnage (quelqu'un qui, comme moi, ne connaissait pratiquement rien à ces deux domaines), soit quelqu'un qui savait parfaitement ce qui s'y tramait.

Ce que je vais dire pourrait sembler un peu rude, mais je vais le dire quand même. La CIA est un endroit où l'intelligence – au sens de l'expertise et de la profondeur intellectuelle – est l'ennemie de l'ambition. Passez une carrière à essayer de maîtriser un sujet comme la Russie ou le KGB et vous aurez toutes les chances de ne pas décoller. Ce qui s'applique aussi aux chasseurs de taupes. Passez vingt ans à traquer le KGB, et vous finirez par être catalogué et ignoré, comme quelqu'un d'intellectuellement incapable d'avoir une vue d'ensemble sur la situation. Pour citer mon ancien collègue de l'équipe d'évaluation des dommages causés par Rick Ames, la direction de la CIA juge ses chasseurs de taupes « trop paranoïaques et amoureux des détails » pour leur faire entièrement confiance.

Il n'y a aucune mesure objective du phénomène, mais mon expérience m'a appris que la plupart des officiers traitants, qu'ils le veuillent ou non, se retrouvent à devoir être des hommes à tout faire, sans compétence particulière. Très tôt, ils se rendent compte que l'expertise est une voie sans issue et qu'il faut l'éviter comme la peste. De fait, ils n'ont quasiment pas le temps de s'occuper correctement de leur carrière, d'acquérir les moyens de leurs ambitions et d'affiner leurs compétences – donc autant dire qu'un sujet aussi complexe que la Russie ou le KGB leur sera à jamais inaccessible. Pour reprendre l'expression fleurie d'un de mes collègues, « Qui a le temps de séparer la merde de mouche du poivre en grains ? » Un constat qui s'applique à tous les secteurs géographiques. En début de carrière, j'ambitionnais de devenir un orientaliste accompli, arabisant. Mais en cours de route, les réalités bureaucratiques et professionnelles m'ont mis des bâtons dans les roues, et j'ai quitté la CIA sans avoir pu atteindre un seul de ces objectifs.

Selon le côté de l'équation où l'on se place, les avantages des jeunes officiers qui se poussent du col sont indiscutables. Quand la mer devient agitée, on peut compter sur eux pour ne pas faire de vagues. Si jamais la chasse au Quatrième Homme mettait la main sur un autre Rick Ames, ils sauraient protéger les patrons et faire porter le chapeau à n'importe quel pauvre bougre en aval. Ou, si possible, enterrer toute l'affaire. L'inconvénient, bien sûr, c'est qu'en étant à la fois aussi pleutre et ambitieux, les chances de démasquer le Quatrième Homme sont infimes.

Un vétéran du contre-espionnage, en revanche, saurait comment mener l'enquête de manière efficace et expéditive, et exactement où creuser pour trouver les diamants et les squelettes. Il connaîtrait de fond en comble tout ce que la CIA sait sur le renseignement russe, et en particulier sur la façon dont le KGB travaille les agents doubles américains et les chèvres. Il saurait aussi exactement où et comment les patrons ont échoué par le passé, et pourrait même mettre des noms sur ces échecs – qui a fait quelles bourdes avec Rick Ames, Edward Lee Howard et, aujourd'hui, avec le Quatrième Homme. Mais inévitablement, les gens ayant à cœur la réalité et les faits sans fard ont tendance, si on leur en donne les moyens, à ruer dans les brancards.

Vu de l'extérieur, le choix de Ted Price et de Paul Redmond n'était pas judicieux – il aurait mieux valu choisir quelqu'un qui sache ce qu'il faisait. Mais c'eût été ignorer la réalité : quand elles sont sénescentes et attaquées, les bureaucraties penchent pour la survie plutôt que pour la vérité. Raison pour laquelle la CIA avait traîné des pieds avec Ed Howard et Rick Ames. Price et Redmond, qui disposaient d'assez de preuves pour nourrir leurs soupçons, n'ont pas opté pour la solution de facilité et ils ont suivi l'expertise. Une décision courageuse.

Même lorsque Price a ordonné l'enquête, il avait forcément conscience que les chances de succès étaient quasi nulles, et qu'il courait le risque de semer la pagaille sans raison valable. Contrairement à ce qui s'est passé avec Rick Ames, Ed Howard et Robert Hanssen, il n'y avait rien qui ressemblât à l'arme du crime dont le FBI a normalement besoin pour monter un dossier. Pire, la résistance institutionnelle, si enracinée dans la CIA, à admettre qu'il puisse y avoir un autre Rick Ames a dû être particulièrement décourageante. Comme le septième étage et le ministère de la Justice exigeaient un niveau de preuves pratiquement impossible à atteindre, Ted Price et Paul Redmond risquaient non seulement de ne pas réussir à coincer le Quatrième Homme, mais aussi d'être conspués comme de vulgaires complotistes. On ne gagne rien à agacer les autorités avec une vérité désagréable tant qu'on ne peut pas l'appuyer sur des preuves solides.

En même temps, en tant qu'institution, on peut facilement comprendre la position de la CIA. La révélation de l'existence d'un nouvel agent double russe à son sommet aurait eu la puissance d'une bombe nucléaire de 100 mégatonnes ; qui sait, elle aurait même pu être le dernier clou de son cercueil. Le *Washington Post* et le *New York Times* se seraient joyeusement régalés de sa carcasse. Le Congrès se serait également déchaîné, coupant des têtes à droite et à gauche, comme il l'avait fait après l'arrestation de Rick Ames. Puis il y aurait eu les inévitables appels à ce que le Pentagone prenne désormais la main sur le renseignement extérieur.

Sans doute que Ted Price et Paul Redmond n'ont pas sauté de joie à l'idée d'entreprendre une nouvelle chasse à l'agent double russe au sein de la CIA, mais ils ont fait ce qu'ils avaient à faire. Et, sans rien ébruiter, ils ont méticuleusement choisi la bonne personne pour diriger l'équipe.

8.

Vocation, *n.f.* Sentiment d'être poussé vers une profession ou une trajectoire existentielle en particulier.

Langley, mai 1994

LAINE BANNERMAN était à son bureau, à ruminer sur l'évolution de sa carrière, quand le téléphone sonna. C'était Paul Redmond, qui lui demandait de monter le voir.

Dès qu'elle entra dans son bureau, elle fut frappée par son langage corporel. À l'évidence, il était sur les nerfs, comme si on l'avait sommé de transmettre une vilaine information qu'il aurait préféré ne jamais entendre.

« Je veux te charger de l'enquête post-Ames », lui dit Redmond.

Qu'on lui propose une mission aussi importante surprit Bannerman. En d'autres termes, elle devait prendre la tête des Enquêtes spéciales, la même unité qui avait débusqué Rick Ames.

« Qu'est-ce que Hall en pense ? », demanda-t-elle.

John Hall était le directeur du contre-espionnage, le patron de Redmond. Comme Redmond le savait, Hall était responsable des tergiversations professionnelles de Laine Bannerman, la raison pour laquelle elle en était réduite à zoner dans les couloirs de Langley à la recherche d'un nouveau poste. Sans prendre la peine de lui expliquer pourquoi, Hall l'avait sommairement évincée de son service.

« J'en fais mon affaire », répondit Redmond.

Bannerman attendit que Redmond lui explique comment il s'était débrouillé pour outrepasser l'aval du patron. Mais l'éclaircissement ne vint pas, et elle n'insista pas.

« Des exigences? », enquilla Redmond.

Bannerman savait qu'elle devait réfléchir vite; une opportunité comme celle-là n'allait pas se présenter deux fois.

« Deux, dit-elle. Je veux Diana Worthen et Maryann Hough. »

C'étaient les deux meilleurs chasseurs de taupes que Bannerman connaissait. Il y avait sans doute peu de chance que Redmond réussisse à obtenir leurs réaffectations, mais qui ne tente rien...

Redmond la fixa d'un air sceptique. « Avec Diana, je ne vous donne même pas deux jours avant que vous vous entre-tuiez.

— À moi d'en faire mon affaire. »

Redmond mit fin à l'entrevue en demandant à Bannerman de rédiger un mémo à l'attention de Ted Price, pour lui signifier qu'elle acceptait la direction de l'Unité des enquêtes spéciales (SIU) et de superviser le « nettoyage » post-Ames. Redmond devait être mis en copie sur la fiche de transmission, mais pas sur le mémo.

Laine Bannerman sourit intérieurement: elle reconnut la bonne vieille tactique bureaucratique consistant à ne jamais mettre son nom sur le moindre document ayant un risque même vague de susciter la polémique. Manifestement, Redmond voulait que la décision de l'enquête revienne officiellement à

Price, pas à lui. Si, pour une raison ou une autre, elle finissait dans les choux, tout serait mis sur le dos de Ted Price.

Au cours de l'enquête, jamais Laine Bannerman ne vit ni n'entendit parler de John Hall – qui, visiblement, n'était le chef du contre-espionnage de la CIA que sur le papier.

Laine Bannerman se demandait souvent pourquoi elle avait été choisie pour ce poste, alors que John Hall venait de la renvoyer. Son explication la plus probable était que Ted Price l'avait expressément réclamée. Quand il dirigeait le contre-espionnage au début des années 1990, elle avait travaillé directement avec lui sur quelques dossiers. Il connaissait son intransigeance et savait qu'il pouvait compter sur son flair. S'ils avaient croisé le fer plus d'une fois, Price ne lui en avait jamais tenu grief parce qu'il savait apprécier les retours de ses subordonnés – d'autant plus quand ils étaient capables de rassembler des faits et de présenter une argumentation solide. Toute l'essence du contre-espionnage repose sur des récits cohérents et factuels, soit exactement l'expertise de Laine Bannerman. Price savait aussi qu'elle connaissait le KGB en long, en large et en travers. Quand j'ai demandé à Redmond pourquoi il avait jeté son dévolu sur elle, il a fait valoir qu'elle était « coriace et connaissait parfaitement son sujet ».

Laine Bannerman ne se décrit jamais en ces termes, mais en matière de renseignement, elle fait partie de la race des seigneurs. Son père, Robert Bannerman, fut l'un des fondateurs de la CIA. Un autre membre de sa famille proche avait été officier supérieur du contre-espionnage au MI5 (*grosso modo*, le FBI britannique), et un de ses frères, directeur de la Sécurité au Département d'État des États-Unis. Elle avait grandi en Virginie du Nord, à l'ombre de Langley. Les collègues de son père à la CIA formaient son entourage, et respectaient la règle numéro un, qui est de ne jamais discuter travail hors du bureau. Elle se souvient que James Angleton venait dîner chez eux quand elle était enfant. De toute sa vie, elle n'avait jamais croisé homme plus étrange. Il lui faisait penser à un loup-garou et la terrifiait. « Si j'avais été un chien, je l'aurais mordu », commente-t-elle.

Laine Bannerman était allée au lycée McLean avec Rick Ames, et se passionnait comme lui pour l'art dramatique. Elle ne s'était jamais émue de n'avoir pas l'étoffe d'une comédienne, ni des petits rôles où on la cantonnait, mais elle avait vite détecté en Rick Ames un être narcissique, qui exigeait d'occuper en permanence le devant de la scène. À l'époque déjà, son intuition lui avait dit que cette insécurité profonde risquerait un jour de poser problème, à lui comme à d'autres. À la même époque, tous deux travaillaient l'été à la CIA.

Après le lycée, Laine avait étudié le russe et l'italien à l'université William & Mary. Elle avait acquis un assez bon niveau pour pouvoir lire Dante dans le texte, et se débrouiller en russe. Et c'est finalement la Russie qui allait devenir la passion de sa vie. La complexité du pays, de sa culture et de ses habitants la fascinait. Tout comme le KGB. Elle était capable de se lier facilement avec les Russes et prenait un réel plaisir à débriefer les transfuges, ce qui la rendait très utile. Elle serait sans doute devenue un excellent officier traitant si elle avait eu trois grammes de patience pour la flatterie.

En 1966, diplômée de William & Mary, Laine Bannerman avait rejoint l'Agence. Comme Rick Ames, elle avait été embauchée par cooptation. Sans le lui dire, son père lui avait trouvé un poste d'analyste au sein de la direction du Renseignement – il ne voulait pas la voir dans le monde crasseux des opérations. Mais sa fille, préférant être au cœur de l'action, fit en sorte d'être transférée (sans le dire à son père) à la Division soviétique. Elle devint une IA – une analyste du renseignement.

Un peu comme les experts-comptables de justice, les IA sont chargés des moindres détails de la gestion d'un agent, qu'il s'agisse de vérifier ses rapports ou de bien s'assurer qu'il n'est pas tombé dans l'escarcelle du contre-espionnage local. Les IA sont principalement affectés à Langley, mais aussi à l'étranger dans les plus grosses antennes. Laine Bannerman allait vite se tourner vers les opérations et le contre-espionnage soviétiques, et passer le reste de sa carrière à faire la navette entre les deux services.

Avant même d'y être embauchée, Laine Bannerman savait que travailler pour la CIA ne serait pas qu'une partie de plaisir. De par son père, elle savait combien l'Agence attirait une faune particulière, où la méfiance institutionnalisée et les existences strictement compartimentées sont la règle. Mais lorsqu'elle passa au contre-espionnage du KGB, elle s'introduisit dans le monde fermé des connaissances interdites. La vie y était si cloîtrée qu'aucune fraternisation n'était possible avec le moindre collègue hors de cette section de la CIA – et encore moins extérieur à Langley. Surnommées les « soirées de merde », les *happy hours* du jeudi dans la Division soviétique sont d'un ennui mortel, sans le moindre ragot à se mettre sous la dent, et se finissent généralement après un verre de vin.

La ligne de faille du « besoin d'en connaître » passait en plein milieu de la Division soviétique. Bill Piekney, le chef adjoint de la division qui allait remplacer Milt Bearden en 1986, m'a dit qu'en dépit de sa position de superviseur, il avait été complètement exclu des dossiers sensibles de contre-espionnage soviétique et des affaires internes. Les seuls à y avoir accès étaient le chef de la division, Burton Gerber ; Steve Weber, troisième dans sa chaîne de commandement ; Paul Redmond, chef du contre-espionnage de la division et Dick Corbin, l'indispensable officier traitant sur le terrain. Tous lui claquaient la porte au nez lorsqu'ils avaient à discuter des dossiers russes. Piekney avait fait sa carrière en Asie orientale, soit une raison suffisante pour qu'ils ne lui fassent pas confiance.

Comme me l'a dit Piekney : « J'avais trop hâte de me barrer. Quand on m'a proposé un autre poste, j'ai pris mes cliques et mes claques sans demander mon reste. » Il apprit plus tard qu'il avait brièvement figuré sur la liste des suspects dans la chasse à la taupe qui finit par débusquer Rick Ames. Mais vu qu'il était à l'autre bout du monde pendant presque toutes les compromissions, son nom en était vite parti.

Et cette éthique de la « bouche cousue » remontait jusqu'au sommet. Lorsque le temps des sanctions fut venu après la trahison de Rick Ames, selon John MacGaffin, ni lui ni Ted Price n'envisagèrent un seul instant de se défendre en disant au directeur de la CIA, James Woolsey, que c'était en réalité leur agent, Max, qui avait le premier flairé le lièvre. Plutôt que de faire un scandale, ils avaient silencieusement et stoïquement accepté qu'on leur montre la porte.

Il est difficile d'expliquer à quelqu'un d'extérieur à quel point la culture de la CIA est étouffante et aliénante. Même pour moi, qui n'ai jamais travaillé dans les Opérations soviétiques ou le Contre-espionnage, son culte du secret est excessif et souvent absurde. J'allais régulièrement consulter des collègues sur un sujet ou un autre. Eh bien dès qu'ils me voyaient approcher de leur bureau, ils s'empressaient de retourner les documents pour m'empêcher de les voir. Sans doute personne n'a-t-il jamais mesuré la grossièreté d'un tel geste, vu qu'on ne faisait là que respecter son serment professionnel. Aujourd'hui encore, même si je ne possède plus le moindre secret susceptible d'intéresser qui que ce soit, il m'est impossible de jeter un papier à la poubelle sans m'assurer qu'il ne contient rien de compromettant. Prenez cette éthique paranoïaque et multipliez-la par cent, et vous commencerez à comprendre pourquoi la vie dans les opérations soviétiques avait la noirceur et l'étroitesse d'un cercueil.

Un tel niveau de confidentialité génère un syndrome du « savoir égale pouvoir », une équation qu'on exploite et, bien sûr, dont on abuse facilement et naturellement à la CIA. L'officier qui sait un juteux secret et qui a l'oreille du directeur de la CIA sait aussi que sa position est inattaquable – ne serait-ce que parce qu'aucun directeur n'a le temps de corroborer les faits et doit donc forcément croire sur parole ceux qui les lui présentent. Quand les registres soviétiques et russes ont été entièrement dématérialisés, ce système est devenu encore plus facile à détourner. Et Milt Bearden a pu faire tout ce qu'il a voulu avec la Russie. Comme Laine Bannerman savait exactement comment fonctionnait la hiérarchie, elle savait que quel que soit son sujet d'enquête avec la SIU, l'interprétation des faits se ferait au sommet de la chaîne de commandement. En d'autres termes, si ses patrons n'étaient pas satisfaits des conclusions de la SIU, ils pourraient les balayer d'un revers de main, et le septième étage n'y verrait que du feu.

Ce dont Laine Bannerman avait parfaitement conscience, c'est qu'en tant que femme, et surtout en tant qu'analyste du contre-espionnage, elle resterait toujours du mauvais côté du plafond de verre. Lorsqu'elle était entrée à la CIA en 1966, la répartition sexuée suivait globalement la division hiérarchique – les hommes au sommet et les femmes dans les quartiers des domestiques. Dans les années 1970, la CIA a commencé à embaucher davantage de femmes chez les officiers traitants, mais il a fallu attendre la fin des années 1990 pour qu'on commence à voir des femmes à la chefferie de la direction des Opérations. Mais pour Bannerman, c'était trop tard, et son pedigree et son expertise n'ont pas changé grand-chose.

À l'inverse, ses contemporains masculins, souvent nés en Nouvelle-Angleterre avec une cuillère en argent dans la bouche avant de faire leurs classes dans la Ivy League, ont très vite tutoyé les cimes, qu'ils soient compétents ou non.

Avec une telle connaissance de la bureaucratie et de la structure de pouvoir de la CIA, Bannerman savait qu'en acceptant de diriger l'enquête de Ted Price, elle allait se tirer une balle dans le pied. Qu'en pensait Paul Redmond ? Elle ne pouvait pas le dire, mais elle savait que s'il n'était pas à 100 % derrière elle, elle risquerait d'avoir des ennuis. Vu qu'il avait la main sur le contre-espionnage, il n'était pas l'homme à contrarier. En définitive, cela n'avait aucune importance pour Laine Bannerman : la CIA était toute sa vie et le contre-espionnage russe, sa vocation. Comme elle aimait à le dire, rien de tel qu'une bonne chasse à la taupe pour lui chauffer le sang. Et quel que soit le salaire, elle ne pouvait pas s'imaginer travailler ailleurs.

Si personne ne lui dit pourquoi elle avait été choisie pour mener l'enquête sur le Quatrième Homme, Bannerman savait exactement pourquoi elle voulait à ses côtés Maryann Hough et Diana Worthen. Ces deux femmes étaient faites dans le même moule qu'elle : le contre-espionnage russe était leur vocation. Et le fait que ni l'une ni l'autre n'ait le moindre gène d'ambition avait beaucoup aidé. En réalité, elles avaient toujours préféré éviter des promotions à des postes de direction pour ne pas risquer de perdre le travail qu'elles adoraient. Aux yeux de Bannerman, l'important était tout simplement qu'elles étaient faites pour cette mission. Si quelqu'un avait la moindre chance de dénicher une nouvelle taupe après Rick Ames, c'étaient elles.

Les confins perfides de Langley étaient à mille lieues de l'enfance choyée de Diana Worthen, née dans une pittoresque petite ville près de Saint Louis, dans le Missouri. Et les maux affligeant la société américaine moderne étaient visiblement encore plus éloignés – dans sa famille, on ne comptait pas le moindre divorce. Elle avait vécu dans la maison de ses parents jusqu'à son départ pour l'université du Nouveau-Mexique, d'où elle était sortie diplômée en pédagogie. Lors de son premier entretien avec la CIA, elle était si nerveuse qu'elle avait insisté pour que le recruteur laisse ouverte la porte de la chambre du motel où le rendez-vous était organisé. Elle avait été engagée comme secrétaire. Sa mère était scandalisée qu'elle aille travailler à Washington, et d'autant plus à la CIA. Son père s'était résigné et avait fait la route avec elle jusqu'à DC pendant les premiers jours. Elle avait été affectée à Vienne, en Autriche, où ses talents avaient été rapidement reconnus. Elle était passée analyste, chargée de suivre les agents des services secrets soviétiques. Elle passait ses journées à trier des noms et des photos, et avait développé un véritable talent pour repérer les techniques d'espionnage soviétiques. Elle avait ensuite travaillé à Moscou, à Séoul, puis à Mexico en même temps que Rick Ames.

Tout comme Laine Bannerman, Diana Worthen était une grande introvertie. Elle ne s'était jamais mariée, et ne fréquentait que des officiers de la CIA, à qui elle ne parlait jamais de son travail. Même quand les pertes de 1985 et 1986 avaient commencé à s'accumuler, elle n'en avait jamais soufflé mot à ceux n'ayant pas accès aux dossiers. Et comme Bannerman, c'était un bourreau de travail. Lors de ses rares jours de congé, on l'apercevait de temps en temps à un barbecue ou à une brocante avec ses collègues de la CIA.

Worthen avait apporté à la SIU une formidable connaissance institutionnelle des opérations russes. Non seulement elle avait dirigé le « réduit » en 1986, mais tous les dossiers russes de premier ordre lui étaient passés entre les mains à un moment ou à un autre, ce qui faisait d'elle une encyclopédie vivante de l'espionnage de la CIA en Russie. Elle connaissait les noms de tous les officiers du KGB connus de la CIA, et pouvait facilement les reconnaître en photo ou sur la base de leurs divers pseudonymes, ainsi que réciter par cœur l'historique de leurs opérations. Elle connaissait aussi personnellement tous les officiers traitants à être passés par Moscou lorsqu'elle y était en poste.

Maryann Hough est née à Worcester, dans le Massachusetts, d'un père chauffeur routier et d'une mère ouvrière d'usine. Diplômée de l'Anna Maria College en sciences politiques, elle avait été directement recrutée par la CIA et affectée sans tarder au Japon, puis à Mexico. Elle s'était vite mariée avec un chiffreur de la CIA, et avait passé les vingt-cinq années suivantes en mission à l'étranger, notamment au Liberia et en Bulgarie. À l'opposé de ses taciturnes collègues Laine Bannerman et Diana Worthen, Maryann Hough était joviale et extravertie, une farceuse à l'humour potache, et un animal social au carnet d'adresses apparemment infini. Lorsque, par exemple, la SIU avait besoin d'un élément d'un dossier personnel ou d'un renseignement sur les déplacements de tel ou tel officier, c'est elle qu'on allait voir. Embauchée à l'origine par la CIA en tant qu'officier traitant, elle avait reçu une formation opérationnelle de base au camp Peary (« la Ferme »), ce qui aidait beaucoup la SIU. Si nécessaire, elle savait qui dépêcher et gérer sur le terrain. Et comme elle avait aussi été formée aux opérations en zone interdite, conçues au départ pour survivre à Moscou au plus chaud de la Guerre froide, elle pouvait également parler technique avec les meilleurs. Enfin, elle cachait quelques cartes bien utiles dans sa manche, comme de savoir vérifier auprès du Bureau de la

Sécurité quand quelqu'un s'était connecté ou déconnecté de Langley. Et elle avait toujours sous le coude une bonne blague pour faire baisser la tension.

Des trois, Maryann Hough avait été la seule à se marier. La famille passant en premier, quand son mari avait été affecté à Sofia, en Bulgarie, c'est en tant que conjointe qu'elle l'avait accompagné, abandonnant sa carrière d'officier traitant. À partir de là, elle était devenue analyste en contre-espionnage. Avec son mari, elle a élevé trois enfants.

Quand elle organisait des fêtes, ce qu'elle faisait souvent, elle avait beau les limiter aux collègues de la CIA, elle devait asseoir Laine Bannerman à une table séparée avec les autres éteignoirs de chasseurs de taupes. La « table des vieux schnoques », comme elle la surnommait. Mais malgré la claustration de leur environnement, Laine Bannerman, Maryann Hough et Diana Worthen étaient devenues des amies proches, déjeunant ou dînant régulièrement ensemble pour se détendre – tout en évitant soigneusement de parler boulot hors des murs de Langley, Division soviétique oblige.

De mon point de vue d'ancien officier traitant, ces trois femmes étaient invulnérables au recrutement ennemi. Aucune n'était endettée, n'avait de goûts dispendieux ou de dépendances, et leur vie était méticuleusement mesurée. Elles ne consultaient pas de psy, n'allaient pas à des groupes de parole. Leurs plaisirs étaient simples : Maryann Hough jouait au tennis à un très bon niveau, souvent présente dans les tournois de la région, et Laine Bannerman montait à cheval pour se changer les idées. Même si le Quatrième Homme avait renseigné ses contacts russes sur leur identité, jamais ils n'auraient su comment les approcher, et encore moins s'immiscer dans leur vie. Quand Ted Price et Paul Redmond les avaient fait venir pour enquêter sur le Quatrième Homme, ils savaient sans doute tout cela.

Le dernier membre à rejoindre l'équipe de Bannerman était un analyste du FBI du nom de James Milburn. Comme je ne cesse de l'entendre, il est considéré comme le meilleur du FBI en matière de renseignement russe et de contre-espionnage. Comme Diana Worthen, il avait participé à la traque de Rick Ames. Et tout comme elle, parce que Milburn y était analyste et pas agent spécial, le FBI avait tendance à le considérer comme un citoyen de seconde zone. Ce qu'il compensait par son intelligence, sa maîtrise des détails et sa longévité sur les dossiers russes. Et, tout aussi essentiel, une extraordinaire capacité à rester bouche cousue.

Tous les quatre ont abordé l'enquête sur le Quatrième Homme avec la ferme intention de s'en tenir aux preuves. Délibérément, ils ont laissé toute idée préconçue au vestiaire. Ayant participé à la traque de Rick Ames, Worthen savait dès le début qu'on ne pouvait pas lui imputer toutes les compromissions du milieu des années 1980, mais elle était disposée à jeter un regard neuf sur les preuves, et à finalement les lui attribuer si jamais les faits l'imposaient. Comme Ted Price le demandait, ils ont rassemblé les faits et leur ont donné une interprétation objective.

La chance du CIA et du FBI fut de pouvoir compter sur des individus heureux de passer leur vie à trier les menus détails du contre-espionnage, satisfaits d'attendre patiemment le jour où le bon transfuge russe se pointerait pour faire partir (et aboutir) une chasse à la taupe. Compulser des milliers et des milliers de câbles provenant du terrain, en essayant de déterminer si des incohérences mineures et apparemment sans rapport entre elles ont un sens, ce n'est pas la tasse de thé de tout le monde. Mais quand on s'est plongé dans ce travail par passion, la chose peut être exaltante. Et on parle aussi de gens n'ayant pas peur de dire le fond de leur pensée. Si Ted Price et Paul Redmond voulaient des experts du sujet, qui plus est disposés à appeler un chat un chat, ces trois femmes et James Milburn étaient en tête de liste.

Laine Bannerman s'est lancée dans l'enquête en sachant que les chances de trouver un nouvel agent double de la CIA étaient infimes. Alors qu'elle prenait en charge la nouvelle équipe de chasseurs de taupes, la directrice de l'enquête Rick Ames, Jeanne Vertefeuille, lui avait dit : « Il n'y a rien à chercher par là. Mais allez-y quand même. » Mais Bannerman savait que si elle et son équipe dénichaient une nouvelle taupe russe, ce serait pire que de ne rien trouver : ils ne seraient jamais acclamés en héros. Et il n'était même pas sûr qu'on les écouterait.

9.

Matrice, *n.f.* Collection ordonnée et structurée d'éléments factuels racontant une histoire.

Langley, juin 1994

L'ENQUÊTE SUR LE QUATRIÈME HOMME allait être menée conformément aux consignes de Paul Redmond et de Ted Price : aussi discrètement que possible. En étant préservée des chausse-trappes bureaucratiques et autres contraintes réglementaires caractérisant d'ordinaire ce genre de groupes de travail – pas de mémos annonçant pompeusement sa création, pas d'appels d'offres et certainement pas un mot sur sa mission à quiconque d'extérieur. Sur le plan administratif, l'enquête allait reprendre le nom d'une cellule de contre-espionnage existante, l'Unité des enquêtes spéciales (SIU), relevant techniquement du Centre de contre-espionnage sous les ordres de John Hall.

Mais, l'enquête ayant été éloignée de lui par Ted Price et Paul Redmond pour des raisons inconnues de Bannerman, personne d'autre que ces deux chefs ne savait sa portée et son intention réelles. Par souci de concision, je désignerai

Laine Bannerman, Maryann Hough, Diana Worthen et James Milburn comme « la SIU ».

La SIU occupait une petite chambre forte, sans fenêtre, au quatrième étage du nouveau siège de la CIA. Pas loin d'un grand placard. Son seul accès était une porte blindée et sécurisée par un verrou à combinaison rotative. Près de la porte, la sonnette destinée aux visiteurs restait silencieuse. Seulement éclairé des lampes de bureau, l'endroit dégageait une étrange atmosphère de conspiration. Depuis le couloir, pas le moindre signe ne trahissait son activité. Lorsque des amis lui demandaient sur quoi elle travaillait, Bannerman répondait qu'elle avait été chargée de nettoyer de vieux dossiers et d'archiver les inutiles. Bien entendu, jamais elle n'avait pipé mot d'une éventuelle infiltration russe à la direction de la CIA. Mieux que quiconque, Bannerman savait comment s'y prendre pour que tout le monde croie son boulot anodin.

Pour commencer, la SIU recueillit tous les dossiers russes pertinents et nécessaires auprès du CE, la Division Eurasie centrale, en charge de la Russie, et du CIC, le Centre de contre-espionnage. La nuit, les dossiers étaient stockés dans des coffres-forts à quatre tiroirs. Histoire de préserver l'intégrité totale de l'enquête, la SIU travaillait sur un LAN, un réseau informatique fermé. Si jamais le Quatrième Homme était toujours employé par la CIA et avait le genre d'accès qu'on lui prêtait, la SIU n'avait vraiment pas besoin qu'il ou elle pirate ses ordinateurs. Ce que ferait Robert Hanssen à son patron du FBI.

La principale ressource de la SIU était la base de données de contre-espionnage de la Division russe. Elle permet, par exemple, de retrouver instantanément les dates et les circonstances de l'arrestation de tous les agents russes et d'autres précisions, comme ce que des transfuges ont pu dire sur des agents doubles russes au sein de la CIA. De même, la mémoire collective de la SIU s'est avérée un complément essentiel de cette base de données, et en particulier celle de James Milburn, qui avait stocké dans sa cervelle toutes les compromissions inexpliquées et uniques du FBI avec les Russes. Mais l'atout fondamental restait les listes Bigot qui, malgré leur fiabilité imparfaite, permettaient de savoir quels agents de la CIA avaient eu accès à quelles affaires sensibles. Ainsi, la SIU pouvait rapidement éliminer de la liste des suspects ceux qui n'avaient eu qu'un accès lointain, voire pas d'accès du tout aux opérations russes.

Contrairement à la majorité des unités de la direction des Opérations à Langley, la SIU ne pouvait pas générer le moindre trafic de câbles. En d'autres termes, il lui était impossible d'interroger les services de liaison étrangers et les antennes locales de la CIA. Si elle avait besoin d'en savoir plus sur un officier du KGB ayant été en poste à Londres, elle avait pour seule option de compulser les dossiers de la CIA à la recherche d'informations pertinentes. Quant au recoupement des pistes auprès d'agents russes, si cette méthode était, à n'en pas douter, extrêmement utile, elle était caduque depuis que Rick Ames avait éliminé tous ceux susceptibles d'être interrogés. De même, la SIU ne pouvait pas convoquer d'employés de la CIA pour leur poser des questions sur des compromissions inexpliquées. Dès la première réunion de ce genre terminée, le moulin à rumeurs aurait accéléré et tout le monde aurait supposé, à juste titre, qu'une nouvelle chasse à la taupe avait démarré. Privée de pouvoirs de police, la SIU ne pouvait pas non plus auditionner des témoins ou perquisitionner des documents. *Idem* pour d'éventuelles recherches dans des rapports de solvabilité et autres bases de données du FBI et de la police. Si jamais la SIU avait besoin du FBI, il lui fallait passer par James Milburn. Un processus long et laborieux, à n'utiliser qu'avec parcimonie.

En limitant l'enquête à un passage au crible des dossiers et des archives – et en la confinant à quatre des chasseurs de taupes les plus hermétiques du gouvernement –, le plan de Paul Redmond et de Ted Price avait fonctionné à merveille. Personne n'avait eu vent de la chasse au Quatrième Homme, pas même l'équipe d'« évaluation des dommages » de l'affaire Rick Ames, qui travaillait en même temps que la SIU et quasiment sur les mêmes sources. Ni les directeurs de la CIA. Cela explique notamment pourquoi mes ex-collègues, qui avaient pourtant travaillé dans les opérations russes, n'en avaient rien su.

À ce stade, les limites imposées par Price et Redmond à la SIU importaient peu car elle avait eu pour consigne de procéder à une enquête préliminaire – un simple passage en revue des dossiers à la recherche d'incohérences dans les compromissions soviéto-russes des années 1980 et 1990 qu'on ne pouvait pas rattacher aux trahisons de Rick Ames ou d'Ed Howard. Et qui n'allaient probablement rien donner d'autre qu'une liste de compromissions, certes bizarres, mais sans aucun rapport entre elles. Si j'ai bien compris, tel est le résultat qu'attendaient Ted Price et Paul Redmond.

En revanche, si la SIU flairait quelque chose dans ces anomalies, il était entendu que son travail serait suivi d'une enquête en bonne et due forme. Avec des entretiens formels, un examen des dossiers de sécurité, un contrôle des voyages à l'étranger inexpliqués des officiers concernés, et une vérification des antécédents, et ainsi de suite. La NSA serait également mise à profit pour des interceptions téléphoniques et la recherche de métadonnées. Et si la piste se dirigeait effectivement vers une nouvelle taupe, le FBI entrerait alors en scène pour une enquête d'espionnage criminel. Tout comme avec Rick Ames.

En d'autres termes, avec les outils limités dont elle disposait, la SIU savait que jamais elle ne serait en mesure de monter un dossier directement exploitable dans des poursuites pour espionnage. Au mieux, ses conclusions tiendraient de l'inférence et de la conjecture. La SIU savait à quel point une taupe est difficile à débusquer. Qu'importe ce que le FBI et la CIA peuvent dire sur leur brillant travail d'analyse dans l'affaire Rick Ames, ce sont des preuves tangibles trouvées dans sa maison et ses poubelles qui ont permis au FBI de monter un dossier en béton contre lui. Selon certaines sources, Robert Hanssen aurait été identifié comme une taupe russe grâce à un agent double qui avait fait sortir clandestinement de Russie un sac-poubelle sur lequel on avait retrouvé ses empreintes digitales et l'enregistrement d'un de ses appels à son référent du KGB. (À noter que d'autres sources, très bien placées, m'ont dit que l'histoire officielle de la capture de Hanssen était fausse, mais aucune n'a voulu que je retranscrive leurs propos ou me préciser ce qui s'était réellement passé.) De toute évidence, la SIU aurait préféré disposer de ce genre de preuves, mais elle allait devoir se contenter de paperasse. Il en fallait cependant plus pour décourager la fine équipe. Ce n'était pas la première fois que les chasseurs de taupes étaient devant un tel défi – et ils avaient toujours su le relever.

Au pays des chasseurs de taupes, la monnaie s'appelle « anomalies ». Et le nuancier des anomalies est vaste, allant de l'évident à la très frustrante ambiguïté. Qu'un agent se fasse arrêter, juger et emprisonner indique un problème. Mais un agent qui, sans explication, cesse de se pointer aux rendez-vous peut en être un… ou pas. Dans tous les cas, la chose est consignée comme une anomalie. *Idem* lorsqu'un agent perd son accès à des secrets. L'explication peut en être une banale décision bureaucratique, ou alors que l'agent est bel et bien grillé – dans les deux cas, cela va dans la colonne des anomalies. Où l'on peut également ranger des informations qui semblent trop belles pour être vraies – soit l'indice que l'agent a peut-être été découvert et transformé en canal de désinformation. Anomalie encore plus ambiguë : quand un service de contre-espionnage local modifie sans explication son dispositif de surveillance et braque les projecteurs sur tel ou tel officier traitant de la CIA. Dans ce cas, il est difficile de savoir s'il s'agit d'une simple coïncidence, ou si le service local en question a été rencardé. En d'autres termes, les anomalies sont un bric-à-brac de décalages, de divergences, de doutes et autres soupçons. Prises individuellement, elles ne signifient pas grand-chose. Mais lorsqu'on les analyse dans leur contexte et sur un certain laps de temps, on peut espérer qu'elles vont se mettre à raconter une histoire.

Les opérations techniques que sont les écoutes ou les interceptions sont prédisposées au même genre d'ambiguïtés – pouvant ou non aboutir sur quelque chose. Un jour, la NSA a l'œil sur le trafic de câbles diplomatiques top secret d'un adversaire, le lendemain, les codes ont été changés et sont désormais illisibles. Est-ce à cause d'un agent double qui a cafté la surveillance, ou le fait d'un événement anodin, comme une mise à jour de routine du logiciel de cryptage ? Pareil lorsqu'un service de contre-espionnage en vient à découvrir un micro caché dans un mur. Est-ce parce qu'une équipe de ménage a été plus méticuleuse que d'habitude ou parce qu'un agent double savait qu'il y avait un micro à cet endroit-là ?

Dans une chasse à la taupe, les anomalies sont ensuite classées et hiérarchisées dans une « matrice », parfois appelée « chronologie profonde ». On espère alors que, sur une période suffisamment longue, les anomalies vont raconter une histoire cohérente. Et lorsqu'on les calque sur les moyens et les opportunités – quels officiers ont eu accès à quels secrets et à quel moment –, elles conduisent idéalement jusqu'à la porte du traître.

Pour comprendre les limites des matrices, savoir que la méthode n'aurait pas fonctionné avec Edward Lee Howard a son utilité. En tant que nouveau venu, les dégâts qu'il a pu commettre ont été limités car ses accréditations l'étaient aussi. Des dizaines d'autres personnes avaient accès aux mêmes secrets que lui. Par exemple, à un degré ou à un autre, ce sont une centaine d'officiers au total qui étaient au courant de l'existence de Adolf Tolkatchev. Sans parler de tous les gens au Pentagone qui avaient lu ses rapports et qui auraient pu avoir une petite idée de leur origine. En d'autres termes, sans l'information donnée par Vitali Iourtchenko, il aurait fallu surveiller Ed Howard pendant des années pour qu'une matrice parvienne à remonter sa trace.

Une matrice n'exclut aucune preuve, même si elle semble sans importance, non pertinente ou de seconde main. Et elle n'exclut pas non plus des suspects, même si on parle du directeur de la CIA en personne. L'intuition n'a aucun rôle à jouer dans l'établissement d'un profil. Les soûlards et les Don Juan sont peut-être des cibles tentantes, mais cela n'en fait pas pour autant des traîtres. Traquer des proies aussi faciles a toutes les chances de déboucher sur un trop grand nombre de faux positifs, et d'amener une enquête à négliger un traître qui, de l'avis de tous, semblait irréprochable. De même, les chasseurs de taupes savent pertinemment qu'une matrice n'est pas une preuve admissible devant un tribunal. Il faut tout au plus y voir un fil d'Ariane ténu et fragmentaire pouvant guider – ou pas – les chasseurs jusqu'à un nom.

Laine Bannerman et ses collègues n'ont pas inventé les matrices et le profilage. Cet art subtil leur a été enseigné par l'un de leurs patrons, l'officier de légende Dave Blee. Diplômé de la faculté de droit de Harvard, Blee était un ancien de l'OSS, le Bureau des services stratégiques, l'ancêtre de la CIA. Après avoir servi de nombreuses années à l'étranger, il avait dirigé les divisions du Proche-Orient et de l'Union soviétique, avant de prendre en charge le contre-espionnage. Comme n'importe quel agent de terrain, il aura apporté au contre-espionnage l'intelligence de la rue, après avoir été échaudé par son lot de baratineurs, chèvres et autres liaisons avec des agents tournant court sans la moindre raison apparente. Et bien conscient de la vulnérabilité des ordinateurs, il ne se servait que d'une machine à écrire. À mon avis, il aurait bien été du genre à se carapater à la vue d'un téléphone portable.

Selon les préceptes de Dave Blee, voici comment composer des matrices et des profils :

1. Définissez votre problème. À savoir, déterminez si les compromissions inexpliquées sont dues à un problème humain, technique ou tactique. Si le problème est humain – un agent double se trouve dans votre organisation.
2. Dessinez un cercle de suspects le plus large possible afin d'y inclure tous les individus ayant eu un accès direct ou indirect aux sources compromises. Même si vous vous retrouvez avec des centaines de personnes, chaque nom doit être consigné sur la liste. Là encore, personne ne doit être exclu en raison de son rang ou de sa réputation.
3. Chaque anomalie doit être notée sans aucune exception, qu'il s'agisse d'agents, de micros ou de toute autre bizarrerie inexpliquée. Comme Blee n'a jamais cessé de le rappeler à ses élèves : « Ne préjugez jamais. Rassemblez d'abord toutes les preuves et, ensuite seulement, jugez. »
4. Suivez toutes les pistes jusqu'au bout, sans jamais les écarter même s'il n'y a pas d'explication immédiate ou évidente.

Pourquoi ? Parce que comme Dave Blee l'a appris à ses chasseurs de taupes, il est impossible de savoir si la logique ne finira pas par apparaître à un moment donné.

5. Ne pas jeter le bébé avec l'eau du bain. Ce n'est pas parce qu'un transfuge ou un agent du KGB a exagéré ou même inventé quelque chose qu'il faut ignorer tout ce qu'il dit. Si Max a pu occulter des informations et même mentir parce qu'il n'aimait pas l'un de ses référents de la CIA en Afrique de l'Est, plus tard, Dick Corbin lui a soutiré une piste qui a permis de jeter Rick Ames en prison.
6. Hiérarchisez les sources et les pistes en fonction de leur fiabilité et de leur accessibilité. On fera davantage confiance à un agent ayant réussi à infliger des dommages constants et démontrables à un adversaire qu'à un autre qui ne nous a fourni que des renseignements médiocres. Le KGB n'a fait confiance à Rick Ames que parce qu'il avait fait ses preuves en anéantissant les opérations soviétiques de la CIA.
7. Établissez une chronologie minutieuse, complète et commentée, en notant toutes les anomalies et en expliquant pourquoi certaines valent davantage que d'autres. Par exemple, le voyage anormal d'un officier du contre-espionnage du KGB (« Ligne KR ») a plus de poids que celui d'un agent russe ordinaire, car les officiers de la Ligne KR sont ceux qui s'occupent normalement des agents doubles dans les services de renseignement étrangers. Il en va de même pour les voyages à l'étranger inhabituels d'officiers de la CIA suspects, et en particulier de ceux œuvrant dans des opérations soviétiques. Si la CIA avait été en mesure, dès le début, de corréler les voyages de Rick Ames à Caracas et à Bogota avec ceux d'un agent de contre-espionnage du KGB dans les mêmes villes au même moment, il est tout à fait possible qu'il aurait été arrêté beaucoup plus tôt.

8. Établissez le profil du traître en fonction des moyens et des opportunités. Il n'y a rien de surprenant à ce qu'un simple chauffeur ne figure pas en tête de liste des suspects. Mais tout officier qui aura eu accès à toutes les compromissions se retrouve automatiquement sur la liste. Là encore, les preuves pouvant mener les enquêteurs là où elles le souhaitent, on n'exclut absolument personne de la liste des suspects, y compris les enquêteurs eux-mêmes. Au milieu de la chasse au Quatrième Homme, tous les membres de la SIU seront soumis à un détecteur de mensonges. Pendant la traque de Rick Ames, plus d'une fois Paul Redmond avait demandé à ses analystes de ne pas éliminer son nom de la liste de suspects concernant l'infiltration russe responsable des pertes de 1985 et 1986.
9. Personne en dehors des enquêteurs principaux n'est autorisé à modifier la matrice ou le profil.

   Lorsque la matrice touche à sa fin, l'équipe qui l'a conçue adopte une approche « chapeau noir-chapeau blanc ». En langue vernaculaire, une vérification sèchement factuelle des conclusions, en s'assurant que celles-ci n'ont pas été faussées, que ce soit par la paranoïa ou par un attachement trop fort à tel ou tel ensemble de données. Lorsque ces normes sont strictement respectées, on espère que la matrice désignera une seule et unique personne susceptible d'avoir été derrière toutes les compromissions inexpliquées. C'est alors que la véritable enquête commence – contrôles bancaires, vérification des antécédents, entretiens et, enfin, sollicitation du FBI.

* * *

La SIU a démarré au bon point de départ, en faisant le tri entre les secrets qu'Ed Howard et Rick Ames étaient censés avoir trahis, et ceux qu'ils n'auraient pas pu révéler. Si le gros du travail avait été fait pendant l'enquête sur Rick Ames, la SIU a jeté un regard neuf sur les éléments factuels. Notamment parce qu'elle savait, sans qu'on ait à le lui dire, que les enquêteurs sur l'affaire Rick Ames avaient été implicitement poussés à lui attribuer autant de compromissions que possible, même celles qui ne collaient pas tout à fait. Leur objectif : le jeter le plus vite possible en prison, sans se laisser divertir par d'autres pistes.

L'audit des opérations soviétiques (et ensuite russes) fut un exercice assez facile tant la direction des Opérations tenait des registres précis de qui avait eu quelle information liée à quoi, en particulier concernant les dossiers sensibles gérés par les listes Bigot. De telles listes consignent non seulement la date à partir de laquelle un officier a eu accès à une affaire sensible, mais celle de son exclusion du dossier. Et même les dossiers moins chauds étaient contrôlés de près. Pour commander un dossier d'agent aux archives, il faut qu'un officier figure sur le « tableau des badges », notant la date à laquelle un dossier a été commandé et celle à laquelle il a été retourné. Additionner les compromissions et en soustraire les dossiers auxquels Ed Howard et Rick Ames avaient eu accès n'a donc pas pris beaucoup de temps à la SIU.

Une fois éliminées les compromissions qui ne pouvaient *a priori* pas être imputées à Ed Howard ou à Rick Ames, la première série d'anomalies à attirer l'attention de la SIU a été la dénonciation de trois agents de renseignement russes en mai 1985. Deux avaient espionné pour la CIA et le troisième pour le MI6 britannique. Ce qui a sauté aux yeux de la SIU, c'est que le moment de leur découverte ne correspondait pas du tout aux aveux de Rick Ames. De fait, le FBI comme la CIA avaient statué que Rick Ames n'avait pas formellement trahi d'agent soviétique actif avant le 13 juin 1985, et le déjeuner avec son contact du KGB au *Chadwicks*.

Il reste possible que Rick Ames ait menti sur le fond et sur la chronologie de ses trahisons au KGB, ou qu'il ait révélé des noms lors d'un contact antérieur en l'ayant oublié. Mais une telle hypothèse avait été complètement balayée car, de l'avis de tous ceux qui l'avaient interrogé après son arrestation, ce n'était pas le cas. Et en épluchant ses aveux, la SIU en était venue aussi à la conclusion qu'il n'avait pas cafté ces trois officiers des services secrets soviétiques avant sa réunion du 13 juin.

Le *timing* des arrestations des agents par le KGB restait dans la ligne de mire de la SIU. Contrairement à ce que beaucoup peuvent penser, la Russie est une société légaliste où, avant que quelqu'un puisse être arrêté et jugé, ou même exécuté, il faut respecter des procédures longues et complexes. Par exemple, lorsque les successeurs de Staline avaient décidé de se débarrasser de Beria, son chef de la sécurité, ils s'étaient démenés pour faire croire qu'il avait été jugé et condamné dans les règles soviétiques, bien qu'une exécution sommaire eût été plus rapide. Ces mêmes subtilités juridiques ont été accordées aux officiers du KGB suspectés d'espionnage, avec des preuves à charge formellement présentées à un procureur militaire et à un juge avant la mise en branle de leur arrestation. Ce qui fait que, selon les calculs de la SIU, le KGB avait probablement appris l'existence des trois taupes bien avant mai 1985, et probablement dès 1984.

Une anomalie qui a incité la SIU à analyser en profondeur la perte de ces agents. Des trois cas, le plus intrigant était celui d'un colonel du KGB devenu agent double du MI6, Oleg Antonovitch Gordievsky. Le MI6 l'avait recruté en 1974 à Copenhague. En 1985, il était promu colonel et affecté à la *rézidientoura* de Londres pour la diriger (bien qu'avant d'assumer formellement cette fonction, on l'eût soupçonné d'être un espion britannique). Le moindre secret en sa possession était transmis au MI6, ce qui annihilait *de facto* la surveillance de la Grande-Bretagne par le KGB. De l'avis de beaucoup, Gordievsky fut la meilleure infiltration du KGB jamais réalisée par la Grande-Bretagne. Mais le 16 mai 1985, sans aucun avertissement, il avait été brusquement rappelé à Moscou sous prétexte de consultations, emmené dans une *datcha* à l'extérieur de Moscou, drogué et accusé d'espionnage pour le MI6. Seulement, comme ses interrogateurs n'étaient pas en mesure de lui extorquer des aveux et que le contre-espionnage du KGB ne disposait pas de preuves suffisantes pour l'arrêter officiellement, il avait eu le droit de retourner dans son appartement moscovite et d'y attendre son sort. Grâce aux trous dans la raquette du KGB, le MI6 avait réussi à le faire sortir clandestinement de Russie et à le conduire jusqu'en Finlande. Il vit aujourd'hui exilé en Grande-Bretagne. Selon un ancien collègue qui l'a interrogé, Gordievsky ne sait pas qui l'a compromis. Et le MI6 non plus.

Bien que Gordievsky n'ait jamais été « déclaré » à la CIA – son identité et sa position ne lui ont jamais été communiquées –, le MI6 avait de temps à autre transmis à la CIA des informations provenant de lui, avec suffisamment de détails pour que l'Agence devine qu'il en était la source. Rick Ames savait qui était Gordievsky, et il a admis l'avoir dénoncé lors de son rendez-vous du 13 juin. Mais il reste une infime possibilité que Gordievsky ait vu juste en estimant que Rick Ames l'avait en réalité balancé lors d'un rendez-vous antérieur – ce qui voudrait dire, là encore, que Rick Ames aurait menti, ou oublié. Personne d'impliqué dans l'enquête sur Rick Ames avec qui j'ai pu m'entretenir n'accorde de crédit à cette hypothèse.

Si les interrogateurs du FBI et de la CIA ont raison concernant l'extraordinaire mémoire de Rick Ames pour tous les détails opérationnels, et que ses aveux ont été effectivement francs et exhaustifs, alors Oleg Gordievsky a été dénoncé par quelqu'un d'autre. C'est la version à laquelle la SIU a accordé le plus haut degré de probabilité.

Sans compter qu'il y a d'autres explications possibles à la compromission de Gordievsky. L'une d'elles serait une infiltration russe du MI6 que nous ignorons. *Idem* pour les services danois, qui savaient que le MI6 avait courtisé Gordievsky lorsqu'il était en poste à Copenhague, pour finalement le recruter comme agent. Selon Milt Bearden, la faute pourrait revenir au MI6 et à ses erreurs de gestion d'Oleg Gordievsky. Ainsi, et afin de relancer sa carrière au KGB, le MI6 lui aurait fourni des dossiers politiques tout à fait sensibles. Des documents si fiables et si bien documentés que, de l'avis de Bearden, il était possible que des collègues de Gordievsky à Londres se soient doutés de quelque chose et qu'ils aient fait remonter leurs soupçons à Moscou. Une version de la compromission d'Oleg Gordievsky qu'allaient colporter d'anciens officiers du KGB.

La SIU, qui ne fait pas dans la spéculation, s'était plutôt penchée sur les faits qu'elle pouvait établir. Par exemple, en dressant la liste des personnes qui, à la CIA, connaissaient Gordievsky. Comme pour toutes les affaires sensibles, il n'y en avait qu'une poignée sur sa liste Bigot. Au sommet de la Division soviétique, on comptait son directeur, Burton Gerber, son adjoint Milt Bearden, un autre cadre, et, plus bas, le chef de la section URSS, Paul Redmond, Rick Ames et un officier dirigeant la SE/X/EU – la branche gérant les affaires soviétiques en Europe. Vu le fonctionnement de Langley, il était impossible pour la SIU d'exclure la possibilité que sa perte eût été causée par des commérages. Les opérations les plus sensibles elles-mêmes ne sont jamais totalement hermétiques. Par exemple, lorsque Bill Lofgren, le successeur de Burton Gerber à la tête de la Division soviétique (après Milt Bearden et John MacGaffin), avait été affecté à Copenhague en tant qu'officier traitant, le recruteur MI6 d'Oleg Gordievsky l'avait courtisé. Et Bill Lofgren l'avait suspecté de vouloir l'embaucher.

Autre intrigant détail à attirer l'attention de la SIU, le fait qu'un officier de contre-espionnage de la première direction générale, Viktor Boudanov, ait été amené à interroger Oleg Gordievsky. L'homme avait la réputation d'être l'un des meilleurs chasseurs de taupes des services secrets russes : « L'homme le plus dangereux du KGB », pour citer un récent best-seller. Mais le hic, c'est que la spécialité de Boudanov était le contre-espionnage américain, pas britannique. La SIU en vint donc à se demander si Viktor Boudanov n'avait pas été mis sur le coup car il était le référent d'une taupe à la CIA, l'hypothétique agent double qui aurait dénoncé en premier Gordievsky. Rien ne permettant encore d'étayer cette théorie, la SIU l'avait rangée dans un coin, en attendant d'y voir plus clair.

La SIU en revenait toujours à l'histoire des gestes du KGB dans sa lutte contre des espions, qui n'était que prudence, légalisme et méthode. À supposer que, par extraordinaire, Rick Ames ait donné le nom de Gordievsky lors d'un contact antérieur avec les Russes, ils auraient eu trop peu de temps pour organiser son rappel pour le 16 mai. Sans oublier que le KGB avait, au départ, considéré Rick Ames comme une chèvre de la CIA, et envisagé tout ce qu'il pouvait leur dire comme de la désinformation. Que le KGB ait rappelé un officier supérieur et respecté comme Gordievsky, et l'ait soumis à un interrogatoire musclé sur la base d'une accusation fournie par une source bancale et, qui plus est, sans aucune preuve matérielle pour attester qu'Oleg Gordievsky eût été effectivement une taupe britannique est hautement improbable.

Jeanne Vertefeuille et Sandy Grimes ont écrit un livre pour relater l'enquête sur Rick Ames. Elles y font part des doutes de la SIU sur sa responsabilité dans la trahison de Gordievsky. On y lit :

> Il y a de quoi penser que la véritable histoire de la chute d'Oleg Gordievsky n'a pas encore été révélée. (…) Rick Ames a volontiers admis qu'il avait donné Gordievsky, mais il situe cela en juin, au moment de sa grande livraison (…). En ce qui nous concerne, la compromission de Gordievsky demeure un mystère

Les Wiser, l'agent principal du FBI dans cette enquête, ne croit pas non plus que Rick Ames ait été le premier à trahir Gordievsky. Le *timing* ne colle pas. Si Les Wiser n'a aucun autre suspect éventuel en tête, il affirme qu'à sa connaissance, personne chez les Américains n'a jamais déterminé qui avait trahi Gordievsky en premier.

La SIU a envisagé la possibilité que Gordievsky se soit grillé tout seul, en laissant par exemple traîner un document compromettant sur son bureau. Ou en se confiant à sa femme, qui l'aurait dénoncé. Mais sans preuve, et vu que Gordievsky était un professionnel, de telles hypothèses ont été finalement écartées. Raison pour laquelle sa compromission fut consignée comme une « anomalie notable ».

Soit dit en passant, longtemps après l'enquête de la SIU sur le Quatrième Homme, le premier contact russe de Rick Ames, le colonel du KGB Viktor Ivanovitch Tcherkachine, a écrit dans ses mémoires qu'il avait été mis au départ sur la piste d'un Gordievsky taupe pour le MI6 par un journaliste britannique basé à Washington. Sans donner davantage de détails, à part le moment où il était rentré à Moscou pour le signaler. C'était un commentaire étrange, à considérer très certainement comme de la bonne vieille désinformation.

La compromission de Gordievsky ne signifiait pas grand-chose. Il était facile d'y voir un incident isolé, un coup de chance du KGB. Et, à elle seule, elle ne constitue pas non plus la preuve d'une infiltration russe de la CIA au-delà de Rick Ames. Mais en y ajoutant la compromission de deux autres agents russes en mai 1985, vous obtenez un faisceau de preuves impossible à ignorer. Et dans le contre-espionnage, on ne peut souvent guère en espérer davantage.

Le 21 mai 1985, Sergueï Ivanovitch Bokhan, colonel du GRU affecté à Athènes mais espionnant pour la CIA, avait reçu un sombre message du KGB à Moscou. On lui conseillait de rentrer immédiatement au pays s'occuper de son fils, qui avait des problèmes à l'école. Détectant la ruse – il venait de parler à son fils et savait qu'on lui mentait – Bokhan s'était réfugié aux États-Unis. Comme avec Oleg Gordievsky, Rick Ames est certain de n'avoir pas livré le nom de Sergueï Bokhan avant le 13 juin. Et il est très improbable qu'Ed Howard ait pu savoir quoi que ce soit sur lui. Sa liste Bigot est aussi courte que celle de Gordievsky, avec moins d'une douzaine de personnes autorisées.

À l'instar d'Oleg Gordievsky, Sergueï Bokhan avait été un agent exceptionnel, qui avait rendu de loyaux services à la CIA. Lorsqu'il avait approché pour la première fois un officier traitant de la CIA à Athènes, ce dernier avait un si mauvais niveau de russe qu'il avait cru que Bokhan cherchait à le recruter, et non l'inverse. Dick Corbin avait ensuite été chargé de redresser la barre, et il avait rapidement fait de Bokhan une taupe fabuleusement productive. Un jour, en fouinant dans les bureaux du GRU, ce dernier avait trouvé la preuve qu'un jeune loup de la CIA venait d'arriver à Athènes pour vendre au GRU une copie du manuel du système de surveillance par satellite le plus avancé de la CIA, le KH-11. Confronté à ces preuves, l'officier de la CIA avait été contraint d'avouer, et d'aller en prison.

En essayant d'identifier qui avait dénoncé Sergueï Bokhan, la SIU faisait face au même problème qu'avec Gordievsky. En théorie, les listes Bigot étaient une bonne idée mais, en pratique, elles n'avaient rien d'infaillible. Les gens discutent entre eux, les documents sont mal acheminés et des erreurs sont commises. Un jour, le chef de l'antenne d'Athènes avait convoqué toute son équipe pour leur parler de Sergueï Bokhan, alors qu'ils ne figuraient pas sur sa liste Bigot à Langley, et c'est à cause de ce cafouillage que Bill Lofgren et Paul Redmond avaient découvert son existence. Comme Lofgren pourrait lui-même vous le dire aujourd'hui, ayant eu à la fois connaissance d'Oleg Gordievsky et de Sergueï Bokhan, il aurait dû, lui aussi, figurer sur la liste des suspects de la traque au Quatrième Homme.

Le troisième agent de la CIA à avoir été inexplicablement démasqué en mai 1985, Leonid Gueorguievitch Polechtchouk, était un officier du Renseignement étranger du KGB recruté à Lagos, au Nigeria. Ce même mois, on l'avait rapatrié à Moscou sur un faux prétexte. C'est alors que Polechtchouk avait été arrêté, jugé et exécuté. Selon son officier traitant à Lagos, aucun souci de sécurité sur place ne pouvait être en cause. Il pensait donc que quelqu'un, à Langley, avait dû le dénoncer au KGB. Comme Oleg Gordievsky et Sergueï Bokhan, Leonid Polechtchouk faisait partie des aveux de Rick Ames, sauf qu'il datait son caftage à sa réunion de juin, pas avant. Polechtchouk était inconnu d'Ed Howard. Et vu la période durant laquelle Robert Hanssen avait taupiné pour le KGB, les dates ne collent pas non plus.

Ce que les trois cas ont commencé à faire apparaître, pour la SIU, c'est que le KGB avait sans doute une source au sein de la section URSS à Langley et qu'elle les aurait dénoncés des mois avant Rick Ames et sa livraison au *Chadwicks* de juin 1985. Autre possibilité, si la taupe n'était pas directement du bureau, il pouvait s'agir d'un chef ayant eu accès aux listes Bigot des trois agents. Soit, au total, pas plus d'une grosse vingtaine d'officiers de la direction des Opérations. Des gens comme Bill Lofgren ou le chef de poste d'Athènes allaient être éliminés de la liste, car aucun n'avait accès aux identités des trois agents compromis. Les anomalies pointaient toutes vers un officier en poste à Langley.

Ensuite, la SIU est passée aux anomalies moins évidentes. Entre autres, les compromissions inexpliquées de deux opérations techniques contre des ambassades soviétiques en Amérique du Sud dans la période 1984-1985 et, comme la CIA l'avait appris de Vitali Iourtchenko, un document sensible de contre-espionnage de la section URSS (ou une description de celui-ci) qui s'était retrouvé à Moscou en 1984. Grâce à la précision de ses archives, la SIU pouvait affirmer avec certitude que jamais Ed Howard et Rick Ames n'avaient posé les yeux sur ce document. Un autre mémo sur lequel les Russes avaient pu mettre la main concernait Nikolaï Chernov, un agent du GRU dormant depuis des lustres. Technicien, Chernov s'était porté volontaire auprès du FBI dans les années 1960, mais le contact avait été rompu en 1972. Puis, sans raison apparente, Chernov, depuis longtemps à la retraite, avait été arrêté au début des années 1990. Ed Howard ne savait rien de lui. Et si Rick Ames le connaissait, il n'avait aucun souvenir d'avoir donné le mémo ou son nom au KGB. Le dossier Chernov étant de l'histoire ancienne et l'homme pour ainsi dire mort en termes d'espionnage, cela n'aurait de toute façon pas servi à grand-chose.

Détail d'importance avec le mémo Chernov : la seule copie avait été mise à l'abri dans le coffre d'Angleton, puis déplacée vers la section URSS. Si ce n'était pas Ed Howard ou Rick Ames qui avait cafté Chernov au KGB, alors c'était forcément quelqu'un ayant servi dans cette branche. Puisque Chernov avait été recruté par le FBI et qu'il y avait là-bas un dossier sur lui, ce pouvait être une taupe du KGB au FBI. Mais à ce stade, n'ayant rien de solide sur Hanssen, la SIU avait rangé l'information dans la matrice, pour, temporairement, renforcer la thèse selon laquelle cette nouvelle taupe avait siégé dans la section URSS (ou le groupe Russie, après son changement de nom).

La SIU s'interrogeait sur d'autres compromissions plus anciennes. Elles avaient été rejetées comme des coïncidences par les enquêteurs précédents, mais les nouveaux chasseurs de taupes avaient décidé de les reconsidérer. Parmi celles-ci, la compromission de Boris Nikolaïevitch Ioujine, un officier du KGB affecté à San Francisco en tant que correspondant de l'agence de presse russe TASS, où il espionnait également pour le FBI et la CIA. L'homme était retourné à Moscou en 1982 mais, entre cette date et la désertion de Vitali Iourtchenko le 1er août 1985, il avait été arrêté et jugé pour espionnage. Selon Vitali Iourtchenko, Boris Ioujine avait été grillé par une caméra espion, camouflée en briquet, que lui avait fournie la CIA, et qui avait été retrouvée dans les bureaux du consulat soviétique de San Francisco. Le KGB, toujours selon Iourtchenko, aurait alors compris que la CIA était en lien avec Boris Ioujine. Mais comme on ne faisait pas totalement confiance à Iourtchenko, la SIU ajouta Ioujine dans la colonne des anomalies.

Il y avait aussi cette étrange compromission : Vladimir Hippolitovitch Vetrov, infiltration française du KGB. Au sein des services secrets français, on l'appelait FAREWELL. Il s'agissait d'un agent extrêmement précieux, qui avait transmis des milliers de documents de la Direction de la science et de la technologie (la Direction T) du KGB. Comme pour Gordievsky, les Français n'avaient pas dit son nom à la CIA, mais l'Agence l'avait deviné. De retour à Moscou, comme l'a raconté Vitali Iourtchenko, FAREWELL aurait assassiné un homme et, en prison, avoué à un codétenu être un espion français. Avec l'espoir que le prisonnier, qui était sur le point d'être libéré, irait à l'ambassade de France pour l'aider lui-même à en sortir. Mais au lieu de ça, il était allé voir le KGB pour dénoncer FAREWELL, qui aurait été exécuté en 1983.

Un après-midi, Diana Worthen a levé les yeux de sa pile de dossiers – celui de FAREWELL y figurait tout en haut – et elle s'est exclamée : « Le KGB a vraiment eu beaucoup de chance. En 1983, ils mettent la main sur un espion dans l'institut où travaillait Adolf Tolkatchev puis, comme par magie, ils trouvent un briquet Tropel à San Francisco et, enfin, FAREWELL fait cette confession stupide. »

Laine Bannerman a hoché la tête : « Ils n'en ont jamais eu autant. À part avec Rick Ames, évidemment.

— Comme le disaient les vieux de la vieille, a poursuivi Diana Worthen, une compromission, ça peut être une coïncidence. Deux compromissions, ça peut encore aller. Mais à partir de trois, on tire le signal d'alarme !

— Alors pourquoi personne n'a-t-il rien vu ?, a demandé Maryann Hough.

— Parce que personne n'a regardé. »

Comme Laine Bannerman finirait par me le faire comprendre, le souci ne venait pas tant d'un manque d'attention que du champ de la précédente enquête – trop restreint pour pouvoir discerner un motif. Une erreur courante, selon elle, dans les enquêtes de contre-espionnage.

Avec la possibilité qu'un agent double du KGB actif au début des années 1980 ait pu trahir FAREWELL et Boris Ioujine – et qui aurait très bien pu être de la section URSS – Maryann Hough a sorti le tableau du personnel de la branche pour les années concernées, et a noté les noms dans la matrice et le profil.

* * *

En mettant bout à bout toutes les compromissions inexpliquées, de l'agent français FAREWELL à l'agent britannique Oleg Gordievsky, de l'officier du GRU Sergueï Bokhan à Athènes à l'agent du GRU Nikolaï Chernov, depuis longtemps retraité, elles ont commencé à raconter une histoire. Sans cesser de pointer un doigt accusateur sur quelqu'un de la section URSS, ayant supervisé la gestion de tous les agents soviétiques. Tous ceux ayant servi dans cette branche auraient eu accès à leurs identités. Le point commun de ces compromissions ? Elles étaient antérieures à la grande livraison de Rick Ames, le 13 juin 1985, et ne pouvaient être le fait de Ed Howard ni, comme on le sait aujourd'hui, de Robert Hanssen.

Même si aucune donnée concrète ne permettait de relier ces compromissions entre elles, elles constituaient la meilleure preuve d'un problème dans la Division soviétique à Langley, en sus de Ed Howard et de Rick Ames, et d'une taupe peut-être toujours en place. Ce qui devenait également de plus en plus clair pour la SIU, c'est que la période 1982-1984 avait été charnière, et très probablement celle où le Quatrième Homme avait commencé à espionner pour le KGB. C'était une explication possible aux incohérences dans la compromission Tolkatchev, pour soutenir l'hypothèse selon laquelle il aurait été démasqué au moins un an avant la trahison d'Ed Howard, fin 1984. Ce qui collait aussi avec la compromission du « colonel du KGB en colère » Vladimir Vassiliev, et attestait que quelqu'un avait précédé Howard dans le mouchardage.

Si la SIU avait des doutes sur la trahison par Ed Howard de Vladimir Vassiliev, c'était notamment parce que son dossier n'avait pas été géré par la section URSS, et donc qu'Ed Howard n'avait pas pu y avoir accès. Ce qui n'avait changé qu'au milieu de l'année 1985, quand Vassiliev était prêt à être transféré à Moscou. En d'autres termes, cette trahison collait mieux avec quelqu'un de la section URSS jouissant d'un accès général aux dossiers soviétiques ou, là encore, avec quelqu'un de haut placé, supervisant les opérations soviétiques.

Parmi un autre ensemble d'anomalies examiné par la SIU, il y avait la compromission, au milieu des années 1980, de dispositifs d'écoute du FBI installés dans les locaux diplomatiques soviétiques de Washington, de New York et de San Francisco. Au départ, leur découverte par le KGB avait été attribuée à Rick Ames – on pensait qu'il en avait eu vent par un agent du FBI. Mais en collaborant avec James Milburn, la SIU put déterminer que cela n'avait pas pu se passer ainsi, et qu'il devait y avoir un problème au FBI. Ce qui confirmait les déclarations de Max sur la présence d'une taupe russe. Il fallut attendre l'arrestation de Robert Hanssen, en 2001, pour que Max et James Milburn soient confirmés dans leurs dires. Mais pour la SIU, à ce moment-là, cela voulait aussi dire que son enquête sur Rick Ames était de plus en plus bancale. Si une taupe lui avait échappé au FBI, qu'avait-elle manqué d'autre ?

Ensuite, la SIU superposa ces anomalies aux habitudes des agents russes affectés à la *rézidientoura* du KGB à Washington. Elle se concentra en particulier sur les déplacements en ville des agents de contre-espionnage du Renseignement étranger russe (la « Ligne KR »), qui auraient tous pu être le référent du Quatrième Homme. N'importe quelle bizarrerie de leur part – comme un agent de la Ligne KR qui aurait cessé de prendre sa voiture de fonction pour prendre des taxis – était digne d'intérêt. Ou quelque chose d'encore plus anodin en apparence : un agent de la Ligne KR qui se serait mis à se balader dans un quartier de Washington où on ne l'avait jamais vu, ou même quelqu'un qui aurait commencé à promener un chien. Comme vous le dira tout officier traitant de la CIA ayant un peu d'expérience de terrain, rien de tel que l'alibi du chien incontinent pour expliquer des promenades au milieu de la nuit.

Un jour, James Milburn arriva avec une chronologie des « éruptions » du KGB dans la région de Washington. Une « éruption » a lieu lorsqu'une *rézidientoura* déverse tout son personnel dans les rues afin d'aveugler et de paralyser les équipes de surveillance du FBI. Ce dernier étant occupé à chasser des leurres, l'espion a les mains libres pour aller rencontrer une source ou actionner une boîte aux lettres morte. Ce genre d'opération était profitable à la SIU : elle lui avait permis de déterminer que, durant la plupart des « éruptions » sur la liste de James Milburn, Rick Ames était affecté à Rome ou temporairement à l'étranger. (Comme on l'apprit après l'arrestation de Robert Hanssen en 2001, ces éruptions dataient également de moments où il n'était pas en contact avec les services secrets russes.) L'étape allait compter parmi les découvertes de l'équipe Laine Bannerman, Diana Worthen, Maryann Hough et James Milburn – et renforcer la probabilité d'un autre agent double en plus de Rick Ames. Tout en sachant que ces éruptions avaient très bien pu être de bons vieux écrans de fumées du KGB, visant à faire tourner le FBI en bourrique.

Aux yeux de la SIU, il devenait de plus en plus évident que s'il avait pu être commode de mettre toutes les compromissions du milieu des années 1980 sur le dos d'Ed Howard et de Rick Ames, un réexamen attentif et objectif des éléments factuels ne conduisait pas à la même trajectoire. À ce stade, il lui était encore impossible d'exclure la possibilité que ces anomalies fussent des incidents indépendants – même si jamais cette probabilité n'avait été aussi faible. Et si toutes ces anomalies étaient liées par l'hypothèse d'une nouvelle taupe à la CIA ? Aussi fou que cela ait pu paraître à certains, c'est bien ce qui se dessinait.

* * *

Pour la SIU, la composition de la matrice et du profil s'était déroulée sans accroc. En grande partie parce qu'au sein de l'équipe, chacun savait exactement ce qu'il faisait. Rien d'étonnant à cela si l'on considère qu'à eux quatre, ils avaient passé pas loin d'un siècle à parfaire leur expertise. Ce qui fut également d'un grand secours, c'est que les quatre membres de la SIU étaient de plus en plus convaincus que les services secrets russes avaient effectivement infiltré – et peut-être le géraient-ils encore – un autre agent double dans les opérations russes de la CIA. Après avoir participé à la traque de Rick Ames et passé les preuves au peigne fin, Diana Worthen et James Milburn en étaient, pour leur part, quasi certains. De même, le fait que tout le monde à la SIU ait accordé à peu près le même poids aux preuves avait été essentiel. Par exemple, pour dire qu'il n'était pas possible de prendre les pistes de Max sur le Quatrième Homme pour argent comptant sans corroboration sérieuse et documentée.

James Milburn, en particulier, avait bien travaillé avec l'équipe parce qu'il n'avait jamais laissé les préjugés institutionnels du FBI s'immiscer dans les faits. Contrairement aux agents spéciaux du FBI, formés et instruits à assister un procureur dans sa présentation de preuves recevables par un tribunal, Milburn n'était pas gêné par les ambiguïtés du renseignement. Si les ouï-dire et les rumeurs n'ont aucune valeur dans une salle d'audience, il savait leur importance pour établir une matrice. En outre, grâce à sa longue expérience, il savait s'y retrouver dans les pratiques byzantines de la CIA en matière de tenue de dossiers et autres excentricités bureaucratiques. Par exemple, le fait que (aux antipodes du FBI) certains des meilleurs renseignements de la CIA ne se retrouvent jamais dans des archives facilement consultables.

James Milburn avait l'esprit assez ouvert pour être l'un des premiers à soupçonner les Russes d'avoir réussi une belle infiltration du FBI. Il y avait non seulement les dires de Max, mais aussi toute l'analyse objective des anomalies pour le convaincre que trop d'opérations du FBI avaient inexplicablement mal tourné pour en arriver à une autre conclusion. Cela allait à l'encontre du préjugé institutionnel en vigueur au sein du FBI : qu'il était impossible aux services secrets russes de recruter un de leurs agents. Chaque fois que Laine Bannerman évoquait la possible présence d'une taupe du KGB au sein du FBI, Ed Curran, manifestement irrité, rétorquait : « Les taupes, c'est votre problème, pas le nôtre. » Les mêmes illusions dont s'était bercée la CIA avant Rick Ames. James Milburn avait relayé les soupçons de la SIU à ses patrons du bureau du FBI de Washington, à Buzzard Point, mais il avait fallu attendre sept ans pour réunir suffisamment de preuves tangibles pour arrêter Robert Hanssen. Des années plus tard, James Milburn dit à ses anciens collègues de la SIU que leur matrice avait été une ressource essentielle pour monter le dossier contre Robert Hanssen.

Ed Curran, désormais en charge du contre-espionnage à Langley, avait d'autres soucis avec la SIU : il ne voyait guère de sens dans leur façon de mener l'enquête. Un jour, il avait débarqué dans « le réduit » et avait vu la matrice affichée au tableau – la partie consacrée au suivi des déplacements et des mouvements des agents de contre-espionnage du KGB en poste aux alentours de Washington. « Qu'est-ce que c'est ? », avait-il demandé. À l'explication donnée par Bannerman, Ed Curran avait répondu : « On s'en fout ! » Laine Bannerman lui avait alors rappelé que peu après le déjeuner de Rick Ames du 13 juin 1985, le chef de la Ligne KR était vite et mystérieusement reparti pour Moscou. À l'époque, personne n'avait songé à faire le lien avec les agents perdus à son retour, sauf qu'avec vingt-deux ans de recul, son importance sautait aux yeux. L'homme était effectivement parti coordonner la gestion de Rick Ames avec le Centre de Moscou. Ed Curran n'avait jamais caché son indifférence, voire son agacement envers la SIU. Qu'on lui en donne l'opportunité, et il leur retirerait l'enquête.

Ce que Laine Bannerman ne savait pas à l'époque, comme j'allais ensuite l'apprendre, c'est que le FBI possédait déjà son propre inventaire d'anomalies, sa propre matrice et son propre profil faisant écho à ceux de la SIU. Apparemment, la sensibilité de l'enquête du FBI faisait que Ed Curran ne pouvait rien en dire.

Pourtant, globalement, malgré les enjeux élevés pour leurs supérieurs, les quatre chasseurs de taupe n'avaient pas été dérangés dans leur entreprise. Ted Price n'était jamais venu les voir, ni leur patron, John Hall. Paul Redmond avait de temps en temps mis un pied dans la chambre forte, surtout pour s'assurer que tout se passait bien, mais sans jamais exiger de rapport d'activité. S'il remarquait les deux grands tableaux et leurs épais blocs de papier, la matrice et le profil griffonnés dessus comme une peinture de Jackson Pollock, il n'en avait jamais rien dit. Paul Redmond n'était pas un fan des matrices – selon lui, elles n'auraient jamais permis d'attraper Rick Ames. Du côté de la SIU, on a pu juger étrange que Redmond ne donne jamais son avis sur le Quatrième Homme, ne serait-ce que pour estimer la probabilité de son existence. La chose était d'autant plus curieuse que Redmond avait été à la tête de l'enquête sur Rick Ames. Selon la SIU, il aurait dû en sortir assez convaincu par l'hypothèse d'une taupe supplémentaire. L'équipe se demandait souvent si Redmond savait quelque chose sur le Quatrième Homme qu'il n'estimait pas devoir leur transmettre. Ou peut-être, plus simplement, parce qu'il ne voulait pas que des biais personnels influent sur l'enquête.

Pour Laine Bannerman, Maryann Hough et Diana Worthen, l'enquête sur le Quatrième Homme fut le moment le plus gratifiant de toute leur carrière. Car elles allaient pouvoir mettre en pratique tout ce qu'elles avaient appris au cours de leur vie professionnelle. Pour les amateurs du classique de John le Carré *La Taupe*, Bannerman et Worthen auraient pu se fondre dans le personnage de Connie Sachs. Elles étaient des « greniers » à faits et à histoires du contre-espionnage. Diana Worthen avait en mémoire un nombre stupéfiant de noms et de détails sur les opérations soviétiques du KGB et de la CIA. Elle pouvait vous dire quel officier traitant avait géré tel ou tel agent telle ou telle année. Et si elle avait des lacunes, Laine Bannerman pouvait les compléter, elle qui connaissait sur le bout des doigts l'histoire des différentes directions du KGB, mais aussi leurs rivalités et leurs querelles. Quant à Maryann Hough, elle aussi était une mine d'informations pour dénicher de vieux justificatifs de voyage ou les dossiers du personnel retraité.

Si Paul Redmond avait eu peur que Laine Bannerman et Diana Worthen finissent par s'écharper, en réalité, les trois femmes furent ravies de travailler ensemble. Comme l'explique Bannerman : « Nous nous entendions parfaitement. Diana connaissait tous les dossiers du KGB sur le bout des doigts, Maryann partait se balader dans Langley pour assembler les pièces du puzzle qui ne se trouvaient pas dans les dossiers et, pour ma part, je passais des journées de quatorze heures assise à mon bureau pour regarder tout cela de près. »

Toute l'équipe célébrait les trouvailles et les percées de chacun de ses membres avec des cris de joie, des embrassades et même, parfois, un petit pas de danse. Par exemple, le jour où James Milburn était arrivé avec sa chronologie des « éruptions », les discussions s'étaient joyeusement poursuivies jusque tard dans la soirée, tout le monde étant convaincu qu'il y allait de la preuve la plus confondante de l'existence d'une nouvelle taupe après Rick Ames. L'équipe s'était alors empressée de rechercher une compromission coïncidant avec une éruption, sans succès. Mais cet échec n'avait fait que convaincre davantage la SIU : le Quatrième Homme était actionné par de vrais professionnels.

Il y eut aussi des moments de franche rigolade. Une fois, elles avaient offert à l'une de leurs amies atteinte d'un cancer qui vivait ses derniers instants à l'hôpital un canard mécanique qui faisait coin-coin dès que quelqu'un entrait dans la chambre. La bestiole fut surnommée Phil. Après la mort de leur amie, Phil fut rapatrié au bureau et caché dans un coin sombre. Chaque fois qu'Ed Curran passait la porte du « réduit », Phil se mettait à caqueter comme un malade. Ed Curran en était passablement agacé, mais les femmes restaient impassibles, faisant comme si elles n'avaient rien entendu. Dès que Curran partait, elles éclataient de rire. Les trois collègues étaient devenues des amies pour la vie. Elles s'accordent à dire que la chasse au Quatrième Homme fut le moment le plus excitant et le plus heureux de leur existence. Ce qui en dit long, vu que, dès le début, elles savaient que si elles réussissaient à mettre la main sur un autre agent double russe, elles seraient traitées vertement.

Si ces femmes avaient à la CIA la réputation de comptables ternes et sans humour, ce qui les faisait sauter du lit le matin, c'était une farouche passion pour résoudre ce qui commençait à ressembler à l'affaire d'espionnage la plus grave de l'histoire américaine. De fait, ce dossier les obsède encore aujourd'hui. Tout comme James Milburn et d'autres agents au FBI.

* * *

Lorsque la SIU est passée du décompte des anomalies à l'examen des rapports des agents russes et des transfuges sur les agents doubles de la CIA, elle n'a pas trouvé de meilleure preuve, mais toutes pointaient dans une même direction. Comme Max, aucun des agents n'avait été en mesure d'identifier formellement l'agent double, que ce soit par son nom ou par son poste, mais ce qu'ils avaient eu à dire laissait bien entendre que certaines taupes russes dans les opérations soviétiques du renseignement américain n'avaient pas encore été débusquées.

Au début des années 1990, le FBI à New York avait recruté un officier de la Ligne KR – surnommé « Adolf » autant par la CIA que par le FBI. À l'instar de Max, on ne lui avait pas attribué de cryptonyme, et tout ce qui le concernait était tenu à l'écart des ordinateurs. Adolf, bien que considéré comme un agent médiocre, avait tout de même fait part de rumeurs sur deux agents doubles des services secrets américains, l'un à New York et l'autre à Washington. L'un à la CIA et l'autre au FBI. À l'époque, Rick Ames n'était pas à Washington, et Robert Hanssen n'était pas encore actif. C'est tout ce que ses contacts à la CIA et au FBI purent obtenir de lui. De même, ils n'avaient pas pu inciter Adolf à enquêter davantage auprès de ses collègues. Le type était ingénieur et l'espionnage le barbait. Seul élément pouvant corroborer ses dires : certaines éruptions ne correspondant pas à Rick Ames (ni à Robert Hanssen, comme on le sut ensuite) avaient eu lieu pendant la période où, selon lui, l'agent double de Washington était actif.

Mais le peu que Adolf avait eu à dire sur l'infiltration en haut lieu de la CIA allait fasciner la SIU. Notamment, qu'il ait entendu d'un collègue à New York qu'un spécialiste des communications de la Ligne KR du KGB, Vladimir Tsymbal, s'était rendu plusieurs fois à Washington en soutien d'une opération impliquant un agent. Adolf n'en était pas certain, mais il soupçonnait Tsymbal d'avoir aidé à gérer les contacts avec l'agent double de la CIA. Que la chose soit vraie ou non, le FBI et la CIA allaient travailler sur cette hypothèse : que Tsymbal opérait des radio-transmissions à basse fréquence, parfaites pour communiquer avec un agent haut placé. Comme l'a écrit Milt Bearden dans son livre, « quand Tsymbal arrivait quelque part, le premier réflexe de la CIA était de chercher l'espion ». Mais le plus révélateur dans l'histoire de Tsymbal, c'est que ni Rick Ames ni Robert Hanssen n'étaient officiellement l'objet de communications secrètes du KGB. À juste titre, Bearden s'interroge : « Quelles opérations les maîtres de Moscou trouvaient-ils si importantes qu'elles nécessitaient d'envoyer à Washington leur meilleur technicien en communications secrètes ? »

La SIU a visionné l'enregistrement vidéo du débriefing d'Adolf à New York. On y voit clairement un agent apathique, n'ayant cure de plaire à ses contacts du FBI et de la CIA. D'un autre côté, qu'il soit dénué de bagout a pu garantir à la SIU qu'il n'était pas du genre à embellir ou à adapter ses informations. Que les débriefeurs d'Adolf ne lui aient pas non plus accordé énormément d'importance n'arrangeait rien. À un moment, sur la bande, la SIU a entendu hors champ : « La bouffe et les bières sont arrivées ! » Les débriefeurs se lèvent et laissent Adolf seul sur le canapé, qui bredouille : « Mais j'essaie de vous dire quelque chose… »

En plus des vagues insinuations d'Adolf concernant deux agents doubles au sein des services secrets américains, la SIU ne cessait de revenir aux propos de Max sur les fiches A7 consignant les lieux de contact à Moscou. Que Max, et donc le KGB, eussent connu ces protocoles constituait la preuve irréfutable que le KGB avait eu, à un moment donné, une source dans la section URSS ou, du moins, haut placée dans la Division soviétique. Sachant, encore une fois, que de tels renseignements détaillés sur ce système de fiches n'étaient pas le type d'information que Rick Ames et Ed Howard auraient pu connaître.

L'autre tuyau de Max – sur la présence de l'agent double aux réunions des chefs de division de la direction des Opérations – est demeuré un élément essentiel de la matrice. À un moment, Max avait également affirmé que la taupe en question avait fait passer aux Russes des copies des comptes rendus ou leur résumé. Sans pour autant fournir plus de détails, comme la date ou le sujet des réunions. Et, fidèle à son habitude, Max n'avait pas non plus voulu révéler le nom de sa source. Parce qu'il craignait que la CIA veuille la recruter ? Ou pour éviter de la compromettre ? Telle était souvent la raison du silence des agents sur l'origine de leurs informations. Reste qu'après le tour de force de Max sur Caracas, ce qu'il avait à dire devait être pris tout à fait au sérieux. Et dans ce cas précis, s'il disait vrai, il fallait en déduire que la fonction et l'objectif de la CIA s'étaient trouvés menacés à chaque fois que le Quatrième Homme avait été activé.

Mais excepté ces informations, plus la SIU avançait dans son enquête, plus les anomalies impliquaient un officier ayant servi dans le contre-espionnage avant de passer dans la section URSS. Cela donnait une douzaine de suspects. Pour une enquête qu'on pensait au départ stérile, qu'elle aille aussi loin tenait autant du triomphe que du péril. Dans le réduit, plus personne n'osait prononcer de nom à voix haute. Pour des questions de prudence, mais aussi parce qu'il était impossible, pour tout le monde, qu'un traître figure sur cette liste. Mais à la manière d'une boussole pointant obstinément vers le nord, telle était la cible que les preuves ne cessaient de dessiner.

10.

Jungle des miroirs. Formule inspirée du poème de T.S. Eliot « Gerontion ». Décrit une affaire d'espionnage si compliquée, fourmillant de mensonges et de désinformation, qu'il devient impossible d'y discerner la vérité.

Moscou, septembre 1994

Les membres de la SIU n'étaient pas les seuls à voir leurs certitudes s'intensifier sur le Quatrième Homme. En septembre, quatre mois après le début de l'enquête, Diana Worthen avait été discrètement retirée de la SIU pour être réaffectée à une autre mission. Bien qu'en rapport avec la chasse au Quatrième Homme, celle-ci était si sensible que même la SIU n'en fut pas informée.

Après la rencontre de Dick Corbin et de Max en Amérique du Sud, le FBI était plus convaincu que jamais de l'existence, en plus de Rick Ames, d'un autre agent double au sein de la CIA. Comme avant la conférence à l'hôtel *Greenbrier* en 1993, il avait menacé de traquer lui-même Max à Moscou si la CIA traînait trop. Se jugeant quand même mieux placée pour y organiser une rencontre clandestine, la CIA n'avait eu d'autre choix que d'échafauder son propre plan. Et comme les Russes surveillaient ses postes à Moscou comme le lait sur le feu, la CIA avait au moins une certitude : il était impossible de recourir à un officier traitant basé sur place pour aller à la rencontre de Max.

Langley allait alors concevoir un stratagème aussi ambitieux que dangereux : envoyer deux officiers « noirs » à Moscou pour trouver Max. « Noirs », parce qu'ils voyageraient avec des passeports de tourisme sous de faux noms, sans le moindre lien avec le gouvernement américain. Les deux officiers devaient se faire passer pour un couple marié en vacances, pour avoir davantage de chance de passer inaperçus. D'un autre côté, avec leur statut de touristes, *exit* la protection de l'immunité diplomatique. Si jamais ils se faisaient prendre en rencontrant Max, ils n'auraient aucun moyen de se justifier, et risqueraient d'être condamnés à croupir des années dans une sinistre geôle russe. Bizarrement, cette tentative de contacter Max fut désignée comme une « sonde ». Les deux officiers traitants à se porter volontaires pour la mission s'appelaient Phil et Michele. Histoire de restreindre au maximum le temps de réaction des Russes, Phil arriverait en avion d'un pays balte, afin de ne pas avoir besoin de visa russe. Comme de juste, les Russes auraient la liste des passagers à l'avance, mais il était hautement improbable qu'ils aient eu le temps de mettre sur pied une équipe de surveillance. Michele, quant à elle, arriverait d'Europe.

Moins d'une douzaine d'officiers de la CIA allaient être mis au courant de cette mission. Diana Worthen avait été sollicitée pour aider à l'organiser, tout en recevant l'ordre direct de ne pas en parler à ses collègues de la SIU. Du côté du poste de Moscou, personne n'en fut informé, on n'envoya aucun câble, et on ne rédigea aucun ordre de mission interne à la CIA. Les cartes bancaires et le permis de conduire de Phil et de

Michele avaient été « sécurisés » – il était impossible, en cas de contrôle de routine, de détecter la moindre irrégularité, et leurs comptes consignaient tout un historique d'achats. Mais en réalité, les deux faux tourtereaux allaient avoir très chaud aux plumes, avec une opération à la merci du hasard et des trous dans la raquette de la surveillance russe. Ce voyage fut l'une des opérations les plus risquées jamais tentées par la CIA en Russie ; jusque-là, les officiers traitants avaient toujours pu compter sur la carte « Sortie de prison » que constitue l'immunité diplomatique. Mais cette fois, ils jouaient leur liberté.

Connaissant Phil de l'époque où j'étais à l'Agence, je l'ai appelé, et lui ai demandé s'il accepterait de me donner plus de détails sur cette histoire. Il s'est montré aimable, avant de me couper dans mon élan : « Je ne parlerai jamais de ça à personne. » J'ai eu envie de lui répondre : « Allons, Phil, ça fait plus de vingt-cinq ans maintenant. » Mais il ne faut pas se leurrer : il avait la ferme intention d'emporter les secrets de son voyage à Moscou jusque dans sa tombe. Il ne me restait plus qu'à spéculer sur la manière dont il s'y était pris, avec Michele, pour préparer leur entrée en contact avec Max, ou ce qu'ils avaient prévu de lui dire. À en croire la presse de l'époque, le FBI proposait le plus ouvertement du monde de graisser la patte des officiers du KGB qui aideraient à identifier des agents doubles infiltrés dans le renseignement américain. À mon avis, Michele et Phil avaient emporté une petite valise de billets à refiler à Max si jamais il sortait de sa manche un tuyau du même calibre que celui sur Rick Ames et Caracas.

Michele et Phil partis pour Moscou, Diana Worthen s'était assurée de faire surveiller par la NSA la fréquence de la présence policière, et les allées et venues de la police et du renseignement russes. Certes, les communications étaient cryptées et donc indéchiffrables, mais il était possible de traquer des pics radio inhabituels près des aéroports – soit autant d'indices d'une activité de surveillance sortant de l'ordinaire. Avec de tels pics, on pouvait légitimement penser que les Russes, prévenus de leur arrivée, surveilleraient les aéroports.

Qu'importe la préparation méticuleuse de la « sonde », un grain de sable allait se glisser dans l'engrenage. Quand Phil et Michele avaient débarqué de leur avion respectif à Moscou, tout semblait normal. Pas de gorille au bout du tarmac. À la douane, *idem*, ils n'avaient pas poireauté plus que la moyenne. Mais à la sortie de la zone de retrait des bagages, il aurait été difficile de ne pas voir les hommes et les femmes équipés d'oreillettes chuchotant dans le revers de leur veste. Tous détournaient les yeux quand Phil et Michele les regardaient, ce qui est mauvais signe. Lors de leur traversée de l'aéroport main dans la main, force leur fut de constater qu'ils étaient suivis. On eût dit que les Russes voulaient se faire repérer. Michele et Phil n'eurent d'autre choix que de renoncer à leur mission. Au lieu de se lancer à la recherche de Max, ils se rendirent directement à l'hôtel, y passèrent la nuit et repartirent dès le lendemain pour les États-Unis, sans incident. Vu le peu de monde disposé à parler de cette mission, les éléments que j'ai pu réunir s'arrêtent là.

Si les preuves manquent, à Langley on soupçonne fort que quelqu'un ait vendu la mèche. Comment expliquer autrement toutes ces équipes de surveillance à l'aéroport ? Il est difficile de ne pas penser à une taupe qui, de Langley, aurait renseigné les Russes. Phil et Michele étant revenus sains et saufs sur le sol américain, il fallait maintenant s'occuper de Max. Si, à Langley, quelqu'un avait su pour la fausse lune de miel, alors il était certainement au courant de l'existence de Max, voire de son vrai nom, Aleksandr Zaporojski. D'où, inévitablement, cette question : Max avait-il été arrêté ?

Autre troublante interrogation : et si Max avait été un provocateur, une chèvre ? Peut-être l'était-il devenu en cours de route, de son propre chef, ou contraint et forcé. L'objectif aurait été de faire passer de la désinformation par son truchement, ce qui aurait d'ailleurs été faisable sans qu'il le sache lui-même. Le fait que Max ait informé la CIA du voyage de Rick Ames à Caracas laissait fort à penser que ce n'était pas le cas. Mais à part cela, il possédait quand même beaucoup des caractéristiques propres aux chèvres. Il ne nommait jamais ses sources. Il avait clairement dit, et ce à plusieurs reprises, qu'il n'avait pas l'intention de dire à la CIA tout ce qu'il savait sur les taupes de Langley et du FBI. Jamais il ne remettait le moindre document classifié, ni ne suivait les instructions de la CIA. Ses informations sur les agents doubles américains étaient trop belles pour être exploitables. Comme s'il se préparait à amorcer une sorte de piège… La manière dont Max était apparu pour jouer les greffiers au manoir de Beria à Moscou était également suspecte, comme si les Russes avaient voulu le placer sur le chemin de la CIA. *Idem* quand il s'était, comme par hasard, retrouvé dans la virée du renseignement russe de 1993, celle qui avait fini à l'hôtel *Greenbrier*. Pour rependre la mise en garde des détracteurs de Max : méfiez-vous de l'excès de spontanéité.

Outre le chef de poste d'Afrique de l'Est, quelqu'un d'autre avait des doutes sur Max : David Rolph, en charge de l'antenne de Moscou et présent lors de la réunion au *Greenbrier*. Rolph était plus que dubitatif sur le fait que Max ait pu s'éclipser pour une partie de pêche avec Dick Corbin sans que ses collègues russes ne le remarquent. Selon David Rolph, pendant toute la conférence, les Russes s'étaient surveillés étroitement les uns les autres, et il n'en avait pas vu un seul s'écarter de sa délégation pour aller parler en tête-à-tête avec un homologue de la CIA. Il était donc difficile de croire que Max ait pu faire exception et retrouver Corbin au nez et à la barbe de ses collègues.

Une meilleure explication à ce tête-à-tête aurait pu être qu'au lieu d'échapper à la surveillance des Russes, Max en ait reçu la permission ou l'ordre du chef de la délégation du KGB. Dans ce cas, pour ceux qui entretiennent une vision complotiste du renseignement russe, cela voulait dire que Max – encore une fois, en connaissance de cause ou non – aurait été obligé de signaler à Dick Corbin le voyage à Caracas de Rick Ames. Le problème, évident avec cette version des événements, est qu'elle vous pousse dans la spirale infernale de James Angleton. Vous croyez voir le KGB tapi derrière chaque buisson, et à la manœuvre derrière la moindre initiative. Où chaque espion ou transfuge russe est une taupe destinée à rendre folle la CIA. Un « complot monstre », comme on dit chez nous.

Bill Lofgren, le chef de la division en charge de la Russie pendant la traque du Quatrième Homme, avait très tôt estimé que les Russes avaient sciemment lâché Rick Ames. Selon sa version, il venait juste d'être réaffecté à Langley depuis l'étranger en tant qu'adjoint de John MacGaffin, son prédécesseur. MacGaffin n'avait pas tardé à le prendre à part pour lui confier que Rick Ames avait été démasqué, qu'il était un espion russe et qu'on n'allait pas tarder à l'arrêter. Sans mentionner le nom de Max, MacGaffin avait aussi raconté que le tuyau était tombé durant une conférence avec le renseignement russe. Selon lui, pendant une pause, un Russe était allé voir un membre de la CIA et lui avait donné un bout de papier. L'officier de la CIA l'avait déplié, et il avait lu : « C'est Rick Ames. »

À partir de la version de l'histoire racontée par MacGaffin, il était nettement apparu à Bill Lofgren que les Russes avaient en effet sacrifié Rick Ames. Qu'est-ce qui aurait pu les motiver à lâcher un agent actif? Bill Lofgren n'en avait pas la moindre idée tant cela lui semblait incompréhensible. Mais que quelqu'un comme lui, grand expert du renseignement russe, ait pu envisager la possibilité que Rick Ames ait été sacrifié dans un but stratégique nous dit quelque chose. Pour la CIA, les Russes auraient ainsi cherché à protéger un agent plus précieux, et Bill Lofgren n'arrive toujours pas à se l'expliquer. Selon ce calcul, la CIA, ayant capturé Rick Ames, aurait cessé d'enquêter sur les pertes de 1985-1986. Soit, pour des joueurs d'échecs, le sacrifice d'un pion pour sauver la reine.

Un des points étayant cette hypothèse est qu'à l'époque du rendez-vous à l'hôtel *Greenbrier,* Rick Ames ne valait plus grand-chose pour les Russes. Il avait tout d'un « fusible », comme le CIA et le FBI ont tendance à qualifier ce type d'agent. Rick Ames était lui-même conscient d'avoir perdu énormément de valeur à leurs yeux. Avec un désespoir à peine dissimulé, il avait plusieurs fois supplié Milt Bearden, John MacGaffin et Bill Lofgren de le laisser réintégrer les Opérations russes. En coordination avec le FBI, Lofgren lui avait proposé le poste de direction du groupe Russie – histoire de dissiper tout soupçon que Rick Ames aurait pu avoir sur le fait qu'on l'avait démasqué.

Autre motivation possible au lâchage de Rick Ames par les Russes : humilier la CIA en la soumettant à un procès très médiatique et donc très embarrassant. Pour commencer, devant un tel spectacle, tout Russe ayant des velléités de proposer ses services à la CIA y aurait réfléchi à deux fois. Ensuite, si les Russes avaient réellement une autre source dans les Opérations russes, la CIA devait avoir entendu parler de la chute imminente de Rick Ames, comme le soupçonnait déjà l'équipe de la SIU de Paul Redmond au moment de la réunion du *Greenbrier.* Les Russes avaient pu décider d'anticiper l'inévitable et de l'éliminer eux-mêmes au moment de leur choix. Si une de ces hypothèses se révélait vraie, il y aurait de quoi faire pâlir John le Carré et réchauffer le cœur de James Angleton.

Pour expliquer pourquoi le Quatrième Homme n'avait pas trahi Max auprès de ses responsables, la SIU avait une autre théorie. Début 1992 et en 1993, le Quatrième Homme semblait s'être mis en *stand-by* et avoir interrompu tout contact avec les Russes. Aucun agent russe n'avait été découvert de façon inexpliquée pendant cette période et on n'avait repéré aucune activité suspecte à la *rézidientoura* de Washington suggérant la gestion d'un agent important. Explication possible pour une si longue interruption des contacts : une frousse bien calculée. La Russie s'effondrait, le renseignement russe était en mauvaise posture, et le Quatrième Homme avait toutes les raisons de se faire tout petit. Robert Hanssen allait faire la même chose – couper le contact avec les Russes en 1991, pour ne le rétablir qu'en 1999. Si tout indique que le Quatrième Homme savait pour Max, il avait pu juger trop risqué de le balancer à ses responsables. Ou encore : le Quatrième Homme aurait pu se réjouir de l'enquête sur Rick Ames et de son arrestation, qui détournaient l'attention de sa pomme.

Rien de tout cela ne prouve formellement que Rick Ames ait été sacrifié pour protéger le Quatrième Homme. Mais le sacrifice d'un agent de moindre importance par le KGB dans le but d'en protéger d'autres, plus précieux, n'aurait pas été une première. Par exemple, dans les années cinquante, le KGB avait sacrifié une source active et productive des services de renseignement étranger allemands afin de protéger Heinz Felfe, le chef du contre-espionnage de ce même service (ce qui donna à Felfe près de dix ans de sursis, mais il finit par être arrêté en 1961, accusé d'être un agent du KGB). La question est de savoir si les Russes étaient susceptibles de traiter Rick Ames de la même façon. Si un ancien officier des services secrets russes avec qui je me suis entretenu trouve cette théorie tout à fait plausible (il a aussi parlé de « sacrifice de la reine »), un autre m'a avoué douter fortement que Rick Ames ait été délibérément dénoncé par Moscou. Selon lui, quel que soit l'avantage tactique d'une telle initiative, elle aurait eu de quoi détruire la réputation du renseignement russe si jamais l'histoire était venue à s'ébruiter.

Et puis il y a la question de savoir s'ils auraient risqué d'utiliser un officier d'état-major tel que Max comme appât, même dans l'optique de protéger un agent plus précieux. Ceci dit, il y avait un précédent. En 1988, un agent du Renseignement intérieur du KGB, Aleksandr Vassiliévitch Zhomov, avait approché Jack Downing, chef de poste de la CIA de Moscou, dans un train de nuit à destination de Leningrad et lui avait donné un paquet de documents du KGB classés secret. Zhomov avait proposé ses services de taupe du KGB. Arrivé au consulat américain de Leningrad, lorsque Downing avait pris connaissance des documents, il n'avait pas douté un instant de leur authenticité. Ils décrivaient avec exactitude toutes ses activités lors d'une précédente mission à Moscou.

Bien que la CIA ait dû attendre encore deux ans avant de découvrir le nom de Zhomov, Langley l'avait traité comme un agent légitime, et lui avait donné le cryptonyme : GTPROLOGUE. La CIA finit par comprendre que le Renseignement intérieur du KGB s'était servi de Zhomov comme d'une chèvre avec Jack Downing afin de mener la CIA en bateau et lui faire croire que les pertes des années 1985-1986 avaient une autre cause que les actes d'un agent : la mise sur écoute du poste de Moscou, par exemple. Après sa retraite, Milt Bearden avait rencontré Aleksandr Zhomov à Moscou, et le Russe lui avait avoué que le KGB l'avait sacrifié afin de détourner l'attention de Rick Ames.

L'opération Zhomov avait dû permettre au KGB de maintenir plus longtemps la couverture de Rick Ames. D'où la tentation de réitérer une telle opération – rien n'est jamais trop cher pour jeter de la poudre aux yeux de la CIA. Et le moment était opportun. D'une manière ou d'une autre, les Russes étaient au courant de la saignée qui avait lieu à Langley, de la paranoïa post-Rick Ames, et ils avaient dû voir l'avantage d'aggraver l'hémorragie. En novembre 1994, Valentin Klimenko, directeur du Contre-espionnage russe, avait pris à part Rolf Mowatt-Larssen, chef de poste intérimaire de la CIA à Moscou, pour l'asticoter au sujet d'une autre taupe russe à l'Agence, en plus de Rick Ames. Mowatt-Larssen aurait pu y voir une grossière provocation, mais comme Klimenko possédait des connaissances poussées des affaires courantes des opérations russes de la CIA, il avait été forcé de conclure que quelqu'un, à la CIA, avait trop joué les commères, ou était une taupe. Puis en 2005, Viktor Tcherkachine, le superviseur de Rick Ames et de Robert Hanssen au KGB, fit allusion dans ses mémoires au fait que le KGB s'était infiltré dans la CIA par un autre moyen que Rick Ames. Tcherkachine n'était pas un transfuge, et il avait écrit son livre en Russie une fois à la retraite. On peut penser qu'après examen minutieux, le renseignement russe l'avait approuvé, et qu'il avait très certainement ajouté la référence à son mystérieux agent double de la CIA toujours en activité.

Les mensonges éclairent autant qu'ils dissimulent, mais, en définitive, si les Russes avaient effectivement un autre agent double à la CIA, on a encore du mal à comprendre quel intérêt ils auraient pu avoir à mettre cette information sous le nez de la CIA. Aussi tiré par les cheveux que cela puisse paraître, il est possible que la couverture de cet agent double ait été si solide qu'aux yeux de la Russie, ni la CIA ni le FBI n'étaient à même de le débusquer. Autre possibilité : que les Russes, sachant les dégâts que James Angleton avait provoqués à la CIA, aient pris le risque d'exposer le Quatrième Homme dans l'espoir de déclencher une nouvelle et interminable chasse à la taupe. Tout ceci paraît relever d'un complotisme grotesque, c'est vrai, mais d'un autre côté, sachez que les Russes en sont parfaitement capables. Le jeu, ils le jouent avec ce niveau de raffinement-là.

Ce qui mène l'histoire de la traque du Quatrième Homme à une observation tout à fait concrète : il est impossible de savoir avec certitude si, oui ou non, les Russes ont piégé le Quatrième Homme dès le départ. La chose aurait nécessité des efforts herculéens, de l'organisation et de la patience, voire du génie. Mais le KGB n'était pas novice en la matière. Il avait joliment piégé Jeanne Vertefeuille, la principale enquêtrice de l'affaire Rick Ames. Pendant une mission en Afrique, il l'avait approchée par le biais d'un intermédiaire. Elle l'avait refoulé, et avait consigné ces faits dans un rapport. Mais au beau milieu de l'enquête sur Rick Ames, les Russes s'étaient mis à transférer de l'argent sur son compte à elle, comme si elle avait accepté la proposition et était devenue une agente du KGB. Les preuves avaient été suffisamment probantes pour que le FBI ouvre une enquête sur elle, avec pour nom de code « Souris grise ». Le FBI finit par conclure qu'elle avait été piégée, mais dans l'intervalle, les Russes avaient réussi à exacerber la méfiance entre le FBI et la CIA, ralentissant d'autant la traque de Rick Ames. Personne à la CIA n'étant exempt de tout soupçon, surtout après l'affaire Rick Ames, piéger un officier du renseignement américain de haut niveau garantissait à coup sûr de semer la zizanie à la CIA. À la place des Russes, c'est exactement ce que j'aurais fait.

Mais ce n'était pas l'avis de la SIU. Trop d'indices précis empêchaient de croire que les Russes avaient totalement inventé cette taupe. Et entre autres éléments, il y avait les fiches A7 des lieux de contact à Moscou. Il était clair que quelqu'un en avait parlé aux Russes, et ce n'était ni Ed Howard, ni Rick Ames, ni Robert Hanssen. Tout comme il était certain qu'aucun d'eux n'avait dénoncé les trois agents soviétiques en mai 1985. Les eaux restaient troubles, mais la piste n'était pas perdue. Et, à leurs yeux, Max ne les menait pas en bateau.

Après l'échec de la mission de Phil et de Michele et toutes les complications qui s'ensuivirent, Diana Worthen retourna à la SIU pour poursuivre l'enquête. Comme il semblait improbable que Max se montrerait dans un futur proche, s'il se montrait un jour, il ne restait plus à la SIU qu'à spéculer. Comment le KGB avait-il pu éviter de se faire prendre pendant si longtemps avec le Quatrième Homme, sans qu'aucun espion ou transfuge n'émerge pour le balancer, comme cela avait été le cas pour Ed Howard, Rick Ames et des centaines d'autres taupes du KGB débusquées au fil des années ? Il devait y avoir une explication.

11.

Saint des saints, *loc. nom.* Lieu privé et fermé, souvent conçu pour protéger les secrets de ceux qui ne font confiance à personne.

Langley, octobre 1994

COMMENT LE QUATRIÈME HOMME avait-il pu rester insaisissable pendant si longtemps, voilà qui n'allait cesser de préoccuper la SIU. Un peu à la manière du monstre du Loch Ness, son existence ne tenait qu'à des preuves intermittentes et peu convaincantes. Personne ne pouvait réellement expliquer pourquoi si peu de transfuges du KGB et d'espions avaient entendu parler de lui. Et s'il était aussi haut placé à la CIA que le prétendait Max, comment le KGB avait-il pu garder le secret pendant si longtemps ?

À l'exception de Max et d'Adolf, les Russes passés de l'autre côté n'avaient jamais entendu parler du Quatrième Homme. Iourtchenko n'avait rien à en dire ; ni aucun des dizaines d'officiers du renseignement russe en poste dans les *rézidientoura* de New York et de Washington avant de déserter. L'un d'eux, au moins, aurait dû apprendre quelque chose – n'importe quoi –, lors d'un retour à Moscou. Mais rien. On aurait dit qu'une agence de renseignement fantôme, qui n'aurait été ni le KGB, ni le GRU, avait recruté et géré le Quatrième Homme. Ou peut-être une coterie invisible du KGB particulièrement douée pour garder un secret. Peut-être un transfuge soviétique était-il en capacité de fournir une réponse.

En 1989, à trente-quatre ans, un Russe du nom de Sergueï Papouchine démissionna du KGB et se lança dans le pétrole. Au cours d'un voyage d'affaires à New York, il fut impliqué dans une rixe alcoolisée et arrêté. La police new-yorkaise appela le FBI, qui envoya des agents pour l'interroger. Papouchine refusa de coopérer, et se précipita dès le lendemain à la *rézidientoura* du KGB pour se plaindre de l'approche du FBI, mais il s'entendit répondre par les officiers de sécurité du KGB de ne pas s'en faire. Découragé, abattu, Sergueï Papouchine retourna au FBI en se retournant contre le KGB. Il serait débriefé à la fois par la CIA et par le FBI, et plus tard par le MI6 car il avait été assigné à Moscou pour le Renseignement intérieur du KGB dans la section espionnant l'ambassade britannique.

Dégoter une source qui dispose du moindre renseignement sur le KGB, quand bien même elle ne serait plus en activité, tenait du gros morceau. Tous ceux qui œuvraient dans les opérations soviétiques à cette époque savaient que l'ancêtre du FSB était hors du commun. Ses agents étaient réputés pour être des durs à cuire, provinciaux et xénophobes, qui considéraient l'Occident corrompu, corrupteur et voué à sa perte. Ils se satisfaisaient pleinement de vivre dans de minuscules appartements sans eau chaude, de conduire des tacots et d'appartenir à la section d'assaut dans laquelle l'Empire soviétique plaçait sa confiance. Parfois ils faisaient de courts déplacements à l'étranger, généralement pour surveiller des délégations soviétiques en goguette. Mais ça ne suffisait pas à éreinter leur attrait pour le monde soviétique. Ni à saper leur sincère conviction que les États-Unis étaient leur ennemi mortel, et qu'il fallait les combattre de toutes leurs forces. En d'autres termes, on avait à peu près autant de chance d'en retourner un que de gagner au loto.

En revanche, les transfuges de l'espionnage russe à l'étranger, se ramassaient à la pelle et ne cessaient de passer de l'autre côté. Notamment parce qu'ils étaient issus de l'élite gâtée et peu fiable du KGB. Vivant à l'étranger pendant presque toute leur carrière, ils ne résistaient pas aux yeux doux des centres commerciaux, des Mercedes reluisantes et des restaurants dont le menu affichait autre chose que du bortsch, des pelmeni et de la vodka bas de gamme. Si les officiers du Renseignement étranger avaient appris à distinguer la fourchette à salade de la fourchette à dessert, le revers de la médaille, c'est qu'il leur arrivait de se réveiller un beau matin, de réévaluer leurs perspectives d'avenir, de prendre l'importante décision de se rendre à l'ambassade américaine la plus proche et de déserter pour la CIA. Le GRU, l'agence de renseignement militaire russe, dont les agents étaient nombreux à poursuivre toute leur carrière à l'étranger, pâtissait des mêmes vulnérabilités. Naturellement, le KGB était moins enclin à confier ses secrets les plus sensibles aux agents du futur SVR.

À la fin des années 1980, la CIA ne connaissait les noms que de quatre officiers du futur FSB. Lacune notable lorsqu'on sait la menace persistante et réelle qu'elle constituait pour les gouvernements occidentaux, avec un record olympique de recrutement de diplomates et d'espions affectés à Moscou et dans divers coins de l'Union soviétique. L'ancêtre du FSB avait tout autant de succès auprès des hommes d'affaires occidentaux, qu'elle engageait pour passer clandestinement des technologies sous embargo et voler à l'Occident des technologies avancées. Sans oublier que c'est à l'ancêtre du FSB de Leningrad que Poutine avait commencé sa carrière.

Là où la CIA voyait juste, c'était que le Renseignement intérieur du KGB était bien meilleur dans l'observance des règles de l'espionnage que le Renseignement étranger russe.

« Rick Ames n'était pas dirigé par une équipe d'élite du KGB, m'a confié Laine Bannerman. Elle organisait des réunions bâclées au débotté, qui passaient sous les radars du FBI uniquement grâce à des coups de chance. »

Elle faisait référence à un intermédiaire du KGB, un diplomate soviétique, qui n'était pas venu à une réunion, ce qui avait obligé Rick Ames à se rendre à l'ambassade soviétique sans y avoir été invité. Les notes que lui écrivait le KGB, avec des instructions clairement formulées – qui mentionnaient même les sommes déjà versées – étaient un autre exemple de manque de sérieux. Tout aussi risqué, le chef de la Ligne KR (contre-espionnage extérieur) de la *rézidientoura*, l'antenne secrète de Washington, un homme bien connu du FBI, s'était rendu à une réunion au *Chadwicks*. Jamais le KGB n'aurait accepté de telles pratiques. Et puis il y avait eu le cas de Max. Le Renseignement intérieur russe n'aurait pas permis au moindre de ses officiers connaissant l'existence d'agents doubles de fraterniser avec un officier traitant de la CIA, comme Max l'avait fait en Afrique de l'Est puis à l'hôtel *Greenbrier*. Enfin, il était improbable que le KGB ait arrêté les agents aussitôt après leur dénonciation par Rick Ames, le plaçant dans une position d'extrême vulnérabilité. Il aurait eu la jugeote, le cas échéant, de les évincer discrètement des postes sensibles, ou d'attendre un peu plus avant de les arrêter.

Le Renseignement intérieur du KGB était si peu connu et si redouté que certains à la CIA pensaient que dans les années 1980, il avait eu toute liberté de recruter et de diriger des agents hors de l'Union soviétique sans avoir à en informer le Renseignement étranger. On pensait que les officiers du

Renseignement intérieur russe contournaient les *rézidientoura* du KGB et rencontraient leurs agents lors de courts déplacements officiels hors de l'Union soviétique. Leurs passeports diplomatiques les protégeaient de toute arrestation s'ils étaient surpris avec un agent. Le but exprès de ce contournement du Renseignement étranger ? Réduire le risque qu'un transfuge ou un espion de la *rézidientoura* ne grille ledit agent.

Il y avait un espoir que Sergueï Papouchine puisse tirer tout cela au clair. Mais il se trouva que c'était un incorrigible ivrogne, encore pire que Rick Ames. Son cryptonyme à la CIA, GTDECANTER [carafon], est suffisamment parlant sur l'opinion qu'on avait de lui à Langley (le digramme GT désigne l'Union soviétique). Mike Sulick, un officier traitant russophone qui deviendrait le directeur des Opérations de la CIA, avait emmené Papouchine dans un périple dans trois villes des États-Unis. L'homme n'avait quasiment pas dessoûlé du voyage. Dans un bar, Sulick avait dû l'empêcher *in extremis* de se battre après avoir provoqué quelqu'un qu'il avait entendu critiquer le rôle des États-Unis dans la guerre du Vietnam. Une autre fois, Papouchine avait déposé un billet de vingt dollars dans la sébile d'un mendiant, partant du principe que l'homme, en veste militaire, devait être un vétéran et qu'il méritait d'être traité avec plus de respect. En bref, tout ce que disait Papouchine devait être pris avec des pincettes.

Une chose en sa faveur : il avait été le premier à identifier GTPROLOGUE comme étant Aleksandr Zhomov. S'il ne l'avait pas reconnu sur une photographie, il aurait fallu des années à la CIA pour comprendre que Zhomov était un leurre infiltré en son sein pour l'induire en erreur dans sa chasse à la taupe. Autre élément en sa faveur, le renseignement britannique avait trouvé crédibles ses informations sur les opérations du Renseignement intérieur du KGB contre le MI6 à Moscou.

Puis, en août 1990, coup de tonnerre: Papouchine avait déclaré qu'au KGB, où il était employé, il avait entendu une rumeur selon laquelle le Renseignement intérieur du KGB aurait recruté un officier de la CIA à Moscou, vraisemblablement un officier traitant. Une telle allégation aurait dû en principe déclencher toute une série d'alarmes, mais elle avait eu lieu si longtemps après sa désertion qu'elle avait été à peine considérée. La plupart des gens avaient pensé que Papouchine souffrait de *delirium tremens,* ou qu'il pipeautait pour se donner de nouveau de l'importance aux yeux de la CIA et du FBI. À ce stade, à la CIA ou au FBI on croyait très peu possible que le Renseignement intérieur russe dirige des agents hors de l'Union soviétique.

S'il restait encore un doute sur la gravité de l'alcoolisme de Papouchine, il fut dissipé lorsqu'on le retrouva mort en février 1991, sous son lit, une bouteille de bourbon vide à ses côtés. À l'époque, il vivait dans un appartement de la CIA dans le Maryland. Naturellement, sa mort ne rendit pas plus crédibles ses allégations sur l'existence d'un agent double à la CIA.

La SIU réexamina son cas, et deux choses attirèrent son attention. Tout d'abord le KGB avait désespérément tenté de le faire revenir peu après sa désertion de 1989, ce qui ne lui ressemblait pas du tout. Ensuite, les autorités russes avaient même autorisé son père, Viktor Papouchine, lui aussi au KGB, à se rendre aux États-Unis pour le faire revenir à la raison. Mais Papouchine fils ne s'était pas laissé convaincre, et son père était retourné à Moscou, où sa carrière s'était arrêtée net. La SIU se demandait pourquoi le KGB avait déployé tant d'efforts pour récupérer un transfuge subalterne, somme toute assez inoffensif. Craignait-il que Papouchine possède des informations sur un agent double à la CIA, et devait-il le soustraire aux griffes des Américains avant que, dans un moment de lucidité, il ne se souvienne d'un détail stratégique?

La SIU regarda de plus près les propos de Papouchine sur un agent double de la CIA, et une chose attira son attention : Papouchine pensait que l'officier de la CIA avait été affecté à Moscou ; il n'avait pas dit qu'il en avait la preuve. Il avait exprimé clairement qu'à sa connaissance, le Renseignement intérieur du KGB avait recruté l'officier de la CIA lors de son passage à Moscou au cours d'une mission temporaire, ou même hors de l'Union soviétique. Aux yeux de la SIU, le fait qu'il ait ainsi nuancé ses propos donnait de la crédibilité aux affirmations de Papouchine. Cet élément, associé au fait qu'il n'avait pas une réputation de mythomane, conduisit la SIU à accorder plus de crédit que d'autres ne l'avaient fait avant à son histoire d'agent double du KGB à la CIA. Bien que ces allégations n'eussent pas reposé sur grand-chose, elles restèrent dans la matrice – assorties d'un gros astérisque spécifiant que cela ne constituait en rien une preuve. Comme l'avait enseigné leur mentor, David Blee, une piste, quelle qu'elle soit (même tirée par les cheveux), doit rester dans la matrice.

Cela ne prendrait tout son sens que plus tard, mais la SIU trouva extrêmement curieux que contrairement aux pratiques habituelles, la piste de Sergueï Papouchine concernant une taupe à la CIA n'ait pas été incorporée dans la base de données du contre-espionnage de la Division soviétique. Compte tenu de la manière dont le système était conçu, aussi douteuses qu'eussent pu sembler les allégations de Papouchine, elles auraient quand même dû y être intégrées. La SIU n'avait aucun moyen de savoir s'il s'était agi d'une négligence ou d'une omission intentionnelle.

Et comme si le cas Papouchine ne laissait pas suffisamment de questions en suspens, il y eut autre chose. Peu de temps après la mort de Papouchine, Rick Ames se rendit dans le réduit, la chambre forte conçue après les pertes de 1985-1986, et destinée à l'administration des Opérations soviétiques internes en lien avec le contre-espionnage, et mentionna en passant qu'il avait rendu visite à Papouchine la veille du jour où on l'avait retrouvé mort. Rick Ames n'en révéla pas la raison, seulement qu'il accompagnait le responsable habituel de Papouchine, Rod Carlson. Le réduit trouva étrange que Carlson l'ait invité, car Rick Ames ne faisait plus partie des Opérations soviétiques et il n'y avait aucune raison qu'il rencontre un transfuge. Une des hypothèses envisagées par la SIU fut que Rick Ames avait demandé à Carlson de le laisser rencontrer Papouchine pour s'assurer que ce dernier ne savait rien qui pût l'incriminer. Ou alors, l'officier traitant de Rick Ames au KGB aurait pu le missionner pour déterminer si Papouchine possédait des informations sur le Quatrième Homme. Quoi qu'il en soit, comme la SIU n'avait aucun moyen de le vérifier, Rick Ames étant en prison, cela restait une hypothèse.

Tant de mystères sur l'étrange affaire de Papouchine étaient restés irrésolus, mais pour la SIU – et pour ceux qui reprirent le cas ensuite – elle laissait entrapercevoir la possibilité que le Quatrième Homme ait pu être recruté par le Renseignement intérieur russe et lui rendre des comptes. Ce qui aurait expliqué pourquoi les agents et les transfuges du Renseignement étranger, n'aient entendu que de vagues rumeurs à son sujet et qu'il ait pu rester un agent russe fantôme pendant si longtemps.

À ma connaissance, on n'a pas déterminé officiellement si le Renseignement intérieur du KGB opérait indépendamment à Washington. Mike Rochford, l'agent du FBI à qui l'on doit la capture de Robert Hanssen, m'a écrit que Vitali Iourtchenko avait dit à ses débriefeurs de la CIA et du FBI qu'il savait que le Renseignement intérieur russe dirigeait des agents hors de l'URSS, indépendamment du Renseignement étranger. Mais selon ce que m'ont dit d'autres officiers du contre-espionnage de la CIA et du FBI, il n'existe pas de consensus sur ce point ; les preuves sont tout simplement insuffisantes pour l'étayer dans un sens ou dans l'autre.

Un ancien officier du MI6 m'a confié qu'à un certain moment, son service avait envisagé la possibilité que certains des cas les plus sensibles du KGB à l'étranger aient été gérés par le Renseignement intérieur russe. Lui était de cet avis, car les agents les plus dignes de confiance du KGB étaient au Renseignement intérieur et s'occupaient donc des affaires les plus importantes. Le MI6 avait aussi entendu dire que les officiers qui supervisaient ces affaires, ceux qui en connaissaient tous les détails, ne quittaient jamais Moscou afin de prévenir toute désertion. Cet ancien officier du MI6 m'a écrit : « Apparemment, c'était une partie explicite de l'accord passé avec eux – les meilleurs dossiers en échange d'une interdiction de travailler à l'étranger. » Au lieu des officiers confinés à la Loubianka, selon le MI6, le Renseignement intérieur russe prenait la précaution d'utiliser des messagers spéciaux pour rencontrer les agents, souvent des agents voyageant avec des délégations commerciales. Ou parfois des équipages d'Aeroflot.

Autre personne à souvent se demander dans quelle mesure le Renseignement intérieur russe était actif aux États-Unis : un ancien collègue qui dirigeait autrefois les Opérations russes de la CIA. Il n'a pu me donner aucun exemple connu d'agent du Renseignement intérieur russe à Washington, mais il m'a dit qu'il avait l'avantage de posséder un nombre limité d'officiers de toute confiance susceptibles d'être mis à contribution pour gérer un agent comme le Quatrième Homme, que ce soit à l'intérieur ou à l'extérieur de l'Union soviétique. Selon lui, le Renseignement intérieur russe avait les « pré-connexions » nécessaires pour lui permettre de gérer les affaires au plus haut niveau. Ce qui expliquait notamment pourquoi le Renseignement intérieur russe avait toujours eu plus de poids que le Renseignement étranger, avait-il ajouté.

Il m'avait cependant mis en garde : tracer une ligne arbitraire entre les deux était une grave erreur. Ils n'étaient pas obligatoirement en rivalité et, dans la pratique, leurs officiers les plus fiables se coordonnaient pour les affaires les plus importantes. Dans certains cas, les officiers du Renseignement étranger en qui le Renseignement intérieur avait confiance étaient envoyés à l'étranger pour gérer des agents particulièrement précieux recrutés par le Renseignement intérieur. Pour protéger leur couverture, ils étaient infiltrés au plus profond des ambassades russes, généralement à des postes subalternes comme chauffeurs, ou cuisiniers. Ce type d'officiers fantômes étaient ainsi presque impossibles à repérer.

Un de ses anciens officiers m'a expliqué que le Renseignement intérieur du KGB préférait toujours utiliser ses propres officiers pour les contacts d'agents à l'étranger. Le plus souvent, ses agents s'infiltraient dans des délégations officielles où les opportunités de s'éloigner et de rencontrer leurs agents étaient nombreuses. Les rencontres n'étaient jamais coordonnées avec la *rézidientoura* locale, et certainement pas avec l'ambassade soviétique, faute de faire confiance au Renseignement étranger.

Comme l'a ajouté cet ancien officier du Renseignement intérieur russe, les opérations à l'étranger étaient supervisées par une section ultrasecrète à l'intérieur de la Loubianka, le siège de style néobaroque du Renseignement intérieur du KGB dans le centre de Moscou (un bâtiment occupé par la compagnie d'assurances All-Russia avant la révolution d'Octobre de 1917). L'antenne était tout simplement appelée « Renseignement ». Son bureau était situé dans la vieille partie du bâtiment qui n'avait pas été rénovée depuis les années 1920. Pas de cartes ou d'images sur les murs sombres, au sol une moquette verte sans éclat. Rien n'indiquait la présence de coffres ou de classeurs. Aucune porte n'affichait de nom, seulement des numéros. Pour trouver les bureaux de la section du Renseignement, il fallait savoir où aller. Il n'existait aucun moyen d'appeler directement ses officiers, qui n'apparaissaient nulle part dans les registres du personnel ni dans aucun annuaire du KGB.

La section du Renseignement, m'a-t-il expliqué, ne dirigeait pas ses agents selon les pratiques habituelles du KGB. Cet ancien officier du Renseignement intérieur du KGB m'a confirmé qu'à la Loubianka, les employés qui supervisaient les affaires d'agents sensibles n'avaient pas le droit de sortir du pays, pas même avec des délégations soviétiques officielles. Ils s'arrangeaient pour que les « voyageurs autorisés » du Renseignement intérieur entrent en contact avec des agents. En revanche, ils ne leur faisaient pas suffisamment confiance pour leur indiquer les noms ou la localisation des agents en question ; on leur disait juste où passer prendre ou déposer quelque chose dans un lieu secret ou d'organiser de très brèves rencontres. Au passage, il m'a affirmé que ce régime avait tenu pendant la période chaotique de la présidence Eltsine, qu'il était toujours en vigueur et que les officiers de la section du Renseignement n'avaient toujours pas le droit de se rendre à l'étranger.

Enfin, il a précisé que les dossiers de la section du Renseignement n'étaient pas non plus gérés de la manière habituelle. On se référait aux agents par des pseudonymes. Les numéros de téléphone et autres éventuels identifiants étaient codés. Les descriptions de certaines sources des rapports produits par un agent de la section du Renseignement étaient délibérément embrouillées. Par exemple, si la source d'un rapport était un agent, le rapport pouvait prétendre qu'il avait été intercepté. Enfin, la section du Renseignement était généralement peu encline à agir sur la base des renseignements qu'elle obtenait. Si par exemple elle démasquait un espion britannique au sein du gouvernement soviétique, elle préférait le laisser en place plutôt que de risquer de perdre l'agent qui l'avait confondu.

Lorsque je me suis mis à faire des recherches à Moscou, dans la quête chimérique d'un retraité du Renseignement intérieur du KGB susceptible de corroborer mes informations sur la section du Renseignement, on m'a opposé un silence sépulcral. On me l'a répété maintes fois : les Russes considèrent encore aujourd'hui que les années 1980, c'était hier, et les officiers du Renseignement intérieur à la retraite sont soumis aux mêmes restrictions qu'au plus fort de la Guerre froide. Peu leur importait que je présente une bonne image de la Russie, ou une illustration de l'excellence du renseignement russe. Le deuxième transfuge du Renseignement intérieur que j'avais réussi à trouver a cessé de me répondre à la minute où je lui ai posé des questions sur la section du Renseignement.

J'en tire la conclusion que rien de ce qui concerne le Renseignement intérieur russe ne doit être pris pour argent comptant, et que les mécanismes de gestion des agents du Renseignement intérieur russe à l'étranger, tout comme ses succès, sont à peu près impossibles à corroborer. Mais on comprend facilement pourquoi l'hypothèse d'un Quatrième Homme aux ordres du KGB fascine à ce point la SIU. L'équipe a remué ciel et terre pour trouver le plus petit indice susceptible de l'étayer. Cela explique certainement comment le KGB et le Quatrième Homme ont pu jusqu'ici lui échapper. C'est une possibilité que même le FBI envisage de plus en plus sérieusement. En ajoutant le Renseignement intérieur russe – et peut-être la mystérieuse section du Renseignement – au mélange, la SIU se retrouvait devant un niveau d'expertise rendant une taupe, pour ainsi dire, impossible à débusquer.

12.

Intuition, *n.f.* Une impression qui vient des tripes.

Langley, octobre 1994

POUR LA SIU, impossible de balayer tout cela sous le tapis. Max était peut-être un leurre, le Quatrième Homme était peut-être un piège, ils faisaient peut-être face au Renseignement à l'intérieur d'un autre service de renseignement, mais il leur fallait avancer, trouver un sens. Compte tenu des correspondances entre les pertes russes inexpliquées et du fait que le nombre de personnes mises au courant se réduisait à moins d'une douzaine, il était temps de se focaliser sur un seul et unique profil du Quatrième Homme.

Tel était à présent le problème : la SIU, l'Unité d'Investigation Spéciale, était sur le point de faire grincer quelques dents. Et elle le savait. Tous les suspects avaient été ou étaient des officiers haut gradés qui avaient fait leur traversée du désert pour se hisser là où ils étaient arrivés. Ils se considéraient comme le haut du panier, et ne toléreraient aucune mise en doute de leur loyauté. Par-dessus le marché, sitôt l'un d'entre eux sur le gril, on pouvait compter sur les autres pour serrer les rangs et riposter. Comme j'ai pu en faire l'expérience durant ma propre enquête.

Quand j'ai commencé à poser des questions sur la liste des suspects, la moitié de mes sources se sont refermées comme des huîtres. Mes mails restaient sans réponse, mes coups de fil sonnaient dans le vide. Lorsque j'ai appelé Burton Gerber, chef de la Division soviétique en 1985, à l'époque où Rick Ames avait proposé ses services au KGB, pour lui dire que j'avais en main la liste des suspects, il a fulminé : « On n'aurait jamais dû vous donner ça ! »

Si la SIU avait eu, au final, une liste de suspects moins ambitieuse, moins haut placée, qu'on puisse facilement mettre au placard en attendant la fin de l'enquête, tout aurait été beaucoup plus simple. Mais vu la longévité de la traîtrise du Quatrième Homme, la conséquence logique était qu'il s'agisse d'un haut gradé (comme l'avait avancé Max). Quelqu'un qu'on ne pouvait accuser de trahison à la légère.

Comme si cela ne suffisait pas, la guerre civile continuait de faire rage entre la CIA et le FBI au sujet de la capacité de la Russie à tromper ses ennemis. À un degré ou à un autre, tout le monde vivait dans la paranoïa de James Angleton et son complot monstre du KGB, qui voyait en chaque transfuge ou espion russe faisant surface chez le renseignement américain l'avatar d'un complot de désinformation ultra-sophistiqué. Le sujet des transfuges russes tenait quasiment de la controverse théologique. Et les soupçons tournant autour de Max et du Quatrième Homme jetaient de l'huile sur un feu déjà violent.

La paranoïa et la méfiance atteignirent un niveau tel que Ed Price et Paul Redmond se retrouvèrent sur la liste des suspects. Ce qui ne les avait sans doute pas surpris. On leur avait expliqué le cas des agents mystérieusement démasqués et ils savaient qu'ils allaient figurer sur la liste. Diana Worthen et

Laine Bannerman elles aussi y étaient. Elles avaient essayé d'en rire, y voyant comme une légion d'honneur qui serait venue confirmer leur statut d'initiées. Mais au fond, cela eut comme effet de rendre encore plus toxique l'atmosphère déjà irrespirable dans laquelle tous étaient forcés de travailler. Après tout, quand on vous soupçonne d'être un traître, il ne peut en être autrement. Encore une chose qui vint entacher les découvertes de l'enquête sur le Quatrième Homme.

Si la SIU faisait son possible pour ignorer les intuitions et les animosités personnelles, il lui était impossible de les éviter complètement. Dans la traque du Quatrième Homme, tout en haut de la liste des suspects figurait Milt Bearden. En réduisant les Opérations russes au début des années 1990, il avait davantage porté préjudice aux renseignements collectés sur la Russie que quiconque à l'exception d'Ed Howard et de Rick Ames. Le fait qu'il eût une épouse étrangère (française), et qu'il eût servi en Afrique, terrain de chasse privilégié des recruteurs d'espions, n'aidait pas. Circonstance aggravante, Bearden ne faisait même pas semblant de se conformer aux stricts protocoles de compartimentage de la division russe, et se donnait même du mal pour les tourner en ridicule. Lorsqu'il accusa les chasseurs d'espion de « faire bloc pour défendre leur bout de gras », ceux-ci interprétèrent l'insulte de la pire des manières possibles – à savoir qu'il se souciait comme d'une guigne de ce qui pourrait fuiter et atterrir à Moscou. Milt Bearden avait toujours une badine qu'il faisait claquer sur son bureau pour bien rappeler à tous qui était le patron.

L'hostilité à l'encontre de Bearden atteignit un tel niveau qu'à un moment, Sue Eckstein, une agente en coulisses, imprima ce qu'elle pensait de lui et en distribua des copies à tous les membres de la division pour qu'ils les collent au-dessus de leur bureau. « L'arrogance sans substance est la mère de la catastrophe », pouvait-on y lire. Personne ne le lui disait en face, mais tout le monde savait que personne ne pouvait le supporter. Du point de vue de ceux qui étaient dans les tranchées des opérations russes, le renseignement russe n'aurait pas pu trouver mieux que Bearden.

Pendant son affectation à la Division soviétique au milieu des années 1980, Milt Bearden savait exactement dans quelle méfiance le tenait la base, ou à quel point d'ailleurs les chefs de la CIA se faisaient peu confiance entre eux. Un jour, il fut convoqué avec le directeur du Contre-espionnage, Gus Hathaway, par Bill Casey, le directeur de la CIA sous Ronald Reagan. Les pertes des agents russes des années 1985-1986 étaient encore très présentes dans tous les esprits, et Casey voulait savoir où en était l'enquête. Lorsque la conversation s'orienta vers les suspects, il grommela : « Est-ce que je suis sur la liste ? » Bearden ne put résister : « Oui, tout en haut. » Évidemment, Casey savait que Bearden plaisantait, mais cela montre à quel point le spectre d'Angleton hantait la CIA, et qu'il était possible d'y soupçonner un haut gradé comme Bearden d'être une taupe russe.

Milt Bearden était tout à fait conscient d'être sur la *short list* des suspects pour les pertes de 1985-1986, largement imputées à Rick Ames. Il a raconté qu'un jour, le chef du Contre-espionnage, Gus Hathaway, avait pris à part Burton Gerber, le chef de la Division soviétique et le patron de Milt Bearden, pour lui demander : « À quel point peut-on faire confiance à Bearden ? » Hathaway l'avait averti qu'on ne saurait être trop prudent lorsqu'il s'agissait de personnes extérieures aux Opérations soviétiques, de quelqu'un qui n'avait été ni contrôlé à fond, ni formé par la maison. Il avait rappelé à Burton Gerber qu'à partir du moment où Milt Bearden avait servi en Asie orientale et en Afrique, il était par principe suspect. Gerber lui avait répondu qu'il se trompait à propos de Milt Bearden, qu'il était aussi digne de confiance qu'un autre. Rassuré ou pas, Gus Hathaway avait demandé à Gerber de ne pas en piper mot à Milt Bearden. Burton Gerber en avait parlé quand même. Furieux, Bearden avait dit à Gerber de faire savoir à Hathaway qu'à la moindre insinuation au sujet de sa loyauté, il le balancerait du toit de Langley.

Mais Milt Bearden était loin d'être le seul suspect. Lorsque John MacGaffin avait pris sa suite en 1992, ils étaient allés ensemble à Moscou présenter MacGaffin aux Russes. Alors que l'avion venait de décoller de l'aéroport de Dulles, Bearden avait demandé à MacGaffin s'il savait pourquoi on lui avait confié la direction. MacGaffin n'en avait pas la moindre idée. Bearden lui répondit que c'était parce qu'il était le seul officier haut gradé qui n'était pas susceptible d'avoir balancé les agents perdus en 1985 et 1986. MacGaffin m'a confirmé que Bearden ne plaisantait qu'à moitié.

Alors même qu'il supervisait la traque de Rick Ames, Paul Redmond était lui aussi sur la liste. Il excellait dans le domaine du renseignement russe, et avait donc tout naturellement été choisi pour superviser l'enquête sur le Quatrième Homme. Après l'arrestation de Rick Ames, il avait gagné le statut de vedette du contre-espionnage. Un jour MacGaffin, numéro deux de Ted Price, avait fabriqué une silhouette en carton grandeur nature de Redmond et l'avait posée dans un coin de son bureau pour célébrer son tout nouveau statut. Ce n'était qu'une blague potache, mais elle n'en donnait pas moins une idée de la place qu'occupait Redmond à la CIA.

Comme tout bon chasseur de taupes, Redmond savait garder l'esprit ouvert. Si l'occasion s'était présentée, il aurait été le premier à dire à la SIU de jeter un œil sur lui, tout comme il avait intimé à ses collègues au beau milieu de la traque de

Rick Ames de ne pas l'exclure de la liste des suspects. Paul Redmond avait également la réputation de connaître la Russie et ses services de renseignement mieux que quiconque à la CIA. Plus tard, sa qualité d'expert traqueur d'espions se répandit par le biais du petit écran lorsque la chaîne ABC diffusa une série inspirée de la traque de Rick Ames où Redmond était dépeint comme un homme pataugeant dans une mauvaise passe.

Pour présenter un chasseur de taupes, la télé n'aurait pu trouver mieux. Paul Redmond était un petit homme qui portait des nœuds papillon, des chemises à carreaux et les manches retroussées. Sa bedaine laissait supposer qu'il avait davantage passé sa vie penchée sur ses dossiers qu'à la salle de sport. Il possédait une maison miteuse dans le quartier de Capitol Hill, et conduisait un tacot pétaradant affublée d'un autocollant : « Cette voiture n'est pas abandonnée. » Les gens qui passaient à côté dans le parking de la direction remarquaient la ceinture de sécurité du conducteur, qui dépassait toujours de la portière. Tout cela indiquait qu'il n'était pas un bureaucrate fédéral laborieux typique du style à conduire un mini-van et relégué dans les banlieues mornes de la Virginie du Nord. En outre, il ne manquait pas une occasion de faire savoir qu'il avait étudié à Harvard. Pour compléter le tableau, Redmond avait fait en sorte de se forger une réputation d'homme distant, susceptible de tomber très vite dans l'arrogance. Lorsqu'il surprenait ses collègues à faire des pronostics sur le prochain match de football de la NFL, il interrompait la conversation avec une remarque du style : « Comment peut-on s'intéresser à ce genre de connerie ? » D'aucuns pensaient que son aigreur était due à la stagnation de sa carrière à Langley, trop longtemps cantonnée à des postes médiocres. Ce ne fut qu'après l'arrestation de Rick Ames que la carrière de Paul Redmond décolla enfin.

Mais l'homme ne manquait pas d'humour. En 1989, numéro deux de la Division soviétique, il avait visité une antenne d'Europe de l'Est particulièrement surveillée. Le jour de son arrivée, le chef de poste l'avait promené dans la ville en lui montrant toutes les voitures qui les suivaient partout. Le soir venu, il s'était garé devant chez lui, et avait annoncé à Redmond qu'un piéton n'allait pas tarder à apparaître au coin de la rue, un sac sur l'épaule. Le chef lui avait expliqué que ce sac contenait une caméra cachée qui servirait à prendre une photo de son invité, de Redmond, donc. Les yeux de ce dernier s'étaient mis à briller, et il avait dit : « Regardez. » Dès que l'homme au sac s'était approché, Redmond s'était mis à parler très fort en russe. Les jours suivants, le chef avait fait l'objet d'une surveillance de chaque instant pour tenter de découvrir qui était le mystérieux homme russe. Un matin, en sortant de chez lui, il trouva ses quatre pneus crevés. Apparemment, les gens qui filaient Redmond n'avaient pas apprécié sa petite blague.

Tout le *Who's who* des Opérations russes de Langley se retrouva sur la liste des suspects. Burton Gerber y figurait parce qu'il avait été chef de poste à Moscou, puis chef de la Division soviétique au moment des pertes de 1985-1986. Il aurait pu être dans la position de donner Oleg Gordievsky et les deux autres officiers du renseignement russe trahis en mai 1985. Il aurait également pu trahir Adolf Tolkatchev avant quiconque. Sans parler de son côté excentrique, que le KGB aurait pu exploiter. À Moscou, il avait interdit à son personnel de danser, estimant ce comportement lascif. Puis, de retour à Langley, il avait interdit aux hommes de sa division de porter des chemises roses (un officier de la Division soviétique m'assura que Burton Gerber plaisantait, pour la couleur des chemises).

Gardner Hathaway, chef du contre-espionnage avant Ted Price et ancien chef à Moscou qui avait dirigé Adolf Tolkatchev le premier, figurait lui aussi sur la liste. Son accès aux affaires internes russes et son mariage avec une Allemande – que certains accusaient d'avoir de la famille en Allemagne de l'Est – le justifiaient amplement. Son approche laborieuse, presque indifférente, de la chasse à la taupe ne faisait rien pour lever les soupçons de la SIU à son encontre : on aurait presque dit que découvrir le fin mot des pertes de 1985-1986 ne l'intéressait pas du tout.

La SIU considérait de même les différents directeurs de la CIA. Mais la plupart n'étaient pas briefés en détail au sujet des opérations russes. Aucun directeur, par exemple, n'avait rien su de la manière dont la section URSS avait géré les cartes 3 × 5. Et ils auraient encore moins pu en faire des copies. Quoi qu'il en soit, leur service ne correspondait pas à la chronologie de l'espionnage du Quatrième Homme au bénéfice des Russes.

La SIU avait également placé Ted Price sur la liste, tout comme son prédécesseur au Contre-espionnage et ancien chef de l'antenne de Moscou, Jim Olson. Les deux avaient été mis au courant de nombre de ses affaires de dénonciations russes. Olson était le chef des Opérations soviétiques en 1985 lorsque Aldrich Ames avait dénoncé au KGB la plupart des agents soviétiques qui travaillaient pour la CIA. Mais leur mandat à ces postes ne collait pas avec d'autres trahisons inexpliquées. Bien sûr, il restait toujours possible que les Russes aient dirigé plusieurs taupes dans les plus hauts rangs de la CIA, mais même malgré les soupçons les plus sombres de la SIU, son équipe ne l'aurait pas envisagé sans avoir des preuves solides. Ce qui les laissait avec un seul et unique suspect…

* * *

La SIU fit son possible pour éviter les intuitions et coller aux faits de la matrice et du profil, sachant pertinemment à quel point les caractères excentriques et les personnalités conquérantes pouvaient être trompeurs. Par exemple, ses quatre membres avaient apprécié Edward Lee Howard et, avant qu'il ne fasse désertion, ils étaient convaincus que jamais il n'aurait trahi son pays. Ils savaient que Rick Ames était un *loser,* mais cela ne suffisait pas à en faire un espion. Donc rien de lié à l'intuition ne fut ajouté à la matrice ou au profil. Mais la SIU tenait ce qu'elle appelait un « registre des ragots » – la liste des faiblesses potentielles et des défauts personnels des suspects de la liste. Il eût été utile de pouvoir croiser les détails importants avec les renseignements contenus dans les dossiers de sécurité, mais elle n'avait pas cette autorité.

Malgré leur infatigable professionnalisme, les trois femmes de la SIU ne pouvaient faire abstraction du fait que, pour le dire gentiment, elles n'étaient pas toujours favorablement impressionnées par leurs patrons de la CIA. Il y avait une bonne raison à cela : elles avaient été aux premières loges pour constater que leurs chefs ne s'étaient pas montrés à la hauteur avec Ed Howard et Rick Ames. La manière dont Rick Ames avait été géré irritait particulièrement Diana Worthen. Ayant travaillé avec lui à Mexico, elle le savait alcoolique et paresseux à l'extrême. À l'époque, elle estimait totalement inepte de le nommer à la tête du Contre-espionnage soviétique. Mais personne ne lui avait demandé son avis. Elle avait signalé les dépenses de Aldrich Ames à Jeanne Vertefeuille en 1989, mais comme cette dernière avait déjà son idée sur qui était la taupe, elle n'y avait pas prêté attention. Ce fut d'autant plus frustrant lorsqu'alors même que le nom de Rick Ames montait dans la liste des suspects, Milton Bearden s'était arrangé pour lui donner une promotion. Ajoutant l'injure à la blessure, il avait chargé Rick Ames d'écrire le câble mettant un terme à l'espionnage américain du KGB, destiné au monde entier. Aujourd'hui encore, Diana Worthen reste convaincue que ses chefs se sont plantés dans les grandes largeurs en n'ordonnant pas une sérieuse chasse à la taupe dans les années 1980. À ses yeux, c'est à cause d'eux qu'il avait pu trahir impunément pendant neuf ans.

Laine Bannerman, Diana Worthen et Maryann Hough étaient persuadées que leurs chefs souffraient d'une ambition débridée et d'un *ego* démesuré, tandis que les officiers traitants, des mâles *alpha*, gravissaient les échelons avec les dents. Elles savaient aussi que le ressenti était réciproque, et qu'eux-mêmes les considéraient comme des entraves à leur carrière. Ce ne fut que lorsque l'équipe de Paul Redmond finit par attraper Rick Ames que le contre-espionnage fut considéré comme un tremplin vers le sommet. En outre, une bonne partie de cette animosité était en rapport avec un syndrome classique « terrain contre siège », où des rats de bibliothèque empêchaient les tigres de chasser. Un chef de poste ayant œuvré en Europe de l'Est m'a confié qu'il considérait les chasseurs de taupes comme des « escrocs » qui n'arrêtaient jamais de lui faire la leçon sur la surveillance sans jamais s'y soumettre eux-mêmes.

Laine Bannerman avait des griefs évidents envers sa direction. Lorsque John Hall l'avait renvoyée du contre-espionnage, il ne s'était pas donné la peine de lui expliquer pourquoi, et encore moins de l'aider à trouver un nouveau poste. Selon elle, cela avait un rapport avec le fait qu'elle avait rédigé des années plus tôt ce qu'elle estimait être une étude sévère mais juste du fonctionnement d'un poste européen, dirigé à l'époque par John Hall. Lorsque, passé chef du contre-espionnage, il était devenu son supérieur, il avait paru trouver le moment opportun pour exercer sa rancune. Bannerman n'en fut pas autrement surprise. Les chefs de poste de la CIA n'apprécient jamais qu'on leur dise qu'ils dirigent des opérations bâclées, et surtout pas de la bouche des gratte-papier de Langley.

Mais c'était surtout de Milt Bearden qu'elle se méfiait, principalement à cause de ce qu'elle considérait comme les dégâts qu'il avait infligés à la Division soviétique, qu'elle chérissait tant. Lorsque Bearden reprit les rênes, elle était à la tête d'une petite unité de contre-espionnage en son sein appelée *Production Review Branch*, ou PRB. Contrairement à ce que son nom inoffensif laissait croire, la PRB était un élément indispensable du contre-espionnage soviétique parce qu'elle détenait la base de données de contre-espionnage russe. La CIA m'a demandé de ne pas décrire ce que contenait cette base de données ni de révéler comment elle avait été composée, mais ce que je peux dire, c'est que c'était le joyau de la couronne du contre-espionnage du KGB à la CIA, à la fois irremplaçable et indispensable à la traque du Quatrième Homme. En bref, une bonne partie du programme de contre-espionnage russe de la CIA reposait sur les épaules de Laine Bannerman et de ses analystes de la PRB.

Lorsque l'Union soviétique s'effondra en 1991, la base de données de contre-espionnage russe resta quelque temps dans la nouvelle division russe. Mais lorsque le vent politique se mit à tourner, Milt Bearden estima qu'il fallait la détruire, partant du principe que la Russie étant devenue une alliée, cette base de données n'avait plus de raison d'être. Il n'avait pas l'air de se soucier du fait qu'elle serait impossible à reconstituer. « Pourquoi ne pas au moins l'envoyer aux archives ? » demanda Bannerman. Comme elle le dit : « Il fallait être sourd et aveugle pour ne pas voir que les Russes savaient exactement ce qu'ils faisaient. Ils nous avaient tendu un piège et nous avions sauté dedans à pieds joints. »

La CIA eut un aperçu du dédain dans lequel le renseignement russe tenait Milt Bearden et la CIA grâce à un agent russe qui lui fournit la transcription d'une réunion à Moscou organisée entre les officiers du renseignement russe et leurs homologues de la CIA. Comme d'habitude, rien ne ressortit de cette réunion mis à part les toasts à la vodka d'usage et des promesses creuses d'amitié éternelle. Mais lorsque les Américains quittèrent la pièce, on put y lire que les participants russes avaient passé les dix minutes suivantes à se moquer de la naïveté de Milton Bearden et de la CIA, qui à leurs yeux n'avaient pas la moindre idée de la manière dont fonctionnait la Russie. L'idée générale était la suivante : est-ce que ces connards arrogants pensent vraiment qu'ils nous ont battus et que nous sommes une sorte de colonie qui va leur lécher les bottes pour les remercier ? Bien entendu, cette dernière partie de la transcription ne fut lue que par quelques personnes et ne fut pas distribuée dans la division.

En temps normal, Laine Bannerman n'aurait rien dit. Mais lorsque la question de la base de données du contre-espionnage russe arriva à l'ordre du jour, c'en fut trop pour elle. Au cours d'une réunion où Milt Bearden affirma qu'il était temps de la détruire, elle expliqua sans ambages que ce serait de la folie pure. Même si on changeait d'avis au bout d'un moment, plaida-t-elle, il n'y aurait aucun moyen de la reconstituer.

Elle balaya la pièce du regard en quête de soutien, et n'obtint pour toute réponse qu'un silence gêné. Paul Redmond ne prononça pas un mot, alors qu'il était aussi conscient qu'elle de l'importance de cette base de données, et qu'il était réputé tenir tête à Milt Bearden. Un collègue avec qui elle avait travaillé en binôme pendant des années fixait obstinément ses chaussures. Elle avait perdu. À la fin de la réunion, elle courut trouver Jim Olson, le nouveau chef du Contre-espionnage, et lui demanda d'accueillir la base de données du Contre-espionnage russe dans son centre. Il accepta, et Laine Bannerman finit par travailler pour lui. Milt Bearden nie catégoriquement avoir ordonné la destruction de la base de données, et il ne peut expliquer son transfert.

Laine Bannerman n'aimait pas Paul Redmond, et n'appréciait pas du tout sa façon de garder les secrets pour lui. Elle savait qu'il lui arrivait même d'écarter les chefs, y compris Milt Bearden. Il lui fit le même coup. Elle se sentait incomprise. Il aurait dû comprendre qu'elle ne pouvait pas faire son travail correctement sans être en possession de tous les éléments. Et elle n'aimait pas non plus l'habitude de Paul Redmond de gérer les agents qu'elle qualifiait d'« escamotés. » Comme pour Max et Adolf, aucune information à leur sujet n'intégrait les câbles. Mais le vrai problème, c'était que Paul Redmond n'écrivait pas de mémos et ne prenait pas de notes sur ce qu'il apprenait de ses agents. Bannerman pensait qu'il avait découvert une information en or susceptible de révolutionner l'affaire sur laquelle elle travaillait. Mais il ne se donnait pas la peine d'expliquer son raisonnement. Elle estimait que son approche du contre-espionnage s'apparentait davantage à la quête d'un chevalier errant du roi Arthur qu'à l'activité d'un fonctionnaire chargé de consigner ses opérations.

La seule fois où Laine Bannerman travailla directement avec lui fut lorsqu'il lui demanda d'évaluer un volontaire du Renseignement intérieur russe. Cette affaire est encore si sensible que la CIA m'a demandé de ne pas utiliser son cryptonyme, et bien sûr de ne pas mentionner son nom. Je l'appellerai Alex. Quand Alex fit son apparition en 1990, Paul Redmond était encore chef adjoint de Milt Bearden à la Division soviétique. Selon les procédures normales, Alex aurait dû, au moins au début, rencontrer un officier traitant là où la première rencontre avait eu lieu, à Berlin. Mais comme il l'avait fait avec ses autres cas « escamotés, » Redmond se chargea lui-même d'Alex et envoya des officiers traitants de Langley directement sous ses ordres le rencontrer à Berlin. Il y aurait pu y avoir toutes sortes de raisons à cela, comme la traque de Rick Ames. Mais ce qui ennuyait Laine Bannerman, c'est que rien de ce qui concernait Alex n'apparaissait jamais dans la base de données de contre-espionnage de la Division soviétique. Ces informations n'étaient même pas partagées avec les analystes qui suivaient le Renseignement intérieur russe. Cette lacune était d'autant plus déroutante qu'à ce stade, la CIA ne savait toujours à peu près rien d'elle. Qui sait ce qu'Alex avait pu révéler sur la section « Renseignement » et les agents qu'elle dirigeait en dehors de l'Union soviétique ?

Avec Laine Bannerman, Paul Redmond se montra réticent dès le début et ne lui montra que ceux des dossiers d'Alex qui contenaient les parties concrètes de ses débriefings. Il ne lui donna ni le nom, ni la fonction d'Alex, ni aucun autre détail permettant de l'identifier. Il ne lui révéla pas non plus d'autres éléments comme les raisons pour lesquelles Alex s'était porté volontaire pour renseigner la CIA, si c'était pour des questions d'argent, de vengeance ou d'idéologie – des informations cruciales pour déterminer le sérieux d'un agent et la fiabilité de ses rapports.

Une autre chose ennuyait Laine Bannerman au sujet d'Alex : son dossier n'était constitué que de notes et de mémos manuscrits au lieu des câbles et des mémos que l'on trouve normalement dans un dossier 201. Par conséquent, Bannerman ne savait pas trop quoi penser de lui. À première vue il semblait légitime mais, faute d'en savoir davantage, elle ne pouvait être certaine que ce n'était pas un leurre du KGB.

Tout ce que Laine Bannerman put dire à Paul Redmond, c'est que les rapports d'Alex concordaient avec ceux d'autres agents. C'en fut assez pour Redmond, qui sortit de son bureau en grommelant un remerciement. En le regardant disparaître, Laine Bannerman se demanda combien d'autres « Alex » Paul Redmond pouvait diriger à son insu. Organisait-il sa propre chasse à la taupe ? Elle n'était pas la seule à le penser.

Quand le chef de poste de Moscou, David Rolph, fut convié au premier débriefing d'Alex à Berlin, il fut tout aussi perplexe que Laine Bannerman, incapable de décider si oui ou non, Alex était une source sincère ou un leurre du KGB. Il me confia qu'il n'avait jamais croisé d'agent aussi bizarre.

Sans la moindre explication, Rolph fut convoqué de Moscou à Berlin, avec pour seules instructions de s'y rendre par un chemin détourné pour déjouer la surveillance du KGB. À Berlin, on le dirigea vers un hôtel où devait se tenir une réunion avec un volontaire russe, un nouveau qui n'était pas encore approuvé. Mike Sulick était là aussi. Jeanne Vertefeuille était également présente pour aider à l'interrogatoire. Rolph ne fut jamais présenté à Alex par son nom.

Pendant que Mike Sulick débriefait Alex, Jeanne Vertefeuille écoutait leur entretien depuis une autre pièce. Elle envoyait des questions écrites à la salle de débriefing à mesure qu'elles lui venaient. Pour David Rolph, ces questions n'avaient pas de sens. Même chose pour les réponses d'Alex. Il ne put que déduire que les questions de Vertefeuille avaient un rapport avec les agents russes démasqués dans les années 1985-1986. Alex ne se montra pas particulièrement utile, sembla-t-il à Rolph après la réunion. Il ne fournit aucune information sur la Russie ni rien d'intéressant sur le Renseignement intérieur russe. Rolph quitta les lieux en ayant la sensation qu'il n'avait été convié à cet entretien que pour faire de la figuration.

David Rolph s'étonnait de n'avoir jamais vu le moindre câble, ni jamais entendu parler d'Alex, jusqu'à la réunion de Berlin. Et même alors, il n'était pas bien sûr de la chronologie de la chose, de la première prise de contact avec Alex, de la manière dont Langley communiquait avec lui, ou si Alex était payé ou pas. Il avait travaillé sur des cas du bloc soviétique pendant de nombreuses années, mais n'avait jamais entendu parler d'un chef de poste qui n'aurait délibérément pas été mis au courant des origines et des circonstances d'une affaire gérée depuis un pays dont il était censé avoir la charge. De retour à Langley, il demanda des renseignements sur Alex, mais personne ne semblait au courant de rien.

D'un autre côté, Sandy Grimes, qui aidait à gérer Alex depuis le quartier général, m'a confié qu'il n'était pas si étrange que Rolph n'ait pas eu accès aux informations, parce qu'à l'époque la CIA ne savait pas si le KGB avait mis sur écoute l'antenne de Moscou et s'il lisait les câbles de la CIA.

Et contrairement à Sandy Grimes, ni Laine Bannerman ni David Rolph ne furent totalement mis au courant de ce qui s'avéra être la traque de Aldrich Ames. S'il leur semblait que Paul Redmond ourdissait quelque chose, peut-être était-ce parce que c'était vrai. Pour ajouter à la méfiance, les analystes du contre-espionnage sont convaincus qu'il leur faut connaître absolument tous les détails pour faire leur travail et ils supportent mal d'être écartés. Le cloisonnement de Paul Redmond et l'arrogance qui accompagnait la restriction de l'accès aux informations brouillaient encore un peu plus les pistes.

Quoi qu'il en soit, rien de tout cela – le sabordage, ou pas, des opérations soviétiques par Milton Bearden, les agents escamotés de Paul Redmond, John Hall renvoyant Laine Bannerman ou d'autres actions inexplicables dont les chasseurs de taupes de la SIU furent témoins au fil des années – ne permet de crier à la trahison. En revanche, cela témoigne de la détermination des membres de la SIU à surmonter leurs préjugés et à conduire une traque rigoureuse et systématique, aussi proches fussent-ils des suspects. Le fait de ne pas aimer les chemises roses, de taper sur son bureau avec une badine ou de cultiver le secret jusqu'à l'obsession ne faisait pas de quelqu'un un espion. Ce n'était qu'en s'en tenant aux faits qu'ils pouvaient espérer déterminer un profil qui désignerait un officier en particulier, quelqu'un qui aurait les moyens et l'opportunité de justifier les dénonciations inexpliquées. Pour ce qu'en savait la SIU, le Quatrième Homme pouvait très bien être leur officier préféré de la direction des Opérations…

13.

Fait, *n.m.* Ce que l'on tient pour évidemment vrai.

Langley, novembre 1994

DÈS LE DÉBUT DE SA CARRIÈRE, Laine Bannerman avait compris que le contre-espionnage n'avait rien d'un conte de fées. Cendrillon n'arrive pas toujours à l'heure au bal, la Belle ne tombe pas toujours amoureuse de la Bête, et les chasses à la taupe complexes, truffées de pistes incertaines et contradictoires, finissent rarement bien ficelées comme des paquets cadeaux. À l'exception de taupes négligentes comme Aldrich Ames, qui laissait traîner des preuves dans sa poubelle et son ordinateur, les traces de trahison sont trop souvent ambiguës, incohérentes et parfois fausses. Il faut une patience de moine et une détermination de maniaque pour faire cracher leur histoire à de tels vestiges.

Mais cela n'avait jamais empêché Laine Bannerman de continuer, laissant les faits la guider à leur guise. Dans son esprit, si la SIU sortait de ses analyses avec un dossier bien charpenté, alors ses patrons finiraient par voir les choses à travers ses yeux, par reprendre la balle au bond et par se lancer dans une traque en bonne et due forme avec toutes les ressources et autorités légales du FBI à l'appui.

Un matin de novembre 1994, Laine Bannerman eut un déclic. Sans mot dire, elle s'avança vers les deux grands tableaux de la SIU, celui avec la matrice et l'autre avec le profil. Elle fit un pas en arrière, et se tourna vers Diana Worthen et Maryann Hough, assises à leur bureau. Elle leur demanda : « Est-ce que vous voyez ce que je vois ? »

Laine Bannerman énuméra alors toutes les anomalies, de la plus grosse à la plus petite. Les pistes de Max étaient toujours en tête, en particulier ce qu'il avait dit sur les fiches A7 et la présence de l'agent double aux réunions de service de la direction des Opérations. Venaient ensuite les compromissions d'Oleg Gordievsky, la recrue du MI6 au Danemark, de Sergueï Bokhan, l'agent du GRU à Athènes, et de Leonid Polechtchouk, l'agent du KGB recruté à Lagos, au Nigeria. Il était impossible d'ignorer qu'ils avaient tous trois été compromis un bon mois avant la grande livraison de Rick Ames, en juin 1985. À partir de là, Bannerman passa en revue les opérations techniques compromises, plus Vladimir Vassiliev, le colonel du GRU à Budapest, et Nikolaï Chernov, l'officier du GRU arrêté après une très longue période d'inactivité. Des pertes qui ne pouvaient être attribuées ni à Rick Ames ni à Ed Howard, ni à la taupe russe au FBI qui n'avait pas encore été identifiée et qui se révélerait être Robert Hanssen. Enfin, il y avait les compromissions d'Adolf Tolkatchev, celles du correspondant de la TASS à San Francisco, et celles de FAREWELL, l'agent et assassin français qui aurait tout avoué en prison à un codétenu.

Après cela, Laine Bannerman passa en revue le profil du Quatrième Homme. Il ou elle avait probablement servi dans la section URSS de Langley à partir de 1984, la meilleure explication à l'arrivée jusqu'à Moscou des divers documents classifiés mentionnée par Vitali Iourtchenko et d'un dossier de contre-espionnage de la section URSS. On y connaissait les identités d'Oleg Gordievsky, de Sergueï Bokhan et de Leonid Polechtchouk. Les opérations techniques compromises en Amérique du Sud étaient toutes administrées par la section URSS. *Idem* pour les fiches A7 de Max. Pareil pour Vladimir Vassiliev, dont le dossier avait été transféré à la section URSS avant qu'il ne soit réaffecté à Moscou, en 1985. En clair, toutes les pistes convergeaient vers cette branche.

Plus tard, après l'effondrement de l'Union soviétique, les compromissions étaient venues du groupe Russie de Langley, par quelqu'un qui y travaillait toujours ou qui l'avait supervisé. La compromission de la « sonde » visant à retrouver Max à Moscou, menée par Phil et Michele, était un indice tout particulièrement parlant, car le secret de cette opération avait été extrêmement bien gardé. Même à la SIU, seule Diana Worthen avait été mise au parfum, car elle y avait participé. À part ça, une poignée d'officiers supérieurs en avaient eu vent, en plus des officiers dépêchés à l'époque à Moscou.

Enfin, il y avait Max et Adolf. Si leurs descriptions du Quatrième Homme étaient trop vagues pour en déduire un nom, d'un autre côté, elles n'étaient pas contradictoires – dans les deux cas, on avait affaire à quelqu'un de la CIA servant à Langley. Une hypothèse que confirmaient les éruptions inexpliquées de Washington et le voyage du messager Vladimir Tsymbal. Ce que Sergueï Papouchine avait dit d'une taupe du Renseignement intérieur du KGB avait été inclus dans le profil mais, là encore, uniquement pour expliquer pourquoi la CIA n'avait pas entendu parler du Quatrième Homme. L'un dans l'autre, cela donnait un officier supérieur en poste à Langley depuis le milieu des années 1980, passé par la section URSS et le contre-espionnage, et qui pouvait être encore actif.

Nul besoin pour Laine Bannerman de continuer son inventaire pour que la conclusion s'impose dans tous les esprits. En silence, Diana Worthen et Maryann Hough hochèrent la tête.

Comme me l'a dit Bannerman : « David Blee nous avait appris une vieille règle de l'espionnage. Quand tu soulèves des cailloux et que tu trouves toujours la même bestiole, ce n'est pas une coïncidence. »

Nul besoin non plus pour Laine Bannerman de rappeler à son équipe que la liste des suspects s'était drastiquement réduite au cours des sept derniers mois. Qu'importent leurs préjugés à son encontre, ou qu'ils aient eu Milt Bearden en aversion, ils s'en tinrent aux faits, et rayèrent son nom. Durant la période critique couvrant les principales compromissions, il s'était trouvé soit à Khartoum, soit à Islamabad, puis plus tard à Berlin – autant d'endroits où il n'aurait jamais pu avoir accès aux dossiers des sources russes compromises. De même, il n'avait rien su de la virée de Phil et Michele à Moscou. Les preuves étaient catégoriques : le Quatrième Homme avait été affecté *en permanence* à Langley à partir du milieu des années 1980, ce qui ne collait pas avec le parcours de Milt Bearden. Des dizaines de personnes dans la division répondaient à ce dernier critère, mais certainement pas lui.

Il y avait aussi trop d'anomalies hors des périodes de service de Burton Gerber dans la Division soviétique pour le maintenir dans la liste. Quant à Gus Hathaway, son accès aux compromissions après l'affaire Rick Ames ne pouvait pas résoudre les compromissions inexpliquées. *Idem* pour nombre d'autres suspects potentiels qui avaient servi dans la section URSS et le contre-espionnage soviétique. En parcourant les listes Bigot et le tableau des badges, d'autres encore avaient été éliminés. Un tri d'autant plus facile que certains suspects étaient à l'étranger lors des compromissions les plus graves.

Au final, la conclusion qui avait sauté aux yeux de tout le monde était si choquante que personne n'osa prononcer le nom à voix haute. Celui de l'homme qui, parmi toute la liste de suspects, était de loin le plus plausible.

Si la matrice et le profil disaient juste, alors cet homme occupait une position suffisamment élevée pour trahir toutes les informations stratégiques que la CIA possédait sur les services secrets russes. Plus aucune source, plus aucun agent infiltré de la CIA n'aurait échappé à l'œil de Moscou, et ce dans le monde entier. Si la SIU avait raison, on assistait là à une violation monstrueuse de la sécurité nationale, sans aucun précédent dans l'histoire américaine.

À ce stade, il y avait cependant une chose que les trois femmes ne pouvaient écarter : qu'elles aient été induites en erreur par les preuves. Il était impossible d'exclure que Max ait inventé ou embelli des informations, ou, aussi improbable que cela puisse paraître, qu'il ait été le pion d'une campagne de désinformation élaborée par les services secrets russes et destinée à piéger l'un des meilleurs agents de la CIA. Dans tous les cas, le moment était venu : il fallait que quelqu'un d'extérieur au réduit se penche sur leurs conclusions.

* * *

À la réunion organisée par Laine Bannerman, en plus de Diana Worthen et Maryann Hough, avaient été conviés Bill Lofgren, le chef de la division Eurasie centrale, Paul Redmond, Ed Curran, l'agent du FBI en charge du contre-espionnage, ainsi que Ruth Olson, de la sécurité de la CIA. James Milburn ne quitta pas son bureau au FBI.

Bannerman avait verrouillé la porte de la chambre forte afin que personne ne puisse les interrompre.

Elle se plaça devant les deux tableaux et passa en revue la matrice, en commençant par les fiches A7. Ce que Paul Redmond contesta immédiatement. Selon lui, ce que Max avait dit sur ces fiches n'aurait pas dû se trouver dans la matrice. Il fallait retirer cet élément. Max, objecta-t-il, n'était absolument pas digne de confiance.

Redmond critiqua ensuite la présence sur la liste de Vladimir Vassiliev, le « colonel du KGB en colère », dès que Laine Bannerman prononça son nom. « Il a été donné par Ed Howard », affirma-t-il. Ce que Bannerman, une nouvelle fois, choisit d'ignorer.

Puis vint la mention du voyage de Michele et de Phil à Moscou. Là, en revanche, le silence fut de mise.

Mais dès que Laine Bannerman cita les dires de Sergueï Papouchine, selon qui un agent double de la CIA aurait proposé ses services au Renseignement intérieur russe, Paul Redmond réclama une nouvelle fois le retrait de cet élément. Sergueï Papouchine ayant été complètement discrédité, aucun de ses propos ne pouvait être pris pour argent comptant. L'espace d'un instant, Laine Bannerman envisagea de lui rappeler la règle n° 9 des matrices : personne d'extérieur au processus n'est en droit de modifier la matrice, et encore moins d'en supprimer des pistes. Mais elle se ravisa. L'heure tournait, et il y avait encore beaucoup de choses à voir.

Laine Bannerman jeta un œil à Ed Curran. Son visage demeurait impassible. Elle avait toujours espéré qu'il finirait par comprendre la logique de la matrice ou, au moins, par poser des questions manifestant quelque intérêt. Mais il resta silencieux. L'espoir que le FBI prenne le relais devenait de plus en plus mince.

Tant pis. Laine Bannerman n'avait jamais reculé devant un défi, et elle n'allait certainement pas s'y mettre à son âge. Elle avait mené son enquête dans les règles de l'art et avait une totale confiance dans la matrice qui en était ressortie.

Quand elle arriva à Oleg Gordievsky et aux deux autres agents soviétiques compromis, Paul Redmond ne put cacher son irritation. Elle se trompait, lui répéta-t-il. C'était Rick Ames qui avait trahi les trois, point final. Sans perdre son calme, Laine Bannerman lui expliqua que le *timing* ne collait pas. Que tout le monde s'accordait à dire que Rick Ames n'avait pas donné leurs noms avant le rendez-vous du 13 juin 1985 au *Chadwicks*, mais que ces trois-là avaient été dénoncés en mai. La seule alternative plausible ? Que quelqu'un à l'intérieur ou au-dessus de la section URSS les ait trahis. Ce qui fit pouffer Paul Redmond.

Laine Bannerman en vint alors aux documents de la section URSS, dont des copies ou des résumés s'étaient retrouvés à Moscou en 1984. Là, Redmond eut l'air visiblement secoué. Il grogna : « Iourtchenko a dit que c'était Ed Howard qui les avait fait fuiter. »

Ce que Bannerman contesta une nouvelle fois, en répondant que c'était peut-être ce que Vitali Iourtchenko avait dit, mais que la liste Bigot indiquait que Edward Lee Howard n'y avait jamais eu accès. Sans compter que des documents avaient été compromis après son licenciement et qu'il n'avait dans tous les cas jamais eu l'occasion de voler de telles pièces et de les transmettre au KGB. Un point que Redmond choisit tout bonnement d'ignorer, en opposant qu'Ed Howard avait dû forcément mettre la main sur ces documents d'une manière ou d'une autre.

Durant un court instant, Bannerman envisagea de citer une analyse ultrasensible que le contre-espionnage avait menée sur la section URSS et que les Russes, en plus des sources mentionnées par Iourtchenko, avaient également réussi à récupérer. Pour expliquer comment le document avait été compromis bien après la fuite d'Ed Howard. Rick Ames lui-même n'y avait jamais eu accès. Mais voyant que Paul Redmond se lassait manifestement des subtilités de la matrice, elle jugea préférable de laisser tomber. L'heure du coup de grâce était venue. À la seconde où Laine Bannerman déclara que, selon Max, le Quatrième Homme était un officier supérieur de la Direction des Opérations, Paul Redmond se leva d'un bond et fit valser sa chaise derrière lui. Il avait le visage rouge, déformé par la colère. Puis il se précipita vers la porte de la chambre forte, l'ouvrit et partit. Dans le réduit, on aurait entendu une mouche voler.

Personne ne dit rien, mais si l'auditoire avait été attentif, il aurait compris que le profil correspondait à Paul Redmond : un officier ayant été affecté à Langley sans discontinuer pendant les dix dernières années, de 1984 à 1994, et qui avait eu accès à toutes les compromissions inexpliquées d'agents russes, de sources et de documents sur la période. Laine Bannerman, Diana Worthen et Maryann Hough s'étaient regardées. Elles savaient qu'elles venaient de toucher une corde sensible. Leur bouche resta scellée, mais leurs trois esprits articulèrent la même chose : *La voilà, notre taupe.* Ce fut Bill Lofgren qui brisa finalement le silence : « Bon, je suppose que cette réunion est terminée. »

Redmond affirme qu'il ne garde aucun souvenir de cet épisode. Plus de vingt ans plus tard, un agent du FBI posa cette question à Laine Bannerman : « La réaction d'un homme innocent n'aurait-elle pas plutôt été d'ordonner à la SIU de continuer son enquête, et même de l'élargir ? Après tout, c'était précisément le boulot de Paul Redmond. »

14.

Aveugle, *adj.* Qui est incapable de voir.

Langley, juin 1995

UN MATIN, j'étais à mon bureau de Langley quand mon téléphone a sonné. C'était la secrétaire de la direction. Le patron avait besoin de me voir immédiatement.

Bill Lofgren venait d'être nommé à la tête de la division Eurasie centrale (comprenant la Russie, les anciennes Républiques soviétiques et l'Europe de l'Est) pour remplacer John MacGaffin, promu au septième étage en tant que directeur adjoint associé des Opérations. Je m'occupais du groupe Sud, qui supervisait les Opérations de la CIA en Asie centrale et dans le Caucase. J'avais obtenu ce poste parce que j'avais officié en Asie centrale.

Ce que je savais désormais de Bill Lofgren, c'est qu'il n'avait aucune patience pour les imbéciles, ni pour les théories du complot. Comme moi, il avait passé une longue carrière de terrain dans des pays ravagés. Il avait fui Beyrouth avec une longueur d'avance sur des gars qui voulaient le tuer et, lors d'une affectation à Manille, un groupuscule terroriste l'avait pris pour cible. Il avait été repéré par le KGB à New Delhi. Je ne sais pas si cela a un lien avec ce qui précède, mais Bill Lofgren prenait son autorité très au sérieux et se sentait obligé de l'exercer. Ce qui, couplé avec son mauvais caractère légendaire, formait un cocktail détonnant.

Jamais je n'oublierai le jour où je lui avais montré l'interview que le directeur de la CIA venait de donner au *New York Times Magazine.* Déjà, c'était grave qu'un journaliste pourrisse la CIA, mais quand Lofgren est arrivé au passage où le directeur disait que l'armée savait mieux tenir ses officiers que la CIA, il a grogné qu'un général ne devrait jamais reprocher à ses troupes d'avoir perdu une bataille. Il s'est précipité dans son bureau, et il a claqué la porte si fort que les murs du couloir ont tremblé. De là, il a envoyé un message à toutes ses antennes et ses bases : *Le directeur est un sale con d'ambitieux, ne faites pas attention à ce qu'il dit de vous.* Et on allait comprendre que le directeur respectait – ou craignait – trop Bill Lofgren pour le virer.

Dès que j'ai passé la porte de son bureau, sans même me proposer de m'asseoir, Lofgren m'a informé que trois personnes allaient venir travailler pour moi, au moins pendant un certain temps. Vu que le groupe Sud était un trou à rats en manque patent de personnel, cela ne m'a pas dérangé. D'autant qu'à l'époque, les divisions opérationnelles de la CIA étaient gérées comme des fiefs médiévaux, où les désirs du seigneur du château étaient des ordres. En d'autres termes, je n'avais pas mon mot à dire. J'allais repartir quand Lofgren m'a coupé dans mon élan. « Encore une chose. Les trois vont travailler sur un projet spécial pour moi. Je ne peux pas te dire ce que c'est, donc ne te fatigue pas à demander. »

C'est du délire, ai-je pensé en sortant du bureau. Durant toutes mes années à la CIA, jamais je n'avais entendu parler d'un superviseur ignorant la mission de ses subordonnés. J'étais peut-être trop naïf. Les temps étaient décidément étranges. Il y avait eu le meurtre de mon patron en 1993 dans la République soviétique de Géorgie, puis l'arrestation de Rick Ames en 1994. J'avais trop traîné mes guêtres à la CIA pour être surpris par quoi que ce soit. De retour à Langley après des années à l'étranger, j'ai commencé à me demander si c'était une bonne idée de passer la deuxième moitié de ma vie dans une bureaucratie du renseignement qui partait à vau-l'eau. L'espionnage avait perdu de sa superbe, du moins à mes yeux. Le contre-terrorisme s'était définitivement imposé ; c'est tout ce que j'avais fait dans des endroits comme Beyrouth. On n'était plus au niveau de l'opposition historique entre le KGB et la CIA. C'était Moscou qui pointait des bombes nucléaires sur nous, pas les terroristes. Et on était loin des grandes intrigues à la Graham Greene, du grand jeu dans les ruelles brumeuses de Berlin et de Vienne. Même si je n'y avais pas combattu, la Guerre froide me manquait.

Trois femmes se présentèrent à la division de Bill Lofgren un matin de juin. Elles avaient la cinquantaine, les cheveux gris, une allure sérieuse, d'austères tailleurs-pantalons et des chaussures confortables. J'ai aussitôt compris qu'il n'y avait qu'une chose qui comptât dans leur vie : la CIA. Dans ses bons jours, Milt Bearden les surnommait ses « Rosie les riveteuses », faisant allusion aux ouvrières farouchement investies dans l'effort de guerre durant la Seconde Guerre mondiale. Finalement, une seule était venue *stricto sensu* travailler pour moi, et Lofgren avait placé les deux autres dans différentes parties de sa division. J'ai installé ma nouvelle subordonnée, Laine Bannerman, à un poste vacant en attendant qu'un bureau se libère.

Bannerman allait se mettre à la tâche dans le calme, et aussi efficacement et minutieusement que je l'avais prévu.

Un matin, j'ai tout de même essayé de briser la glace. « Alors, qu'est-ce qui vous amène ici ? » Elle m'a répondu par un sourire énigmatique. J'en ai déduit qu'elle s'était résignée à casser des graines dans mon petit trou à rats. On n'avait pas grand-chose à se dire, mais on s'entendait bien. Je suis persuadé que si elle me faisait confiance, c'est parce que, conformément aux instructions de Bill Lofgren, je n'avais jamais abordé avec elle son « projet spécial ». Je sais que la chose est ô combien difficile à obtenir avec des gens aussi foncièrement méfiants que Bannerman, mais cette confiance que j'ai pu obtenir explique sans doute pourquoi, vingt-cinq ans plus tard, elle m'a permis de jeter un coup d'œil dans son monde. Pour qu'aujourd'hui je puisse raconter toute cette histoire.

Après quelques mois, je me suis demandé pourquoi je ne l'avais jamais surprise en train de travailler sur le projet de Bill Lofgren. J'avais remarqué qu'elle et ses deux acolytes se retrouvaient dans le vestibule juste à l'extérieur de mon bureau, puis qu'elles sortaient du bâtiment pour discuter. Une fois, je les ai surprises sur un banc en train de palabrer. Elles se sont tues à l'instant où je passais devant elles. Sans doute ai-je surinterprété, mais on aurait dit la réunion secrète des membres d'un projet spécial. Et cela ne s'est pas arrêté là.

Le seul accès de la lugubre chambre forte sans fenêtre dans laquelle avait été installé le groupe Sud était une porte blindée. Le matin, la première personne sur les lieux devait en ouvrir le verrou à combinaison rotative, avant de noter la date, l'heure et ses initiales sur un registre papier. Ensuite, il fallait appeler la sécurité pour lui signaler que le local avait été ouvert, en énonçant son numéro de badge, histoire de vérifier qu'on était bien celui ou celle qu'on prétendait être. *Idem* en fin de journée, quand le dernier ou la dernière fermait pour la nuit.

Ce n'était pas dans mes habitudes, mais, un jour j'ai décidé d'examiner le registre des entrées et des sorties. Sur celui du mois précédent, j'ai pu voir que Laine Bannerman était venue le week-end. Ce qui était certain, c'est qu'elle n'était pas venue pour mon groupe pendant ses jours de repos. Aucune de nos tâches ne pouvait justifier d'y consacrer autant de temps. J'en ai déduit que cela devait plutôt être en lien avec le projet de Bill Lofgren.

Une autre fois, j'ai surpris Laine Bannerman en train de ranger dans son coffre un ordinateur portable GRiD, le genre d'appareil qui sert aux officiers traitants sur le terrain à rapporter les activités de leurs agents les plus sensibles. Ayant moi-même eu un GRiD en Asie centrale, je savais qu'ils étaient standards dans les « zones interdites » – des endroits comme Moscou ou Pékin, où la police secrète s'intéresse de près à ce que fait la CIA – mais je n'en avais jamais vu au siège. Quelqu'un craignait-il que les Russes ou les Chinois n'aient installé des équipements d'interception à l'intérieur de Langley ?

Au-delà de mon intuition, je n'avais aucun moyen de relier l'histoire qui va suivre au projet de Bill Lofgren. Quelques semaines après avoir surpris Laine Bannerman avec son GRiD, arrivé au travail aux aurores, j'avais trouvé, de l'autre côté du couloir, le bureau d'un collègue cerclé de ruban jaune, la signature du FBI sur une scène de crime. *On est dans un putain de bâtiment fédéral!* avais-je pensé. Apparemment, pendant que j'étais parti à l'étranger, quelqu'un avait changé les consignes.

De mon collègue sur le gril du FBI, je ne savais pas grand-chose à part qu'il avait servi à Moscou avant d'être réaffecté à Langley, où, comme moi, il se morfondait en attendant sa prochaine affectation à l'étranger. (Tout agent de la CIA digne de ce nom veut travailler à l'étranger et gérer des sources.) J'ai demandé autour de moi si quelqu'un savait ce qui se passait, mais personne n'a rien pu me dire. On ne savait pas non plus où le type avait été emmené. Tout ce que j'ai pu glaner, c'est que le FBI était encore dans son bureau, armé de gants en latex et d'appareils photo, à inspecter les lieux du crime.

Je n'ai jamais revu mon malheureux collègue, et n'ai entendu parler de lui que des années plus tard. Il avait été en bisbilles juridiques avec la CIA. Si ma mémoire est bonne, son histoire n'avait rien à voir avec la Russie, mais l'enquête du FBI n'avait pas dû aider. Et comme j'allais bientôt le découvrir, il n'était que la partie émergée de l'iceberg.

Contrairement à Ted Price et à Paul Redmond, je ne savais absolument pas pourquoi le FBI avait débarqué chez nous, mais il était évident que sa présence avait un rapport avec Aldrich Ames. La Maison-Blanche voulait identifier les graves lacunes de la CIA dans cette affaire. L'image de Rick Ames menotté à côté de sa Jaguar avait été un choc pour tout le monde. (Je me risque d'ailleurs à penser que le FBI avait veillé à la diffusion tous azimuts de ce cliché emblématique, à la faveur de son archaïque rivalité avec la CIA qui remonte à sa création en 1947 et à la violente opposition de J. Edgar Hoover.) Tout le monde savait que la CIA avait besoin d'un bon décrassage, et le FBI était le mieux placé pour le faire. Rien de tel que la cravache du droit pour terroriser une bureaucratie.

Aussi, il n'était pas surprenant que le FBI soit arrivé à Langley armé de préjugés institutionnels, hélas très prévisibles. Le style de méfiance que le Renseignement intérieur russe entretenait à l'encontre du Renseignement étranger. Aux yeux du FBI, les agents de la CIA buvaient trop, avaient des petites amies étrangères et prenaient des airs cosmopolites, parmi une myriade d'autres défauts d'ordre moral, réels ou imaginaires.

Lors d'un incident notoire, le chef de poste à Kaboul et un universitaire français avaient échangé leurs femmes, ce qui avait profondément offensé les Afghans. Au fond, le FBI était persuadé qu'il devait être l'organisme en charge du recueil du renseignement étranger. Du moins, tel était l'argument que J. Edgar Hoover avait essayé de faire valoir.

Sans que rien ne soit jamais annoncé officiellement, radio moquette allait bruisser de dizaines de cas d'officiers mis au placard. Selon certaines sources – à n'en pas douter, largement exagérées – ils ont même été des centaines. On racontait qu'untel s'était fait débusquer par un détecteur de mensonges à la faveur de telle incartade, que tel autre souffrait de kleptomanie, qu'un troisième entretenait une diva russe… Mais l'ampleur de l'opération semblait bien plus colossale.

Ce qu'on n'avait pas besoin de nous dire, c'est qu'à partir du moment où on se retrouvait sous l'œil du FBI, même pour une enquête de routine, c'était fini. Les pauvres bougres se retrouvaient avec une lettre écarlate gravée au milieu du front pour le restant de leur vie d'espions. Tous furent envoyés dans la version CIA du goulag, une barre de bureaux miteux à Tysons Corner, occupés à « tailler des crayons », comme je l'ai mentionné plus haut. Leurs habilitations de sécurité leur étaient retirées, et ils se retrouvaient condamnés à lire les journaux, à faire des mots croisés et à commander des pizzas. Ils étaient devenus radioactifs. Plus personne n'osait les appeler, même pour leur dire bonjour.

Faites-moi confiance : quand on est espion, être coupé de tous les secrets et de toutes les missions équivaut à un purgatoire d'une violence inimaginable pour qui n'a jamais travaillé dans le renseignement. De même, que personne ne se soit à l'époque enquis des raisons d'un tel bannissement pourrait sembler bizarre à qui n'est pas du sérail. On avait la trouille, en posant la plus petite question, de se retrouver dans la prochaine navette pour Tysons Corner, avec un aller simple.

Mon boulot n'ayant rien à voir avec le contre-espionnage russe, je n'ai pu qu'en conclure, comme le reste de mes collègues, qu'après l'arrestation de Rick Ames et le débarquement du FBI à Langley, tous ces trucs effrayants qui se passaient autour de moi étaient le signe d'une nouvelle chasse à la taupe russe. Que penser d'autre après Rick Ames ? Je n'ai à ma connaissance jamais été soupçonné d'être un agent double, mais je peux vous dire qu'il n'y a rien de tel qu'une bonne vieille chasse aux sorcières dans les rangs de la CIA pour attiser les flammes d'une tribu recuite dans sa paranoïa aveuglante. Alors autant crever que de fourrer mon nez là-dedans.

* * *

Ce que je ne savais absolument pas jusqu'à aujourd'hui – et n'aurais certainement pas voulu savoir – c'est que Laine Bannerman et ses acolytes étaient, ne serait-ce qu'indirectement, responsables de la fermeture du bureau de mon collègue. Jamais je n'aurais non plus imaginé que Laine Bannerman allait engager une lutte à mort contre quelqu'un qui m'apparaissait comme une légende de la CIA, ni qu'elle était au cœur de la chasse à la taupe la plus secrète de toute l'histoire des services secrets américains. Et encore moins que cette chasse était désormais cachée au contre-espionnage de la CIA et au FBI. Une traque encore plus confidentielle que la chasse à la taupe personnelle de Paul Redmond. En réalité, personne d'autre que Bill Lofgren ne l'avait approuvée.

Après la réunion-pugilat de Laine Bannerman en novembre, les choses avaient rapidement dégénéré. Comme elle en est aujourd'hui convaincue, au début de l'enquête de Ted Price, Paul Redmond ne la considérait pas comme une menace, comme il pensait ne rien avoir à craindre de la SIU. Mais dès qu'il comprit que la matrice et le profil le désignaient, et que la fine équipe n'allait pas reculer, il paniqua. Peut-être parce qu'il avait peur qu'Ed Curran ne prenne la matrice et le profil au sérieux, et même d'être soumis à une enquête agressive du FBI. En même temps, avec ce genre d'initiatives, c'était bien ainsi que les choses étaient censées se passer. Selon les anciens de la SIU, il ne peut y avoir meilleure explication aux représailles qu'ils avaient essuyées. Que Paul Redmond ait été réellement coupable d'avoir espionné pour les Russes, qu'il ait redouté d'être victime d'un coup monté par Moscou ou que cette affaire ait terni sa réputation, le fait est qu'il se mit à leur pourrir la vie, dans ce qui ressemblait fortement à une politique de la terre brûlée.

Premier signe : James Milburn fut arraché à l'autorité de Laine Bannerman, privant ainsi la SIU de toute contribution du FBI à son enquête – et d'informations comme les dates des éruptions, ce que de nouvelles sources du FBI avaient à dire sur les agents doubles russes infiltrés à la CIA, ou encore le catalogue des compromissions uniques au FBI ne pouvant pas être attribuées à Ed Howard ou à Rick Ames. Laine Bannerman le déplore amèrement : « Si James Milburn était resté, nous aurions attrapé le Quatrième Homme. » (Et elle apprit des années plus tard qu'à cause du retrait de James Milburn, le démasquage de Robert Hanssen lui-même avait été retardé de sept ans.) Laine Bannerman a pu croire à tort que rien dans l'enquête menée par le FBI n'aurait pu contribuer à débusquer le Quatrième Homme, mais il n'en demeure pas moins que leur intérêt pour le profil et la matrice avait permis de corroborer les preuves rassemblées par la CIA et de confirmer la présence d'agents doubles russes dans les services de renseignement américains.

James Milburn tenta de sauver les meubles. Il lui était impossible de cibler Paul Redmond, quels que soient ses soupçons. Il n'avait pas les mains libres pour forcer une enquête. Alors il préserva ce qu'il pouvait du travail de la SIU. De leurs chevalets, il a arraché les feuilles de la matrice et du profil, il les a roulées, et les a apportées en personne au bureau du FBI de Washington à Buzzard Point.

Une décision judicieuse. Un lundi matin, peu avant Noël 1994, Laine Bannerman était arrivée au réduit pour découvrir que, pendant le week-end, les équipes d'Ed Curran avaient fait main basse sur tous les documents de la SIU. (Jamais elle n'a su si la basse besogne avait été effectuée par des agents du FBI ou par des subordonnés d'Ed Curran à la CIA.) Il était impossible d'en avoir la garantie, mais elle supposa que Paul Redmond était derrière le raid.

À en croire Redmond, c'était le FBI. Selon ce qu'il m'a dit, dès que le FBI avait entendu parler de l'enquête sur le Quatrième Homme, il avait « déboulé » et l'avait reprise à son compte. Et Redmond n'avait rien pu faire, vu qu'il s'agissait désormais d'une affaire criminelle. Laine Bannerman, ayant tenu tête au FBI et refusé de lui donner davantage de prise pour exposer les agents russes de la CIA au sein du FBI, avait été remplacée par Mary Sommer, une analyste de la CIA. (Je n'ai jamais pu joindre Ed Curran pour connaître sa version de l'histoire, ni obtenir un quelconque commentaire du FBI. Mais selon ce que m'ont assuré bien des officiers supérieurs de la CIA, jamais le FBI n'avait eu l'autorité nécessaire pour récupérer une enquête interne de la CIA.)

Dans tous les cas, Bannerman savait désormais que l'enquête de la SIU avait été mise sur la touche. Et qu'elle allait très vite péricliter. Mais ce n'était pas tout ce qui la contrariait. Comme elle le redoutait, l'enquête sur le Quatrième Homme ayant été retirée à la SIU pour être confiée à Paul Redmond et à Ted Curran, le FBI jouissait d'un accès illimité aux dossiers sensibles de la SIU, surtout ceux concernant Max. Alors qu'auparavant, pas plus de deux douzaines d'agents de la CIA et du FBI étaient au courant de son existence et de ses propos sur les agents doubles, les informations étaient maintenant éventées entre des centaines d'agents du FBI et autres postes de contre-espionnage. Si jamais le traître présumé du FBI n'avait pas encore été au fait de l'existence de Max, comme le craignait Laine Bannerman, il ne faisait désormais aucun doute que l'info était remontée à ses oreilles – avant d'atteindre celles de ses responsables russes. Des craintes qui se sont avérées justes quand Robert Hanssen a rencardé les Russes sur Max. Mais l'avait-il fait avant le Quatrième Homme ?

Durant sa longue carrière, Laine Bannerman avait fait tout ce qui était en son pouvoir pour limiter le nombre de personnes connaissant chaque agent. Le but était de les protéger de gens comme Rick Ames. Certes, le système n'était pas parfait, mais il avait fonctionné jusque-là comme prévu. Puis s'était écroulé d'un seul coup. L'effet fut dévastateur pour elle. Tout ce qui lui restait à faire était d'en appeler à une autorité supérieure dans l'espoir que l'enquête de la SIU ne serait pas jetée aux orties. Si jamais elle ne parvenait pas à la faire rouvrir, elle savait qu'elle le paierait cher. Il en fallait cependant plus pour la faire hésiter.

Lors du briefing de novembre, Laine avait épuisé toutes ses cartouches, et la cible demeurait toujours muette. Personne n'avait demandé si le profil décrivait Paul Redmond, aucune réunion de suivi n'avait été convoquée et personne, en règle générale, n'avait eu de questions à poser. Extraordinaire. Une enquête officielle, menée par des experts en la matière, venait *de facto* de traiter un officier supérieur de taupe russe et, visiblement, personne d'autre que lui n'en avait été perturbé.

Laine Bannerman n'avait plus qu'une seule option : remonter la filière jusqu'à Ted Price, l'homme qui avait ordonné l'enquête. Mais, petit problème, Paul Redmond et Ed Curran avaient insisté pour que Cindy Webb, une protégée de Redmond, assiste au briefing. Analyste à la direction du Renseignement, Cindy Webb était passée au contre-espionnage dans le cadre de la grande stratégie de la CIA consistant à regrouper les analystes et les opérateurs dans la même pièce, en espérant que la « synergie » produirait de meilleurs renseignements. Peu importe si Cindy Webb n'avait aucune expérience du contre-espionnage ou de la gestion d'agents. Cela ne présageait rien de bon pour Laine Bannerman.

Le briefing avec Ted Price, début janvier 1995, fut ouvert par Cindy Webb. Mais Price ne tarda pas à l'interrompre : « J'aimerais entendre ce que Laine a à nous dire. »

Dès que Bannerman commença à détailler la matrice et le profil, Price comprit que le temps qu'il avait accordé à la réunion n'allait pas suffire, et il lui demanda de revenir le lendemain matin à 6 heures, précisant qu'elle était attendue seule. Incapable de camoufler son indignation face à cette rebuffade, Cindy Webb sortit du bureau en trombe sans dire un mot.

Le jour suivant, Laine Bannerman se présenta à six heures moins cinq. Durant trois heures, elle passa en revue la matrice et le profil devant Ted Price. Il connaissait tous les agents, Max y compris, ainsi que les compromissions non expliquées par Ed Howard et par Rick Ames. Il posa beaucoup de questions, mais ne fit aucun commentaire. Il allait vite comprendre avec quelle rigueur la SIU avait mené son enquête, et qu'elle n'avait laissé aucune prise à l'intuition ou aux idées préconçues. De même, il saisit que rien de tout cela ne pouvait prouver ni la culpabilité ni l'innocence de qui que ce soit. Le nom de

Paul Redmond ne fut jamais mentionné, mais Ted Price avait manifestement compris qu'il était le seul à correspondre au profil établi par la SIU. Trois heures… Il est rare qu'un directeur des Opérations passe autant de temps sur un seul et même sujet. Et si Ted Price s'était finalement éclipsé, c'est parce que sa secrétaire avait passé une tête pour lui rappeler que la réunion du personnel de neuf heures était sur le point de commencer.

En sortant du bureau, Laine Bannerman savait qu'à moins que Ted Price n'intervienne pour la protéger, Paul Redmond allait exiger sa tête. Mais elle n'avait pas peur. Elle était fataliste.

15.

Vengeance, *n.f.* Attaque en réaction d'un dommage réel ou imaginaire.

Langley, janvier-juin 1995

Les trois femmes en étaient convaincues : si Paul Redmond en avait eu le pouvoir, il les aurait virées comme des malpropres.

Laine Bannerman avait appris très tôt la perfidie des jeux de pouvoir à la CIA. La carrière de son père avait effectivement connu une fin abrupte et précoce quand la femme du directeur de la CIA, Richard Helms, lui avait demandé d'espionner son mari, qu'elle suspectait d'avoir une maîtresse. Le père de Bannerman avait refusé, l'affaire était remontée jusqu'à Helms et, comme souvent dans ces cas-là, Helms avait réglé le problème en se débarrassant du père de Bannerman.

Paul Redmond semblait lancé dans une guerre d'usure. Visiblement, l'une de ses premières actions avait été de se mettre Ed Curran et le FBI dans la poche. Ed Curran, déjà sceptique au sujet de Laine Bannerman et de la SIU, n'allait pas être le plus dur à convaincre. La première mesure qu'il prit fut de demander au FBI de passer Laine Bannerman,

Diana Worthen et Maryann Hough au détecteur de mensonges. Et des polygraphes à question unique : *Êtes-vous un espion du KGB ?* Un contrôle présenté comme une formalité, sauf que les trois analystes n'étaient pas nées de la dernière pluie.

Le moindre doute qui aurait pu subsister sur la gravité de la situation s'évanouit quand Ed Curran croisa Laine Bannerman dans un couloir, peu avant son passage au détecteur de mensonges. Il lui aboya dessus : « Si jamais c'est vous la taupe, je vous tue ! » Manifestement, il parlait au sens figuré, mais ce n'est pas le genre de menace qu'on a envie d'entendre dans la bouche d'un agent du FBI.

Les trois femmes sortirent du test indemnes. Et heureusement, car dans le cas contraire, elles auraient pu être accusées de parjure. Cette petite victoire mise à part, elles avaient bien conscience que le vent avait tourné. De chasseuses, elles étaient devenues chassées.

Redmond ne cachait pas son antipathie envers elles. Lorsqu'il les croisait dans le couloir, il lui arrivait souvent de parler dans sa barbe, mais assez distinctement pour se faire comprendre : « Bande de salopes. » Sans pour autant garder ses insultes pour des moments où personne d'autre n'était dans les parages. Lors du pot de départ à la retraite de Dick Corbin, Paul Redmond était passé devant Diana Worthen et avait craché de nouveau un « Putain de salope ! » assez fort pour se faire entendre des collègues alentour. Diana Worthen en avait été sidérée. « Répétez ça un peu pour voir, et vous aurez des nouvelles du septième étage ! » Bien conscient que Worthen n'avait aucun pouvoir de mettre ses menaces à exécution, Redmond lui avait répondu par un large sourire, et il avait continué à profiter de la fête. Certes, un tel comportement correspondait à la personnalité hargneuse de Paul Redmond, mais, de l'avis de Diana Worthen, il voulait aussi faire savoir qu'il était intouchable.

Les trois femmes, peu à peu expulsées du contre-espionnage, y virent sa main. Premier épisode, la saisie des dossiers de la SIU par le FBI, qui ne leur laissa comme autre matériau que les données et les analyses contenues dans leurs ordinateurs. Elles restèrent ainsi des mois dans la chambre forte de la SIU sans rien avoir à faire. Puis un matin, sans le moindre préavis, Ed Curran commença la réunion quotidienne du personnel du contre-espionnage en proclamant « un changement de direction » à la SIU. Sans même un regard pour Laine Bannerman. La supervision générale fut confiée à Cindy Webb, et la nomination prochaine d'un nouveau chef de la SIU annoncée. Laine Bannerman, Diana Worthen et Maryann Hough furent déplacées dans un grand bureau en *open space,* rassemblant une cinquantaine d'analystes en rang d'oignons. Leurs postes étaient tout au bout, le plus loin possible du bureau de la direction. Leurs nouvelles fonctions ? Examiner de vieux dossiers n'ayant rien à voir avec la Russie ou le KGB. Un travail assommant, et un message clair : elles pouvaient dire adieu au contre-espionnage.

Ce qui tarabustait Laine Bannerman, c'était le temps que Paul Redmond allait prendre avant de lui coller le Bureau de la sécurité aux basques, comme il l'avait fait avec Rick Ames. Elle n'avait rien à cacher, mais cela signifiait une enquête intrusive sur ses antécédents et un autre passage au détecteur de mensonges, cette fois sous l'égide de la CIA et non du FBI. Si Redmond cherchait à enfumer l'analyste – en lui disant que Laine Bannerman était coupable, mais qu'ils avaient encore besoin de preuves polygraphiques pour la coincer – la procédure pourrait mal tourner, car la moindre inattention risquerait d'être consignée comme un mensonge. Et la carrière de

Laine Bannerman aurait alors eu toutes les chances de se finir à tailler des crayons à Tysons Corner.

L'attaque de Redmond vint cependant d'une autre direction.

En mai 1995, une secrétaire de Ted Price se présenta devant le petit bureau de Laine Bannerman, une enveloppe de papier kraft scellée à la main. Sans mot dire, elle la déposa et repartit. Bannerman y trouva une dizaine de mémos rédigés par Paul Redmond à destination de Ted Price, dans lesquels il accusait Laine Bannerman et Diana Worthen d'avoir dissimulé au FBI des preuves relatives à l'enquête sur le Quatrième Homme. Paul Redmond recommandait à Ted Price de lancer une enquête sans tarder.

En jetant un œil attentif aux dates des messages, Laine Bannerman remarqua que Redmond les avait rédigés peu de temps après leur passe d'armes de novembre 1994, et qu'il avait tout l'air de dénoncer des faits délictueux – d'entrave à l'exercice de la justice. Elle savait que Ted Price pouvait transmettre le dossier au ministère de la Justice afin qu'il engage des poursuites contre elle.

En continuant sa lecture, Laine Bannerman comprit enfin pourquoi Ed Curran et Cindy Webb ne répondaient plus à ses appels téléphoniques et la regardaient froidement lorsqu'ils la croisaient dans les couloirs. S'ils n'avaient pas été les destinataires des mémos de Redmond, ils avaient dû très certainement entendre parler de ses accusations.

Plus tard, Ed Curran confia au sujet de Bannerman : « [Elle était] très protectrice de la CIA. Elle se croyait en charge des Opérations et en mesure de décider ce que le FBI devait ou non recevoir comme éléments. C'est un problème que nous avons dû résoudre tout de suite. Nous sommes immédiatement entrés en conflit. Elle essayait de protéger les joyaux de la couronne et nous essayions d'enquêter. »

Laine Bannerman avait une épée de Damoclès au-dessus de la tête, et Ed Curran n'avait pas autorité pour la convoquer et écouter sa version des faits. Si le chef d'accusation était pris au sérieux, alors il faudrait que quelqu'un d'autre du FBI mène l'enquête. Ed Curran devait la tenir à bonne distance. Et c'est ce qu'il fit.

* * *

Laine Bannerman pensait que Paul Redmond avait voulu leurrer Ed Curran en lui faisant croire que les propos de Max lui avaient été délibérément cachés. La chose est complexe, mais le traitement des informations venant de Max se faisait à peu près ainsi : après un contact, l'officier traitant retournait à Washington, puis il remettait l'enregistrement de la réunion à un traducteur, qui le transcrivait sur le papier. La transcription était ensuite envoyée au chef du CE, la Division Eurasie centrale en charge de la Russie, Bill Lofgren, qui devait approuver son envoi au contre-espionnage et au FBI. Inutile de dire que ce processus prenait du temps. Et d'autant plus si Bill Lofgren était en déplacement. À moins que quelqu'un n'ait expliqué la procédure à Ed Curran, on comprend aisément que Paul Redmond ait pu l'induire en erreur et lui faire croire que Laine Bannerman était coupable.

Heureusement, Ted Price avait choisi de ne pas faire suivre les recommandations de Paul Redmond au ministère de la Justice. Laine Bannerman, ayant entre les mains l'unique copie des mémos, les passa à la broyeuse. Elle savait qu'elle était passée à deux doigts d'une mise en examen au niveau fédéral. Tandis que la CIA n'était pas en odeur de sainteté dans les forces de police, une telle éventualité n'était pas à exclure. Et si une enquête interne avait fait chavirer sa carrière, ce genre de procédure aurait tout simplement mis sa liberté en péril.

Pour Laine Bannerman, la suite des événements s'annonçait mal. Certains soirs, en quittant le travail, elle aurait pu en mettre sa main à couper : elle était suivie. Dans son rétroviseur, elle avait détecté deux véhicules roulant à la bonne vitesse pour se caler sur son rythme. Elle savait que le Centre de contre-espionnage disposait d'équipes de surveillance pouvant opérer sur le territoire américain, généralement pour épier des employés de la CIA sous le coup d'une enquête. Mais comme les voitures n'étaient pas directement derrière elle, et finissaient par disparaître, elle s'était aussi demandé si sa trouille de Redmond ne l'avait pas rendue paranoïaque. Quoi qu'il en soit, il lui était impossible d'en faire part à la sécurité de la CIA, qui l'aurait ignorée d'emblée. Maryann Hough, sûre elle aussi d'avoir été placée sous surveillance, décida de prendre son mal en patience. Qu'y pouvait-elle ?

Le malaise monta encore d'un cran quand, un soir, de retour chez elle, Laine Bannerman trouva ses deux gros chiens inhabituellement nerveux. Immédiatement, elle soupçonna une tentative de cambriolage, mais rien de visible n'avait changé. L'idée lui sortit de l'esprit jusqu'au lendemain, et c'est alors qu'un agent du FBI lui téléphona pour lui demander s'il pouvait la rencontrer chez elle pour lui poser quelques questions sur le patron du groupe Russie. Bannerman accepta le rendez-vous, et alors l'agent du FBI lui fit un commentaire sur ses chiens – qu'elle pense à bien les attacher avant son arrivée. Comment le FBI avait-il pu avoir connaissance de leur existence ? Était-il passé chez elle en son absence ? Si Laine Bannerman ne put se résoudre à le croire, l'idée lui passa fugitivement par la tête : le FBI avait-il tenté une perquisition clandestine de son domicile et avait-il été stoppé dans son élan par ses molosses ? La situation passa de grave à désespérée en mai 1995, quand Ted Price prit sa retraite brusquement et sans cérémonie. En général, un directeur adjoint des Opérations qui quitte son poste fait le tour des bureaux et des services pour remercier ses anciens collaborateurs, et il organise si possible une petite fête. Mais Ted Price disparut du jour au lendemain. Sans jamais d'ailleurs rappeler Laine Bannerman après leur réunion en tête-à-tête de janvier. Laine ne put s'empêcher de penser que Paul Redmond y était pour quelque chose, et que d'une manière ou d'une autre, il avait poussé Ted Price à partir. Certes, elle n'avait aucune preuve, mais après ce qui s'était passé au cours des huit derniers mois, l'hypothèse aurait traversé l'esprit de n'importe qui.

Ted Price parti, les trois femmes étaient restées sans direction. À n'en pas douter, le Bureau de la sécurité n'allait pas tarder à frapper à la porte de Laine. Sans rien savoir de l'hostilité entre elle et Paul Redmond – et sur un sujet bien trop sensible pour qu'on les mette au courant de l'enquête de la SIU. Il ne servirait à rien de s'expliquer. Laine Bannerman évoque ce qu'elle avait ressenti à ce moment-là : ce n'était pas tant de la peur qu'un sentiment diffus, proche de l'impuissance totale. Lorsque vous êtes à la merci d'un système opaque.

Un matin, debout devant son poste, Diana Worthen annonça tout de go : « On pourrait peut-être se recycler au CE, la Division Eurasie centrale ? » Bill Lofgren avait quand même dû trouver la réaction de Paul Redmond révélatrice quand il avait piqué une crise durant le briefing de novembre 1994. Peut-être qu'il n'avait pas complètement saisi les implications de la matrice, mais l'étrangeté de la réaction de Paul Redmond pourrait au moins leur valoir une audience. Laine Bannerman n'y réfléchit pas à deux fois. « Qui ne tente rien n'a rien. »

Diana Worthen se présenta au bureau de Bill Lofgren dès le lendemain matin à 6 h 30. Elle ferma la porte et prit place sur le canapé en face de son bureau. Dès qu'elle l'informa qu'elles avaient toutes trois besoin d'un nouvel emploi et qu'elles étaient quasiment sûres d'avoir Paul Redmond contre elles, il n'hésita pas une seconde. Il décrocha son téléphone et joignit le bureau du personnel de sa division.

Ce fut la première bonne nouvelle qui leur était arrivée depuis longtemps. Ce soir-là, Diana Worthen et Maryann Hough se retrouvèrent chez Laine Bannerman pour fêter l'éclaircie autour d'un verre de vin. Elles savaient que Paul Redmond n'avait pas le bras assez long, ni suffisamment de courage pour essayer de les atteindre à travers Bill Lofgren. Pour le moment, elles étaient en sécurité. Et surtout, elles avaient de nouveau les coudées franches pour reprendre l'enquête.

16.

Contre-attaque, *n.f.* Fait de répondre à une agression par une autre.

Langley, juin 1995

Avec l'enquête clandestine de la SIU, l'Unité spéciale du Centre de contre-espionnage de la CIA, sur le Quatrième Homme désormais bien installée dans la division de Bill Lofgren – et opérant juste sous mon nez –, il n'y avait plus qu'une chose à faire : se remettre au travail. Si les trois femmes avaient été chassées du champ de bataille, cela ne les empêchait pas de toucher leur bille en guérilla. Elles commencèrent par reconstituer la matrice de mémoire. Elles avaient désormais accès aux fichiers du groupe Russie, et n'étaient pas au bout de leurs surprises.

Mais surtout, elles gardaient espoir que Max, ou une autre source russe, émergerait et leur procurerait une preuve accablante contre Paul Redmond – ou, si ce n'était pas lui, contre le Quatrième Homme. Elles ne pensaient pas les Russes assez habiles pour avoir piégé Paul Redmond. Leur problème, c'était que les preuves contre lui étaient encore loin d'être irréfutables. Par rapport à celles présentées en novembre 1994, il fallait monter en puissance. Parallèlement, elles avaient commencé à garnir un GRiD d'un mémo « Au cas où », comme elles l'avaient surnommé. Soit le résumé de toutes les preuves qu'elles avaient obtenues contre Paul Redmond, plus toutes celles qu'elles étaient en train de rassembler. « Au cas où », parce qu'il restait possible qu'un élément de preuve – demain, l'année prochaine, dans une décennie – arrive au dossier et le rende imparable. Par sécurité, elles n'en conservaient qu'un seul exemplaire, sauvegardé sur un GRiD stocké dans le coffre de Laine Bannerman. Comme elle était la seule à en connaître la combinaison, si le Bureau de la sécurité voulait mettre la main dessus, il devrait l'ouvrir avec un chalumeau.

Parmi ses pièces maîtresses se trouvait un compte rendu de la manière dont Paul Redmond avait, selon elles, tenté de saper l'enquête de la SIU. Chaque fois que la SIU envoyait la matrice à son bureau pour examen, on y supprimait les références aux fiches A7 et à l'agent double présent aux réunions des chefs de division. Chaque fois, la SIU remettait ces deux items sur la matrice, et ainsi de suite. La SIU recevait comme seule explication le commentaire de Redmond durant le fameux briefing : que Max n'était pas fiable.

La SIU n'était pas du tout de cet avis. Tout au long de l'enquête, la petite équipe était restée convaincue que, bien qu'incontrôlable, Max était un agent de bonne foi qui s'était porté volontaire pour la CIA de son plein gré. À ce sujet, la piste de Caracas avait d'ailleurs balayé tous les soupçons. Aussi, la SIU n'avait pas totalement écarté la possibilité que le KGB ait sacrifié Rick Ames pour détourner l'attention et protéger le Quatrième Homme – et que Max en ait été ici un vecteur involontaire. Mais sans preuve, l'élément n'avait même pas le poids d'une note de bas de page dans la matrice. De même, il était impossible à la SIU d'exclure l'hypothèse que

Paul Redmond sache quelque chose sur Max qui leur eût été inconnu ; par exemple, que Max aurait été grillé par les Russes. Auquel cas, pourquoi la SIU n'en avait-elle pas été informée ?

De la même manière, quelqu'un chez Redmond n'avait cessé de supprimer de la matrice les références à Sergueï Papouchine, ainsi que la possibilité que le Renseignement intérieur du KGB ait infiltré des agents aux États-Unis. Là non plus, sans aucune explication. Sa curiosité piquée au vif, Laine Bannerman était retournée aux archives pour voir s'il n'y avait pas quelques fils à tirer. Elle allait y trouver l'étrange dossier d'Alex, une source au sein du Renseignement intérieur russe qui était un des agents de secours que Paul Redmond gérait en sous-main. Pourquoi le KGB était-il un sujet aussi sensible pour Redmond ?

Qu'importent les motivations de Redmond pour garder le dossier Alex sous le coude, les trois femmes y virent une mauvaise habitude : la gestion en sous-marin d'opérations de contre-espionnage soviétiques. En 1986, il y avait ainsi eu quelqu'un, décrit comme un officier du Renseignement intérieur russe, qui avait déposé une enveloppe dans la boîte aux lettres d'un officier traitant à Bonn, en Allemagne de l'Ouest. Ignorant son nom, la CIA avait désigné l'auteur de la lettre anonyme comme « M. X » La lettre avait été suivie de cinq autres. *Grosso modo*, cette mystérieuse source imputait les pertes d'agents soviétiques de 1985 et 1986 à une faille dans les communications de la CIA. Enfin, M. X avait accusé à tort un officier traitant de la CIA, Chuck Leven, d'être un agent double.

En règle générale, dans ce genre d'affaire, c'est un officier traitant qui doit gérer le dossier sur le terrain. Mais il fut envisagé que M. X pourrait refaire surface. Paul Redmond s'était déplacé en Allemagne pour être présent au rendez-vous. Pour une raison quelconque, il avait pris un taxi à l'autre bout du pays pour se rendre à Bonn. Finalement, M. X ne s'était pas montré, et les services américains en avaient conclu qu'il n'était qu'un leurre visant à détourner Langley de la piste de Rick Ames. Mais une question restait sans réponse : qu'est-ce qui avait bien pu traverser l'esprit de Paul Redmond pour qu'il trouve judicieux de s'occuper personnellement de M. X ? Et ce qui était d'autant plus étrange pour les têtes froides de Langley, c'est que cela se voyait comme le nez au milieu du visage que M. X n'était qu'une grossière provocation du KGB. (Quand un agent refuse de donner des informations précises, matérielles et susceptibles d'être corroborées, et qu'il joue les Arlésiennes, c'est presque toujours le cas.)

Dans le même ordre d'idées, Laine Bannerman avait découvert que lorsque Paul Redmond était à la tête de la section URSS, avant de diriger le Contre-espionnage de la Division soviétique, il refusait systématiquement les transfuges du Renseignement intérieur russe, sans même écouter ce qu'ils avaient à dire. L'un de ces transfuges s'était alors tourné vers les Français, pour qui il était devenu un informateur extrêmement précieux. Un autre avait tout simplement disparu. Pourquoi ces dossiers n'avaient-ils pas été intégrés à la base de données du contre-espionnage russe ? (*Idem* pour Alex.) Laine Bannerman ne pouvait pas formellement déterminer que Paul Redmond était derrière tout ça, mais elle le soupçonnait fortement. En outre, ce refus automatique des transfuges ne concernait que le Renseignement intérieur du KGB, jamais le GRU ou tout autre organe gouvernemental russe. Pourquoi ?

Laine Bannerman se remémora avec inquiétude que Paul Redmond avait aussi refusé d'incorporer les archives Mitrokhine – des documents sortis clandestinement par un archiviste du KGB – dans les bases de données du contre-espionnage. Après avoir été refoulé par Milt Bearden,

Vassili Mitrokhine avait déserté le KGB pour le MI6 à Riga, et apporté six malles de notes manuscrites copiées des dossiers du KGB. Une véritable mine d'or, qui avait permis notamment d'identifier de nombreux agents et des opérations du KGB dans le monde entier. Mais en dépit de leur flagrante utilité pour les analystes du contre-espionnage, Redmond avait refusé que les notes de Vassili Mitrokhine soient consignées dans la moindre base de données, au motif du respect d'une consigne du MI6. Cependant, comme Laine Bannerman finit par l'apprendre, un responsable des services secrets britanniques démentait cette version. Et Laine Bannerman s'était laissée aller à imaginer que Paul Redmond craignait que Vassili Mitrokhine ait réussi à identifier des espions du KGB – des « agents de la route » – dans leurs déplacements aux États-Unis pour renseigner les agents du Renseignement intérieur russe.

Une autre bizarrerie impliquant Paul Redmond était survenue après la révolution de velours de 1989 en Tchécoslovaquie. Un jour, le chef des services de renseignement tchèques avait appelé son contact à la CIA pour lui demander pourquoi l'Agence avait organisé une rencontre avec Karl Koecher, ancien officier des services secrets tchèques, en Allemagne. Et pourquoi la CIA ne lui avait pas simplement demandé de le faire à Prague. Embarrassé, l'agent de la CIA répondit qu'il n'en savait rien, mais qu'il allait vérifier auprès de Langley.

Koecher avait émigré aux États-Unis en 1965, en se faisant passer pour un dissident. En 1973, la CIA l'avait embauché comme linguiste, ignorant bien sûr qu'il avait travaillé pour les services secrets tchèques – et qu'il leur rendait toujours des comptes. Durant son passage à la CIA, Koecher allait trahir, *via* les Tchèques, de nombreuses opérations de la CIA au KGB, y compris la couverture d'un diplomate soviétique espionnant pour la CIA, Aleksandr Dmitriévitch Ogordnik – TRIGON, selon le cryptonyme que lui avait donné l'Agence. Karl Koecher finit par être coincé par le FBI pour espionnage, puis échangé avec les Russes sur le célèbre pont des Espions de Berlin en 1986 contre, notamment, Natan Sharansky. De retour en Tchécoslovaquie, il y jouit d'une petite célébrité.

Stupéfait à l'idée que Langley ait voulu s'entretenir avec un espion notoire, l'agent de la CIA lui avait envoyé un câble pour demander si quelqu'un avait effectivement rencontré Karl Koecher en Allemagne. Mais au lieu de lui répondre par les voies idoines, Paul Redmond avait appelé l'officier en question sur une ligne sécurisée pour lui dire que oui, un de ses employés avait vu Karl Koecher, mais qu'il ne pouvait pas mettre par écrit l'objet de la rencontre. Et qu'il le lui expliquerait en personne, à Langley. Tout ce que Redmond finit par lui dire, c'est que le contact avec Karl Koecher faisait partie d'une chasse à la taupe.

Autre élément inclus dans le mémo « Au cas où » : le nombre de fois où Paul Redmond s'était rendu à l'aéroport international de Dulles, en Virginie du Nord, pour y rencontrer des officiers traitants de retour d'un contact avec des agents russes. Ce qu'il avait fait avec Adolf, l'officier de la Ligne KR ayant signalé le mystérieux voyage de Vladimir Tsymbal et l'existence de deux agents doubles dans les services secrets américains. Après avoir été transféré de New York à Moscou, Adolf Tolkachev y avait vu Mike Sulick, le chef de poste. Adolf étant une source sensible, Sulick était ensuite revenu à Washington pour son compte rendu. Mais qu'importe qu'Adolf soit un dossier russe, et non de contre-espionnage, Paul Redmond avait quand même été à Dulles pour pêcher Mike Sulick dès sa descente d'avion, et le cuisiner tout le trajet jusqu'à Langley.

Une autre fois, Redmond était allé à Dulles rencontrer un officier traitant de retour d'Athènes avec tout un tas de documents qu'un agent des services secrets russes venait de lui communiquer sur place. Pourquoi Redmond s'était-il donné tout ce mal ? Il ne l'avait jamais expliqué, et personne ne le lui avait jamais demandé. Mais la pratique fut jugée étrange, car inédite pour un officier supérieur. En outre, le gars d'Athènes n'avait rien ramené qui soit d'un quelconque intérêt pour le contre-espionnage. La machine à soupçons de Laine Bannerman frisait la surchauffe. Était-ce parce que Paul Redmond avait été affecté à Athènes dans les années 1980, à peu près à l'époque de Sergueï Bokhan ? Craignait-il que le Russe ait quelque chose à dire sur lui ? Mais, comme Bannerman le savait, des soupçons comptent peu et ne valent pas la peine qu'on s'y attarde.

Laine Bannerman découvrit également que Paul Redmond avait l'habitude de court-circuiter le système d'archivage de la CIA, sans jamais sortir des documents ni effectuer des recherches en son nom. S'il était bien présent dans le « tableau des badges » et dès lors autorisé à consulter n'importe quel dossier, il passait toujours par un subordonné. Qu'importe sa justification, la pratique était très peu orthodoxe, voire inconnue dans le contre-espionnage, car cela sapait le principe même des procédures comme les listes Bigot. De la part de Paul Redmond, c'était inexcusable, car il était bien placé pour savoir que l'efficacité d'une chasse à la taupe dépendait de ce genre de méthodes. Ce qui ne tarda pas à obséder Laine Bannerman : *avait-il quelque chose à cacher ?*

Pendant toute cette période d'agissements *a priori* suspects, Paul Redmond avait effectivement *quelque chose* à cacher : la traque de Rick Ames. Si Laine Bannerman et son équipe sont persuadées que le contre-espionnage exige des protocoles stricts et éprouvés, on peut tout à fait penser que Redmond ait opté pour quelques raccourcis histoire de préserver l'intégrité de cette enquête. De l'extérieur, il était facile d'y voir des actions sournoises et intéressées. Mais peut-être qu'après avoir passé des années à poursuivre des agents doubles, Paul Redmond ne faisait plus confiance à personne. Dans tous les cas, ces bizarreries ne concernaient qu'une infime partie des interrogations de la SIU. *Quid* des oublis stupéfiants commis dans l'enquête sur Rick Ames et que Paul Redmond avait ignorés ? Pourquoi n'avait-il pas tiré la sonnette d'alarme avec l'ex-KGB Oleg Gordievsky et les deux autres Soviétiques compromis en mai 1985 ? Comment est-il possible qu'il n'ait pas remarqué que la temporalité de leur compromission ne coïncidait pas avec la grande livraison de Rick Ames du 13 juin 1985 ? Comment, se demandait la SIU, un indice aussi flagrant avait-il pu échapper à l'enquêteur en chef? (S'il avait contribué au lancement de l'enquête de la SIU sur le Quatrième Homme, dont il ne nie pas la possible existence, et qui a permis de répondre à ce genre de questions en suspens, Paul Redmond reste à ce jour obstinément convaincu que Rick Ames a bien grillé ces agents.)

Autre motif de tracasserie pour Laine Bannerman : l'approche de Paul Redmond dans la chasse de Rick Ames, et notamment sa manie de se fier davantage à ses tripes qu'aux preuves. Durant cette enquête, Paul Redmond, Jeanne Vertefeuille, Jim Olson et les autres avaient voté pour leur suspect préféré, et ainsi transformé l'enquête en concours d'impopularité. Personne n'avait eu suffisamment de jugeote pour se dire qu'une telle tactique risquait de faire passer à l'as les compromissions dont Rick Ames ne pouvait être responsable. Ou encore la possibilité d'un second agent double dans les Opérations soviétiques de la CIA. Paul Redmond, en particulier, aurait dû y faire plus attention. *Idem* pour sa passivité quand Milt Bearden avait ordonné la destruction de la base de données de contre-espionnage de la Division soviétique. Est-ce que braquer les projecteurs exclusivement sur Rick Ames n'était pas son intention depuis le début ? Pour s'assurer que personne n'irait fouiner autre part ?

Toutes mes sources s'accordent à dire que la chasse à Rick Ames a été délibérément menée comme une instruction judiciaire aveugle, et non comme une véritable enquête de contre-espionnage, et qu'elle a dès lors omis des contradictions et des doutes évidents afin de renforcer le dossier contre lui. La chose est incongrue, vu que Paul Redmond, présent dans l'équipe d'évaluation des dommages causés par Robert Hanssen, avait eu ce commentaire : qu'il lui paraissait évident que le FBI avait délibérément accéléré l'enquête sur Robert Hanssen, histoire de réduire au minimum ses chefs d'accusation. Pour le FBI, la pratique est courante cela s'appelle une « enquête de renseignement sélective ». Elle consiste à mener une enquête express en se focalisant sur les meilleures preuves, les plus convaincantes, sans s'attarder sur des faits potentiellement à décharge. Le but ? Parvenir à des aveux et à un accord de plaider coupable aussi rapidement que possible, sans constituer un dossier d'espionnage exhaustif. Selon le représentant principal de la direction des Opérations au sein de l'équipe d'évaluation des dommages de Rick Ames, tous ceux à avoir examiné objectivement les preuves n'ont jamais cru un seul instant que Rick Ames avait trahi Oleg Gordievsky et les deux autres. Il ajouta que, des années plus tard, il avait relu à tête reposée le rapport et qu'il lui avait sauté aux yeux comme une « minable évaluation des dommages ». Clairement, Oleg Gordievsky et les deux autres auraient dû être signalés comme des compromissions inexpliquées. Sauf qu'il y avait dû y avoir une pression implicite « pour coller toutes les compromissions » sur le dos de Rick Ames. « Impossible de gagner à ce jeu-là. » Lorsqu'il s'en émut en privé à Paul Redmond, celui-ci fut obligé d'admettre : « Nous ne les avons pas tous attrapés », et ce, à plusieurs reprises. Pour autant, jamais Redmond n'a pris la peine d'exprimer ses soupçons, ni de préciser pourquoi il n'en avait rien fait.

Pour la SIU en exil, la liste continuait de s'allonger. Autre souci : que Redmond n'ait jamais recherché quels dossiers n'avaient pas été résolus par le cas Rick Ames, et pourquoi. Par exemple, au début des années 1990, le FBI avait recruté le *rezidiente* adjoint du KGB de Washington, en décidant cependant de ne pas en informer la CIA, Redmond y compris. Est-ce la raison pour laquelle l'agent n'avait jamais été compromis ? L'équipe est tombée sur d'autres anomalies de ce type. Mais sans connexion avec le FBI, il n'existe aucun moyen de les replacer dans leur contexte. Que pouvaient-elles faire ? Les consigner dans leur mémo « Au cas où ».

Laine Bannerman ne se faisait aucune illusion. Même cumulés et présentés sous leur plus mauvais jour, tous ces éléments ne constituaient pas une preuve d'espionnage. Mais elle gardait l'espoir qu'un jour, tout s'éclaircirait. Il fallait seulement que la bonne source russe se manifeste. Quelqu'un qui en saurait suffisamment sur le Quatrième Homme pour permettre de l'identifier.

* * *

Laine Bannerman trouva enfin ses marques quand Bill Lofgren la transféra du groupe Sud au groupe Russie, où elle passa numéro deux. Connaissant le tempérament de Lofgren et le fait qu'il était toujours dans les bonnes grâces du directeur de la CIA, John Deutch, Paul Redmond ou n'importe qui d'autre n'aurait rien pu y faire. Ce qui offrait à Bannerman la liberté de fouiller à sa guise dans les dossiers russes. Elle ne craignait pas de compromettre sa carrière. Même innocent, Paul Redmond avait de quoi craindre ce qu'elle était désormais capable de déterrer sur lui. Sans compter que Maryann Worthen avait elle aussi rejoint le groupe Russie. Pour Redmond, la meilleure option était de jouer la résistance passive. Convié aux réunions du groupe Russie, il annonçait sa venue, puis prétextait un empêchement de dernière minute.

Désormais seul à la barre de la traque du Quatrième Homme, il allait se mettre à suivre une fausse piste après l'autre. Du haut du groupe Russie, Laine Bannerman et Diana Worthen ne pouvaient qu'observer son audace en silence. Son intention, selon elles, était de distraire le FBI en l'occupant avec de la verroterie. Sans pouvoir le prouver, Laine Bannerman en était convaincue : Paul Redmond cherchait à détourner l'attention du FBI du profil que la SIU avait dressé en novembre 1994, celui-là même où il faisait figure de suspect. Le soutien du FBI semblait lui être acquis, même si certains avaient commencé à le regarder de travers.

Au FBI, quelqu'un d'autre que James Milburn avait des doutes sur Paul Redmond. Il s'agissait de John Lewis, futur directeur adjoint du FBI en charge de la division du Renseignement. S'il était plus gradé qu'Ed Curran, il n'était pas pour autant en mesure d'intervenir directement dans le travail qu'il faisait à la CIA. Selon Lewis, l'existence du Quatrième Homme était certaine. Certes, il ne pouvait pas se fixer sur un nom, mais Milt Bearden allait longtemps demeurer au sommet de ses soupçons. Un jour où John Lewis voulait l'interroger dans son bureau, ce dernier avait placé une lampe entre eux deux. Sans mot dire, Lewis s'était levé et, devant un Milt Bearden interloqué, il avait déplacé la lampe. Mais c'était à Paul Redmond que Lewis faisait le moins confiance.

Une fois, alors qu'il reconduisait Diana Worthen du siège du FBI à Langley, ils l'avaient aperçu qui marchait non loin de là. Par réflexe, Lewis intima à Worthen de se baisser pour que Redmond ne les voie pas ensemble. Il n'avait aucune envie qu'il sache qu'ils étaient amis.

Toutes les fausses pistes de Redmond menaient au même point : elles étaient liées, comme lui, à la section URSS ou au contre-espionnage soviétique à l'époque des compromissions inexpliquées. Parmi eux, des vétérans de la Guerre froide à l'instar de Fran Smith, John O'Reilly et Bill Deardorff. Leurs noms ne sont pas connus du public, mais des amis ont dit à Laine Bannerman et à Diana Worthen qu'ils pensaient que Paul Redmond les avait dénoncés comme des taupes.

Fran Smith avait tout d'une cible commode : elle avait dirigé la section URSS après Redmond et, en 1986, elle était passée au groupe du contre-espionnage missionné pour examiner les pertes de 1985 et 1986. Elle était au courant de nombreuses compromissions inexpliquées d'agents et d'opérations techniques consignées dans la matrice, y compris celles d'Oleg Gordievsky et des deux autres agents de renseignement perdus en mai 1985. Que le FBI ait sérieusement envisagé sa culpabilité n'avait donc rien d'étonnant. Mais en approfondissant ses recherches, la SIU comprit que son profil ne pouvait pas coller. John O'Reilly était une proie facile. Il avait lui aussi eu accès aux agents disparus, tout en souffrant d'un gros problème d'alcoolisme et d'une carrière en fin de course. Le FBI allait passer son dossier au peigne fin, en vérifiant notamment ses déplacements à l'étranger et son historique bancaire, pour finalement l'écarter car il ne collait pas avec toutes les pertes inexpliquées. Mais être ainsi sur le gril n'avait pas arrangé sa carrière. Celle de Bill Deardorff fut tout bonnement anéantie lorsqu'il se vit retirer son affectation à l'étranger. Il prit sa retraite sans jamais comprendre ce qui lui était arrivé.

Autre carrière brisée net, celle de Brian Kelley, officier de contre-espionnage. Il fut soupçonné d'avoir informé Moscou d'une enquête sur Felix Bloch, un espion russe présumé au sein du Département d'État. Si la CIA et le FBI finirent par admettre leur méprise, la vie de Kelley fut irrémédiablement détruite. Il contacta la presse pour dénoncer comment il avait été, avec sa famille, agressivement traqué par la CIA et le FBI, et comment, avec de maigres preuves, on lui avait retiré son travail. Sa fille perdit également son poste à la CIA. Mais ce que peu de gens ont su, c'est que la mise au pas de l'agent Kelley avait été un dommage collatéral dans la chasse au Quatrième Homme. Laine Bannerman, au courant de l'enquête, savait qu'il ne pouvait correspondre au profil du Quatrième Homme qu'aux yeux de quelqu'un qui n'aurait rien compris aux opérations russes de la CIA et du contre-espionnage (comme le FBI). Dans tous les cas, elle comme d'autres n'avaient jamais cru que Kelley ait pu transmettre le dossier Felix Bloch aux Russes. Certes, l'intuition n'a aucune place dans ce genre d'affaire, mais tout le monde était persuadé de bien le connaître et, à ce titre, de savoir qu'il n'était pas un traître. Que Paul Redmond ait été celui qui avait dénoncé Kelley au FBI, Bannerman en fut également persuadée. Peut-être parce que Kelley correspondait vaguement au profil du Quatrième Homme et qu'il avait eu accès à la plupart des compromissions inexpliquées consignées dans la matrice.

Ce que Redmond dément formellement. Selon lui, des données préliminaires laissaient bien entendre que Kelley avait été responsable de la fuite sur Bloch. Mais il avait ensuite compris que ce n'était pas possible et avait laissé tomber l'hypothèse. Et c'est ensuite que le FBI aurait décidé, sans preuve, que Kelley était le Quatrième Homme, et l'aurait mis sous surveillance vingt-quatre heures sur vingt-quatre. Selon Redmond, le FBI avait falsifié les preuves. Quand il y avait des trous dans la filature des véhicules de Kelley, le FBI les avait amplifiés pour faire croire que Kelley avait eu le temps d'aller magouiller, par exemple de déposer ou de récupérer quelque document dans une boîte aux lettres morte. Laine Bannerman confirme les manipulations du FBI. Mais, simple adjointe du groupe Russie, elle n'avait pas l'autorité nécessaire pour s'opposer à Paul Redmond ou au FBI. (Il s'avéra, ce qu'elle ne savait pas à l'époque, que c'était Robert Hanssen qui avait parlé de Felix Bloch au KGB.)

* * *

Paul Redmond trouva une autre fausse piste parmi ses « agents de secours » – un Russe aux antécédents louches. La CIA m'ayant demandé de ne pas l'identifier, je l'appellerai Sergueï. Comme avec Alex, Redmond s'était personnellement occupé de son cas. Les contacts avaient eu lieu en Allemagne et en Grande-Bretagne, parfois en compagnie d'officiers du siège, comme lorsque David Rolph était parti à Berlin pour voir Alex sans savoir de quoi il en retournait. Mais de l'avis de Laine Bannerman, ils n'étaient là qu'en pure forme, pour faire croire que ces rendez-vous s'intégraient dans une enquête de contre-espionnage plus vaste et organisée. Un autre élément qui allait attirer les soupçons des enquêtrices de la SIU : au lieu de le gérer du QG, toutes les réunions sur Sergueï étaient organisées au domicile de deux officiers de la CIA, en Virginie du Nord. Gérer des sources depuis des résidences privées et non pas depuis Langley est très peu orthodoxe. Mais cela tombe sous le sens si Redmond craignait que Langley ne soit sur écoute.

Autre élément à attirer les soupçons de Laine Bannerman : que Sergueï ait été présenté à Redmond *via* Viktor Boudanov, général du KGB à la retraite, le même officier du Renseignement étranger russe qui avait interrogé Oleg Gordievsky. Non seulement Viktor Boudanov était un communiste de la vieille école qui n'avait jamais manifesté le moindre signe de fléchissement, mais son dernier poste, avant sa retraite en 1992, avait été adjoint de la Direction K, la branche de contre-espionnage du Renseignement étranger du KGB. Supervisant les agents de la Ligne KR sur le terrain, il faisait partie de la même direction que Max, celle qui gérait Rick Ames et Robert Hanssen. Comme la plupart des retraités du KGB, il était dans la réserve active. En clair, même sans être payé, il était soumis à la même sécurité draconienne que lorsqu'il était actif. Pour la SIU en exil, il n'était pas logique qu'un homme aussi loyal et haut placé franchisse le Rubicon et se mette à aider la CIA dans sa traque à la taupe, qui plus est dans son ancien service. Un élément aussi suspect que l'approche de l'agent triple tchèque Karl Koecher. Mais personne n'a voulu écouter Laine Bannerman et, comme elle l'avait prédit, Sergueï s'est avéré être une planche pourrie.

Lors d'un contact à la fin de l'année 1996, Sergueï avait soupçonné Joe Hayes, un officier supérieur de la CIA, d'être le Quatrième Homme. Spécialiste en cryptologie russe, Hayes était un officier très apprécié. Ce qui n'empêcha pas les acolytes de Redmond d'aller lui pourrir la vie. Dès que l'agent de la CIA Debby Fitzgerald obtint du terrain le tuyau de Sergueï sur Joe Hayes, elle accourut en panique au septième étage pour exiger que ses accès au bâtiment lui soient immédiatement retirés. Il fallait aussi en informer sur-le-champ le FBI. Ce que fit effectivement le septième étage, sauf que le FBI en avait désormais sa claque des tuyaux percés de

Paul Redmond. Sa conclusion : que Joe Hayes avait été piégé par Viktor Boudanov, sans doute sur ordre de son ancien employeur. S'avouant pour le moment vaincu, le FBI coupa ses liens avec Redmond.

À en croire Laine Bannerman, Viktor Boudanov et Sergueï correspondaient parfaitement aux petites manies de Redmond – s'attacher des agents officieux et n'avoir de comptes à rendre à personne. Jamais ces sources n'avaient reçu de cryptonyme, ni de numéro de dossier 201. Elles n'ont généré aucun trafic de câbles et pas le moindre de leurs renseignements n'a été entré dans des bases de données ou consigné dans des mémos. En clair, seul Paul Redmond connaissait ces agents de A à Z. Qui d'autre que lui pouvait savoir ce que des Alex et des Sergueï avaient pu révéler sur des taupes russes à la CIA ? Pour la SIU en exil, les magouilles de Paul Redmond avaient faussé la piste du Quatrième Homme, en détournant l'attention du travail rigoureux de contre-espionnage qu'elle avait effectué. Redmond était le maître du jeu, et il n'y avait aucun moyen de prouver qu'il était le Quatrième Homme.

Laine Bannerman a toujours mis un point d'honneur à traiter ces éléments comme des conjectures, pas comme des preuves de trahison. En même temps, que les Russes aient bénéficié d'une infiltration de la CIA à très haut niveau était irréfutable. Pour une raison quelconque, et malgré toute sa minutie, l'enquête de la SIU fut ignorée, alors qu'elle aurait dû passer prioritaire. Exception faite d'une poignée d'alliés – John Lewis, James Milburn ou Bill Lofgren – toutes les oreilles restèrent sourdes à Langley. Pour compléter l'histoire, il fallait qu'une nouvelle source russe se manifeste.

Finalement, ce ne fut pas le Quatrième Homme, mais un autre agent double russe à la CIA qui mit le feu aux poudres.

17.

Échec et mat, *expr.* Quand quelqu'un est complètement acculé, sans la moindre échappatoire possible.

En Union soviétique, 1995-1996

Après le contact entre Max et Corbin en Amérique du Sud, il y eut encore deux rendez-vous avec lui. À chaque fois dans une ville de l'ex-Union soviétique, que Max pouvait rejoindre en un court laps de temps et sans éveiller les soupçons de ses patrons. Autre avantage: les services secrets locaux étaient beaucoup moins regardants que les Russes sur ce que faisait la CIA à l'intérieur de leurs frontières. En prenant quelques précautions de base, un contact avec un officier de renseignement russe pouvait s'y faire en toute sécurité. Que Max ait finalement accepté de régulariser ses contacts avec la CIA fut également d'un grand secours.

Lors du premier de ces deux rendez-vous, Bannerman pria pour que Max ait du nouveau sur le Quatrième Homme. Dans l'idéal, un tuyau sur un prochain contact entre la taupe et son contact russe, comme avec Youri Karetkine et Rick Ames à Caracas. Ce qui dépendait de la densité des réseaux que

Max avait pu nouer depuis ses échanges avec Dick Corbin en Amérique du Sud. Mais comme souvent dans cette histoire, il y eut un rebondissement que Bannerman aurait dû prévoir.

Les versions divergent, mais le plus probable est que durant ce premier rendez-vous, Max ait lâché une très mauvaise nouvelle : qu'il était soupçonné par son service, et dès lors complètement coupé du réservoir à secrets. Pourquoi ? Il n'en avait pas la moindre idée, mais il était persuadé d'avoir été repéré. Les grands espoirs de Laine Bannerman étaient désormais anéantis. Selon toute vraisemblance, la CIA pouvait faire une croix sur sa meilleure source de contre-espionnage russe.

Max ajouta qu'il avait entendu dire que son service, le Renseignement étranger russe, possédait un autre agent double à la CIA. Comme d'habitude, il ne connaissait ni son nom ni sa position, mais put préciser qu'il avait d'abord été recruté à Kuala Lumpur et qu'il était maintenant affecté à « la Ferme », le centre d'entraînement de la CIA en Virginie du Nord.

Si Maryann Hough ne faisait pas partie de l'enquête, il lui fallut moins d'une heure pour récupérer le tuyau de Max et comprendre, grâce aux registres du personnel, qu'il s'agissait de Harold « Jim » Nicholson. Vu qu'il n'était jamais passé par les Opérations soviétiques ou russes, il n'était certainement pas le Quatrième Homme. Mais Bannerman et ses acolytes étaient bien conscientes qu'une enquête approfondie du FBI et de la CIA sur Nicholson ferait complètement dérailler la chasse au Quatrième Homme.

Ce qui ne manqua pas d'arriver. Le FBI s'investit corps et âme pour constituer un dossier béton contre Jim Nicholson. L'affaire mobilisa des dizaines d'agents du bureau de Washington, des techniciens pour cacher des caméras dans son bureau, et une équipe de centaines de membres pour le surveiller des mois durant. Le rôle de la CIA fut secondaire, mais elle dépêcha tout de même des dizaines d'agents, dirigés par Paul Redmond.

Jim Nicholson fut arrêté le 16 novembre 1996, jugé et condamné pour espionnage. Il purge actuellement une peine de prison à vie dans la prison haute sécurité Supermax ADX à Florence, dans l'État du Colorado. Cette arrestation fut une autre plume pour la coiffe de Redmond. Après avoir débusqué deux taupes russes, le voici désormais devenu une légende vivante du contre-espionnage, plus intouchable que jamais. Et l'espoir de Laine Bannerman de voir quelqu'un revenir sur la matrice et le profil de novembre 1994 ? Mort et enterré.

Sans aucun moyen de le prouver, la SIU en exil fut tentée de croire que les Russes avaient brûlé Nicholson pour protéger le Quatrième Homme. Encore un leurre qui avait fait perdre du temps et de l'énergie… Max en avait probablement été le vecteur à son insu. La clique, persuadée que les services secrets russes avaient sacrifié un agent pour en protéger un autre, plus précieux, n'était toujours pas en odeur de sainteté, mais de l'avis de Laine Bannerman et de ses acolytes, vu que Jim Nicholson n'avait accès à rien qui soit d'un quelconque intérêt stratégique pour les Russes – comme les Opérations russes ou le Contre-espionnage – il avait tout du parfait fusible.

Et il y avait urgence à le faire sauter. À ce stade, il était évident que les Russes savaient qu'une enquête sur le Quatrième Homme était en cours. L'agent de liaison russe qui avait approché le chef de poste de Moscou en 1994 l'avait admis. De même, le but de l'opération de Phil et de Michele à Moscou ne leur avait sans doute pas échappé. Que quelqu'un à Moscou ait envisagé de sacrifier Jim Nicholson n'avait donc rien d'improbable. Mais là encore, la vérité était perdue dans la jungle des miroirs. Si la SIU en exil voyait juste, alors le Quatrième Homme et les Russes avaient une fois de plus berné la CIA et le FBI.

Du point de vue de Laine Bannerman, de Maryann Hough et de Diana Worthen, Paul Redmond avait échafaudé tout un kaléidoscope de miroirs, et transformé la traque du Quatrième Homme en chasse gardée. Avec son écurie personnelle d'agents russes, il était le seul à pouvoir décider quelles pistes de contre-espionnage devaient être poursuivies. Et cela faisait longtemps. Après tout, c'était bien Redmond qui, en 1986, s'était d'abord arrangé pour que le contre-espionnage soviétique soit exclu du trafic officiel des câbles et des analyses finales, avant d'être privé de copies papier tout court. Et c'était lui aussi qui s'était plié en quatre pour être le seul habilité à trier les éléments à prendre, ou non, en compte pour débusquer le Quatrième Homme. C'était lui qui avait fermé la SIU… Qu'il soit coupable ou non, il est difficile d'interpréter autrement cette partie de l'histoire.

Ce qui ne veut pas dire que les victimes livrées par Paul Redmond au FBI n'eussent pas été de potentiels suspects. Tous avaient eu, à un moment ou à un autre, accès à la section URSS et au contre-espionnage soviétique. Mais aucun ne correspondait au profil, ou ne collait avec toutes les compromissions de la matrice. Quant à Bill Lofgren, le seul véritable allié de la SIU en exil encore puissant, il allait un temps envisager de s'adresser à John Deutch, le directeur de la CIA après James Woolsey. Si Deutch saisissait les implications de la matrice et rouvrait l'enquête, cela aurait pu au moins « ternir le lustre de Redmond », pour citer Bill Lofgren. Mais au lieu de ça, il décida qu'il en avait assez de la CIA et prit sa retraite. Comme il me l'avoua des années plus tard, il craignait que l'Agence ne se relève pas d'un autre scandale de taupe russe.

Laine Bannerman et son équipe continuaient à garder espoir. En attendant, l'affaire avait été classée. Quatrième Homme ou pas, Paul Redmond pouvait savourer sa victoire. La CIA venait de laisser passer sa meilleure chance de mettre de l'ordre. Elle avançait sans visibilité dans un monde au seuil d'un changement radical.

18.

À l'aveuglette, *loc. adv.* Agir ou avancer sans l'aide d'une carte.

Moscou, 1998-1999

En 1998, avertie par les services secrets britanniques que les quatre derniers agents russes de la CIA avaient été compromis, l'Agence allait les mettre en sécurité. Parmi eux, Max, exfiltré de Moscou. Adolf Tolkachev, à l'époque en poste à l'ambassade de Russie à Ottawa, fut réveillé au milieu de la nuit avec sa famille. À tout ce beau monde, on fit prestement passer la frontière vers les États-Unis. Les deux autres sources étaient un agent de contre-espionnage affecté à Copenhague et un informateur d'importance secondaire à Moscou. Que la CIA ait réussi à récupérer tous ces gens en vie fut un succès rare pour l'Agence, mais le triomphe occulta un désastre. Face à la Russie, la CIA était désormais sourde et aveugle. Au moment même où Poutine et ses sbires du KGB s'apprêtaient à s'emparer du Kremlin, elle ne disposait pas d'un seul agent russe digne de ce nom.

Les explications qu'on a pu me donner sur les compromissions de ces agents varient. Les Russes les avaient-ils grillés en piratant les communications des agents de la CIA infiltrés ? La faute en revenait-elle à Robert Hanssen, qui les aurait trahis tous les quatre ? Selon l'ancien directeur adjoint des Opérations, Mike Sulick, Robert Hanssen n'avait donné que les noms de Max et d'Adolf. Mais pour le MI6, il est certain qu'ils avaient été exposés au minimum un an avant que Robert Hanssen ne reprenne contact avec le KGB, en 1999. Et ce que la trahison de Hanssen n'explique pas non plus, c'est qu'à peu près à la même époque, le groupe Russie avait conclu que tous ses « développementaux » russes aux quatre coins du monde s'étaient mis à alimenter la CIA en désinformation, d'une manière clairement coordonnée. (Les « développementaux » sont des individus que la CIA espère un jour recruter en tant qu'agents.) Selon le groupe Russie, il est presque certain qu'une taupe russe à Langley ait été à l'origine de la fuite. L'hypothèse d'une taupe au FBI a été écartée, car le FBI ignorait tout des développementaux de la CIA. L'enquête sur le Quatrième Homme ayant été inactivée ou délibérément mise en veille, à en croire la SIU en exil, il n'y avait aucun moyen de savoir si le Quatrième Homme était derrière tout ça.

* * *

Déprimée et épuisée, Laine Bannerman avait pris sa retraite en 1998. Mais de temps à autre, des gens du groupe Russie passaient chez elle en quête de renseignements sur le Quatrième Homme. Un jour, on l'avait interrogée sur Vladimir Tsymbal et ses mystérieux voyages à Washington. Et en 2002, on lui avait demandé de réinterroger Adolf Tolkachev. On ne lui avait pas expliqué ce regain d'intérêt pour Tolkachev ou pour Tsymbal, mais Bannerman s'était dit que l'enquête sur le Quatrième Homme était toujours active. Un signe que leur travail acharné n'avait pas été vain… Diana Worthen avait pris elle aussi sa retraite en 1998. *Idem* pour Maryann Hough, qui continua cependant à travailler pour la CIA de manière indépendante. Un jour de 2007, le directeur adjoint des Opérations, Mike Sulick, annonça à Laine la destruction du mémo « Au cas où » de la SIU sans lui expliquer pourquoi. C'était la seule copie

Laine Bannerman, Maryann Hough et Diana Worthen croisèrent Paul Redmond une dernière fois en 1999, à Langley, lors d'une cérémonie en mémoire du général Dimitri Poliakov, celui qui avait alerté les États-Unis de la scission sino-soviétique avant que Rick Ames ne le vende. Redmond s'était montré plutôt sympathique mais, juste avant que leurs chemins ne se séparent, il leur avait dit en passant qu'il allait à Moscou, *via* Londres, afin de rencontrer Viktor Boudanov pour affaires.

Fallait-il réagir ? Bannerman et les deux autres n'en savaient rien. Comment savoir si Redmond disait vrai ? Il aurait pu mentir, ou se montrer sarcastique. Dans tous les cas, c'était une manière de dire : *Vous avez perdu, et moi j'ai gagné.*

J'ai interrogé Paul Redmond au sujet de Viktor Boudanov. Il m'a expliqué qu'après avoir pris sa retraite de la CIA en 1997, il était devenu consultant et s'était effectivement rendu à Moscou, pour le compte d'un cabinet d'avocats londonien, afin de solliciter les services de Viktor Boudanov. À cette époque, Boudanov avait quitté le KGB, et s'occupait d'une entreprise de sécurité. Il avait été chargé de récupérer l'argent que les clients du cabinet avaient perdu à cause d'un escroc russe. Avant de s'envoler pour l'Europe et la Russie, Paul Redmond avait appelé Mike Sulick, alors chef de la division des Opérations russes, qui lui avait donné son feu vert. Mais à Moscou, Viktor Boudanov s'était révélé être un « connard prétentieux ». Il s'était emporté contre Redmond, en lui reprochant d'attaquer et d'insulter le KGB. En fin de compte, selon Redmond, le rendez-vous avec Boudanov n'avait mené nulle part.

Quoi qu'il en soit, l'histoire arrive ici à un carrefour entre Vladimir Poutine et le Quatrième Homme. Après avoir pris sa retraite du KGB en 1992, Viktor Boudanov s'était lancé dans la sécurité privée. Entre autres, on le savait impliqué dans une société de conseil en sécurité dans le Maryland, *Parvus International.* Avec comme partenaire un ancien fonctionnaire de la NSA. *Parvus International* et une de ses filiales avaient embauché plusieurs ex-agents des services secrets américains, dont un agent du FBI à la retraite qui avait enquêté sur Rick Ames et dirigé par intérim l'antenne de la CIA à Athènes, à l'époque de Sergueï Bokhan. Ajoutez Paul Redmond au cocktail, et vous donnerez des sueurs froides à un chasseur de taupes de la Guerre froide. Mais nous étions avant Poutine, quand la Russie était encore considérée comme une bonne camarade. Faire des affaires avec l'ancien chef adjoint de la Direction K, la clique qui s'était occupée des agents doubles dans le monde entier, et de traîtres comme Rick Ames et Robert Hanssen, ne dérangeait personne. Travailler avec Viktor Boudanov ne voulait pas dire vendre son âme aux services secrets russes.

À un moment donné, d'anciens officiers du MI6 ont examiné Viktor Boudanov de plus près pour voir s'il n'était pas un sous-marin des services secrets russes. Pourquoi ? À cause d'une interview qu'il avait accordée à un obscur site Internet dans laquelle il évoquait ses liens avec Poutine, du temps où Boudanov dirigeait la Ligne KR en Allemagne de l'Est. De même, les officiers du MI6 s'étaient posé des questions sur les officiers du Renseignement américain travaillant à Moscou avec Boudanov. Un jour, un ancien officier du MI6 qui s'était rendu au bureau de Boudanov à Moscou pour y voir plus clair y avait croisé un « Américain haut placé », mais il n'avait pas réussi à savoir son nom.

En 1997, Viktor Boudanov co-fondait Elite Security, une société de sécurité privée russe qui fit couler beaucoup d'encre en 2017 quand l'administration Trump lui attribua un contrat pour protéger l'ambassade et les consulats américains en Russie, après que Vladimir Poutine avait décidé de réduire la présence diplomatique américaine. Selon le département d'État, il s'agissait du seul choix pertinent. On comprend aisément que certains aient grincé des dents à l'idée qu'un général de l'ex-KGB comme Boudanov garde l'ambassade américaine.

Si un ancien chef du contre-espionnage de la CIA a effectivement envisagé de travailler avec un ancien officier du contre-espionnage du KGB chargé d'infiltrer les services secrets américains, un homme du cercle intime de Poutine, l'ironie n'échappera à aucun spécialiste de la Guerre froide. Et d'autant moins à quelqu'un comme Laine Bannerman, qui connaissait l'histoire entre Paul Redmond, Viktor Boudanov, et la chèvre Sergueï. Pour citer Jim Olson, un autre ancien chef du contre-espionnage de la CIA : « Si Paul Redmond a effectivement fait des affaires avec Viktor Boudanov, cela mérite d'être passé au crible. » Selon lui, cela ne pouvait être que pour de mauvaises raisons.

* * *

En 2001, contre l'avis de la CIA, Max retourna en Russie pour ce qui était censé être un court voyage. La CIA avait même envisagé de le mettre en garde à vue pour l'empêcher de partir. Il fut arrêté dès son atterrissage à Moscou par Aleksandr Zhomov, officier supérieur du Renseignement intérieur du KGB et chèvre à la CIA. En juin 2003, un tribunal militaire de Moscou déclara

Max coupable d'espionnage pour la CIA et le condamna à dix-huit ans de travaux forcés. Sa femme mourut durant sa détention.

En 2010, le FBI arrêta dix agents russes du KGB vivant clandestinement aux États-Unis. Une humiliation cuisante pour Poutine. La Russie fut obligée de les échanger contre Max et trois autres espions présumés. Mais avant que Max ne monte dans l'avion qui allait l'emmener à Vienne, le KGB lui avait fait comprendre qu'on n'en avait pas encore fini avec lui. On lui avait montré des photos floutées de sa maison dans le Maryland, et de sa famille. Des clichés pris au téléobjectif. Max était prévenu : s'il aidait encore les services secrets américains, on aurait sa peau. En 2018, des agents de Poutine avaient tenté d'assassiner Sergueï Skripal, un ancien officier militaire russe échangé avec Max en 2010 qui s'était installé à Salisbury dans le Royaume-Uni, et Max avait compris la gravité de la menace. On comprend qu'il n'ait pas voulu me parler. Et, si j'en crois mes sources, la CIA et le FBI n'ont plus aucune nouvelle de lui.

19.

Lueur, *n.f.* Un léger éclat de lumière.

Washington, février 2006

S'IL Y A BIEN UNE CHOSE que l'espionnage ne vous offre jamais, c'est un point final. Vous pouvez vous acharner sur un dossier pendant des décennies et ne jamais trouver de réponse à vos questions. Et puis, rares sont les anciens collègues qui se donnent des nouvelles. Mais il y a des exceptions.

En février 2006, alors que les chasseurs de taupes qui traquaient le Quatrième Homme dans les années 1990 avaient tourné la page, une SIU (Unité d'investigation spéciale du Centre de contre-espionnage de la CIA) recomposée avait pris contact avec les anciens de la CIA qui étaient passés par les Opérations russes pour leur demander de les rencontrer chez eux à propos d'une ancienne affaire. Parmi les élus, Laine Bannerman, Diana Worthen et Bill Lofgren. Si la demande venait de la SIU, c'était à cause d'un accord informel entre le FBI et la CIA interdisant au FBI d'approcher des retraités de la CIA sans son accord.

James Milburn du FBI était présent aux réunions, ainsi qu'un autre agent spécial du FBI. Et ils n'avaient pas tourné autour du pot: comment expliquer que Paul Redmond ait pu se rendre à Moscou au milieu des années 1980 sans l'autorisation de Langley? Ni James Milburn ni l'agent n'avaient dit pourquoi ils pensaient que Redmond avait fait ce voyage. Mais à leur manière de poser la question, on pouvait imaginer que ce n'était pas qu'une vue de l'esprit.

Sans une seconde d'hésitation, Laine Bannerman s'était exclamée: « Il était temps! » Pourquoi, douze ans plus tard, le FBI s'intéressait-il enfin à Redmond? Bannerman n'en avait aucune idée. Elle ignorait si cela avait à voir avec la matrice et le profil de 1994. Mais connaissant le FBI, et sachant toute la difficulté d'ouvrir une enquête d'espionnage sur une sommité comme Paul Redmond, elle en était maintenant convaincue: aux yeux du FBI, Redmond pouvait être un espion.

Une fois l'échange terminé, James Milburn avait pris Laine Bannerman à part pour la remercier de tout son travail. Elle et lui s'étaient toujours dévoués à leur pays. Et ils partageaient la même obsession depuis un quart de siècle: attraper le Quatrième Homme.

James Milburn était trop professionnel pour citer Paul Redmond par son nom, mais il ajouta: « Laine, je suis presque sûr que la personne qui vous intéressait était un sacré bon joueur. »

Lors d'une visite du FBI, la même question fut posée à Jim Olson, directeur adjoint des Opérations de la CIA. Et il leur donna la même réponse à propos de Paul Redmond: un agent de la CIA ne se réveille pas un matin en ayant tout à coup décidé d'aller rencontrer le KGB à Moscou. Ajoutant que si la CIA l'avait trouvé coupable, elle l'aurait immédiatement licencié, et elle aurait diligenté contre lui une enquête du

FBI pour trahison. Comme tout le monde le savait à l'Agence, traverser le rideau de Fer pour effectuer une rencontre non autorisée et non signalée avec le KGB était une preuve d'espionnage avérée.

John MacGaffin, ami de Redmond et numéro deux de la direction des Opérations durant les premières étapes de l'enquête sur le Quatrième Homme, m'a dit que Paul Redmond avait eu vent de l'enquête du FBI et qu'il avait été, sans surprise, abattu par toute cette affaire. Selon MacGaffin, le FBI était parti d'informations erronées, et il était impossible que le voyage à Moscou ait réellement eu lieu. Tout d'abord, parce qu'un espion n'aurait pas pris le risque de s'y rendre ; on pouvait être une taupe du KGB et ne jamais y mettre les pieds. J'ai alors soulevé l'éventualité que les Russes aient pu piéger Redmond, et MacGaffin a concédé que c'était possible.

Ce qui avait motivé les visites du FBI en 2006 ? Je n'en ai aucune idée. Je ne sais pas non plus pourquoi ils en étaient venus à soupçonner Redmond d'être allé à Moscou pour rencontrer le KGB. Mais j'ai entendu parler d'un transfuge russe qui avait raconté une histoire similaire. Bien que les performances du déserteur eussent laissé à désirer, on le considérait généralement comme quelqu'un de fiable. J'ai volontairement omis et brouillé de nombreux détails relatés par ce transfuge pour qu'on ne puisse pas l'identifier.

Selon lui, en 1984, un officier traitant de la CIA ayant achevé une tournée en Europe aurait pris un congé avant son retour à Langley, soi-disant pour des vacances, et il se serait en fait rendu dans une capitale européenne où il aurait pris contact avec un membre d'une délégation soviétique en visite. En réalité le responsable du Renseignement intérieur russe. D'une manière ou d'une autre, l'agent de la CIA connaissait son nom, et les renseignements concernant sa présence dans la capitale européenne.

Le gars de la CIA lui aurait proposé d'espionner pour le KGB, tout en refusant fermement d'être géré par le Renseignement étranger russe, truffé de taupes de la CIA. Dès le départ, l'officier du KGB aurait compris que ce mystérieux vacancier américain connaissait bien les services secrets russes. Ne serait-ce que parce qu'il avait su sa véritable affiliation et comment le trouver. Tout comme il savait le Renseignement intérieur russe et son armée de loyalistes largement plus sûrs que le Renseignement étranger. Le Russe aurait également été étonné de constater que le type de la CIA connaissait l'existence du quarteron d'agents du Renseignement intérieur du KGB qui n'avaient jamais quitté l'Union soviétique. L'Américain lui aurait enfin dit qu'il avait déjà travaillé pour l'URSS, et qu'il retournait à Langley pour recommencer. Ces choses faisaient sens.

En matière d'exigences, l'agent de la CIA n'arrivait pas les mains vides. Il désirait être seul à décider où agir et quand, et ne surtout pas être aux ordres du KGB. Il ne transmettrait aucun document, et choisirait lui-même quels secrets communiquer aux Russes. Il était hors de question qu'il rencontre le KGB aux États-Unis, uniquement à l'extérieur, et quand cela collerait avec ses missions de la CIA. Enfin, il aurait accepté qu'on lui graisse la patte, mais pas trop pour que son train de vie n'attire pas les soupçons du FBI.

Au fil de la conversation, l'officier du Renseignement intérieur russe avait appris que ce candidat spontané n'avait pas eu la promotion qu'il attendait, et qu'il s'était dès lors tourné vers le KGB pour rendre à Langley la monnaie de sa pièce. Il était aussi absolument convaincu qu'il pouvait se jouer de la CIA et du FBI, et glisser entre les mailles du filet. Rien de tout cela n'avait étonné l'agent du KGB : certaines des meilleures taupes de l'histoire, non motivées par l'argent, l'avaient été par le ressentiment et par un ardent désir de jouer des coudes avec leur employeur. Et, à l'instar de Max, c'étaient des gens qui se targuaient d'en savoir plus que leurs supérieurs sur les techniques d'espionnage.

En temps normal, le KGB aurait répugné à jouer selon les règles du volontaire. Mais comme il allait être en charge de l'URSS à son retour à Langley, il eût été difficile de lui dire non. Le KGB aurait alors facilité le voyage du volontaire jusqu'à Moscou, où il aurait été accueilli et débriefé par deux agents du Renseignement intérieur russe, qui seraient devenus ses officiers traitants depuis la Loubianka.

D'après le transfuge, l'Américain était rentré à Langley, et la liaison s'était faite à l'aide de boîtes aux lettres mortes et de communications électroniques secrètes, en alternance avec des tête-à-tête en Europe. Des voyageurs du Renseignement intérieur russe allaient assurer le service de messagerie, sans jamais être informés de l'identité ou de la position de la taupe. Et les patrons du Renseignement étranger russe à Moscou ou à Washington, eux non plus, n'avaient rien su de lui.

L'histoire est intrigante, bien ficelée, mais il lui manque les preuves extraordinaires de ce type d'affirmations extraordinaire. Par exemple, une photo du Quatrième Homme durant son voyage secret à Moscou en 1984. L'origine et la date de l'histoire me semblent également louches. Tout d'abord, comment se fait-il que le transfuge ait entendu parler d'une affaire aussi sensible ? Certes, les rumeurs vont bon train dans les services secrets russes, mais j'aurais tendance à penser qu'un dossier aussi sensible serait bien verrouillé, et qu'on en aurait jeté la clé. On comprend qu'un Max, qui travaillait dans le contre-espionnage, ait eu vent du voyage de Rick Ames à Caracas, mais le transfuge en question n'était pas dans le contre-espionnage et ne jouissait pas du même type d'accès à la gestion des agents doubles du KGB. Quant aux problèmes de *timing*, le transfuge a relayé cette histoire depuis la Russie, après que le FBI, en 2006, avait commencé à s'interroger sur une éventuelle visite de Paul Redmond à Moscou pour un contact avec le KGB. À ce moment-là, il est presque certain que les Russes savaient tout de l'enquête sur le Quatrième Homme, et même que Redmond était un suspect pour la CIA.

Vous voyez donc pourquoi j'ai des doutes sur l'histoire du transfuge, pourquoi elle est un peu trop belle à mon goût. Franchement, quand on regarde le KGB d'un œil sceptique, elle pue la désinformation russe. On y détecte les bonnes vieilles magouilles du KGB pour pousser la CIA dans une nouvelle panique angletonienne, une énième chasse à la taupe en roue libre.

Je ne suis pas sûr que le FBI se soit vraiment appuyé sur cette histoire de transfuge. Je ne sais pas non plus s'il a utilisé la matrice et le profil de novembre 1994 pour en déduire que Paul Redmond aurait pu être une taupe russe. Mais dans un cas comme dans l'autre, selon ce que m'a dit un ancien collègue détaché à l'époque au service de contre-espionnage du FBI, jamais il n'aurait fait le tour du pays pour poser des questions sur un officier de la CIA ancien et renommé, cité nommément, sans avoir de bonnes preuves contre lui, et sans le feu vert du ministère de la Justice. Presque systématiquement, lorsqu'il enquête sur des Américains pour espionnage, le FBI adopte une approche strictement légaliste. En clair, sans le genre d'arme du crime déjà évoquée – quelque chose de plus concret que la matrice ou l'histoire du transfuge – le FBI n'aurait jamais poursuivi la piste Redmond de manière aussi agressive.

J'ai mentionné cette histoire à Paul Redmond. Il m'a confirmé que le FBI l'avait interrogé sur un voyage non autorisé à Moscou. Il avait répondu au FBI que « les dates ne collaient pas ». Jamais il n'aurait pu passer incognito à Moscou pendant cette période. En ajoutant qu'il ne s'y était rendu qu'après avoir été nommé chef de la section URSS, c'est-à-dire en 1984.

Je lui ai demandé si, à son avis, il était possible que les Russes aient pu le piéger, pour vider une vieille querelle et étrangler la CIA. Paul Redmond m'a répondu qu'à sa connaissance, de tels faits n'existaient pas, mais que cela restait du domaine du possible. Quant aux motivations du FBI, Redmond considérait que le Bureau fédéral s'était toujours méfié de lui, qu'il le détestait, et qu'il était donc prêt à croire le pire sur son compte. « Ils acceptent tout ce qu'ils peuvent utiliser contre moi », m'a-t-il dit. Autre explication de cet intérêt du FBI ? Le fait, selon Paul Redmond, que le FBI gère sa propre écurie de sources russes à Moscou, et qu'un de ces informateurs ait pu l'accuser à tort d'être une taupe. John Lewis m'a confirmé que lorsqu'il était au FBI, celui-ci « opérait » indépendamment de la CIA à Moscou. Mais selon Redmond, le FBI finit toujours par conclure qu'« il est l'ennemi à abattre ». Personne n'a pu me donner d'explication satisfaisante sur ce qui avait amené le FBI à se réintéresser à Paul Redmond et au Quatrième Homme. Et le FBI n'a pas voulu me le dire quand je l'ai interrogé par e-mail. À mon avis, il y a pu avoir un tuyau d'un autre transfuge, complété par quelque preuve plausible établissant son existence, mais il est impossible de l'affirmer comme un fait.

Ceux qui ont poursuivi le Quatrième Homme dans les années 1990 ont disparu de la circulation. Maryann Hough est décédée. Elle a été enterrée dans sa tenue de tennis. Max vit en exil, mais, comme tous les Russes du monde, il sait qu'il reste dans le viseur de Poutine. Laine Bannerman et

Diana Worthen, les deux femmes survivantes de la SIU, n'ont pas réussi à oublier la chasse au Quatrième Homme. Si la visite du FBI en 2006 fut une maigre consolation, c'était mieux que rien.

Pour l'instant, l'affaire du Quatrième Homme n'étant toujours pas résolue, elle demeure le mystère d'espionnage le plus passionnant des temps modernes.

Épilogue

À première vue, notre histoire d'agent double russe infiltré au sein de la CIA qui réussit à passer entre les mailles du filet a tout d'un vestige de la Guerre froide. Mais avec le retour en force de la Russie, redevenue l'implacable ennemi qu'elle était à l'époque, ce mystère du Quatrième Homme semble en réalité d'une importance historique supérieure à celle d'une simple intrigue d'espionnage à l'ancienne. Car il constitue un maillon d'une énigme bien plus vaste, qui touche à la manière dont les États-Unis ont pu passer complètement à côté de la résurrection de Poutine et du KGB, et à la façon dont cette « nouvelle » Russie a su infliger à l'Occident un sabotage politique dont l'Union soviétique elle-même n'aurait pas pu rêver. Les guerres irrédentistes de la Russie en Géorgie et en Ukraine, son travail de sape de l'influence américaine au Moyen-Orient et, surtout, son ingérence dans les élections américaines n'en sont que les balbutiements.

Au risque du superlatif de trop, on peut dire que la mystérieuse installation de Poutine s'est révélée comme la plus considérable passation de pouvoir non violente depuis que Hitler fut nommé chancelier par Paul von Hindenburg en 1933. Et que nous n'ayons rien vu venir est un cuisant échec de nos services de renseignement, aussi grave que Pearl Harbor. Quand, en 1999, j'avais entendu de la bouche de l'ambassadeur américain à Moscou que les chauffeurs de taxi de la capitale russe avaient de meilleures informations sur l'ascension de Poutine que la CIA, j'ai enfin compris à quel point nous étions dans la panade.

En tant qu'ancien du renseignement, ce qui me stupéfie, c'est que Poutine a beau être aujourd'hui l'un des hommes les plus puissants du monde, nous ne disposons toujours pas, à ce jour, de récit de première main faisant autorité et détaillant son ascension au pouvoir. Il y a toutes sortes de rumeurs, mais aucune jamais étayée par des faits incontestables ou par des témoins oculaires sans casseroles. Imaginez, par exemple, que Poutine ait fait chanter Boris Eltsine pour qu'il démissionne et le nomme président par intérim. La famille d'Eltsine, prise en flagrant délit de corruption, s'en serait sortie grâce à l'intervention de Poutine, qui aurait discrédité publiquement le procureur en charge du dossier avec un *kompromat* bien salace. Tout cela est certainement vrai. Mais on peut raisonnablement penser que Poutine et des co-conspirateurs de l'ex-KGB aient attiré la famille Eltsine dans cette affaire de corruption, jouant les pompiers pyromanes. Et même si la chose était vraie, ce qui n'a pas été établi avec certitude, le degré de responsabilité de Poutine demeure flou. Est-ce un heureux hasard ? L'histoire d'un type qui était là au bon moment au bon endroit ? Qui a pris le taureau de l'histoire par les cornes ? Ou alors, est-il le produit d'une machination des services secrets russes ?

Autre rumeur plausible : que Poutine soit derrière les attentats à la bombe perpétrés en 1999 contre quatre immeubles d'habitation, et le massacre de plus de trois cents Russes innocents. En faisant porter le chapeau à des terroristes musulmans, il aurait poussé les Russes à voter pour lui par la peur. Une sorte d'ultimatum : « C'est moi ou le déluge », ce qui est également assez plausible. Mais comment comprendre que personne ne se soit jamais présenté pour étayer cette accusation avec des preuves tangibles ? Quelqu'un avait posé les explosifs sur ordre de quelqu'un d'autre, mais on n'avait trouvé de preuve contre aucun des deux qu'on puisse utiliser devant un tribunal.

Selon un haut fonctionnaire de l'administration Clinton en charge de la Russie, concernant les mécanismes de l'ascension de Poutine au pouvoir, les États-Unis ont été dans le noir quasi complet. La seule chose que la Maison-Blanche ait sue, c'est que lorsque Boris Eltsine envisageait de changer de Premier ministre en 1999, une écoute avait rendu compte d'un échange avec le président de la Douma. Eltsine l'informait que le ministre des Chemins de fer serait le nouveau Premier ministre. Pas vraiment une étoile dans le firmament politique russe, mais, d'un autre côté, pas non plus une menace politique pour Eltsine. Moins de vingt-quatre heures plus tard, une autre écoute surprenait la fille d'Eltsine, Tatiana, au téléphone avec son père, insistant pour qu'il opte plutôt pour Poutine. Eltsine a l'air confus. Il demande « Qui ? », comme s'il ne savait pas du tout qui était Poutine.

Qu'Eltsine n'ait pas connu le nom de Poutine est parfaitement absurde, car ce dernier dirigeait à l'époque le puissant Service fédéral de sécurité (FSB), l'équivalent du FBI ou du MI5 britannique. Ce trou de mémoire d'Eltsine vient-il de sa santé et de son esprit défaillants ? D'aucuns se sont même demandé s'il n'avait pas été empoisonné à petit feu. Quoi qu'il en soit, Tatiana va patiemment rappeler à son père que Poutine était celui qui avait sauvé l'ex-maire réformateur de Saint-Pétersbourg de l'arrestation. Conséquence du coup de fil de Tatiana : Eltsine allait rappeler le président de la Douma et lui dire qu'il avait changé d'avis. Le nouveau Premier ministre ne serait pas le ministre des Chemins de fer, mais Vladimir Poutine. En d'autres termes, Eltsine avait échangé le mouton contre un loup.

Ces écoutes de Tatiana et de son père contribuent à étayer les rumeurs selon lesquelles la fille d'Eltsine aurait joué un rôle déterminant dans le remplacement de son père par Poutine. *Idem* pour les rumeurs selon lesquelles Poutine aurait évité la prison à l'ancien maire de Saint-Pétersbourg, Anatoli Sobtchak, en l'exfiltrant du pays. Mais ce qu'elles ne permettent pas, c'est d'expliquer les motivations sous-jacentes de Tatiana. Une logique anodine voudrait qu'elle se soit, à l'instar du premier cercle de son père, véritablement trompée sur Poutine. Qu'elle soit tombée dans le panneau en croyant qu'il était des leurs, un réformateur. Avec une naïveté confondante, tout le monde insiste pour dire que Poutine a toujours exprimé sa fidélité sans jamais trahir le moindre signe de ce qui allait devenir ses futurs penchants autoritaires. Est-il possible qu'ils aient oublié que le KGB est un nid de vipères qui couve sous la cendre et frappe quand le fer est chaud ? Ont-ils oublié le vieil aphorisme soviétique « Espion un jour, espion toujours » ? Qui mieux qu'un agent du KGB savait feindre la loyauté ?

Ce n'est pas grâce aux écoutes que l'administration Clinton a été le plus près de comprendre l'ascension de Poutine, mais par la femme d'Eltsine, Naina. En 2000, le président américain Bill Clinton s'était rendu à Moscou pour rencontrer Poutine, tout en gardant du temps pour son vieil ami Boris Eltsine.

Et tandis qu'il s'entretenait avec Eltsine à huis clos, l'ambassadeur James Collins avait tenu compagnie à Naina.

Madame Eltsine, d'une humeur franchement maussade, avait eu ces mots comme sortis de nulle part et prononcés comme pour elle-même : « Ils sont revenus. »

Collins avait compris immédiatement de qui Madame Eltsine parlait : des revanchards du KGB, avec Poutine comme meneur de troupes. Madame Eltsine s'était tue, et il avait senti qu'il n'obtiendrait rien de plus.

Son mari, Boris Eltsine, n'avait pas été plus franc avec Clinton, ni plus optimiste au sujet de Poutine. Tout ce qu'il avait trouvé à dire sur lui, c'est : « Ce n'est pas un démocrate. Mais j'espère qu'il saura le devenir. »

On peut se demander si ces prudents sous-entendus ne reviennent pas à admettre que Poutine serait arrivé là où il est par un coup d'État. Mais la Russie étant devenue un tel écran noir pour les États-Unis et la CIA, comment en être sûr ?

Ce qui tient davantage de la certitude, c'est que privée de sources au sein des services secrets russes, la CIA ne pouvait comprendre les forces et les mécanismes ayant permis la prise de pouvoir de Poutine, son soutien par le KGB, ni même le pays qui en avait été le théâtre. En fin de compte, qui ne comprend pas le KGB ne comprend pas la Russie contemporaine. Ni comment le KGB a pu infiltrer une taupe au sommet du renseignement américain pendant si longtemps sans se faire attraper.

Autre façon d'appréhender le mystère du Quatrième Homme : si nous sommes incapables de savoir aujourd'hui quel genre d'espion a été l'un des hommes les plus puissants du monde, on comprend pourquoi la SIU n'a jamais pu déterminer si le Quatrième Homme relevait du Renseignement étranger russe ou du Renseignement intérieur russe. Ni même s'il existe.

La chasse au Quatrième Homme est une histoire d'espionnage qui restera dans les annales. Sans doute l'une des meilleures que la Guerre froide ait pu offrir. Mais avec du recul, on voit qu'elle est largement plus que cela. Elle nous montre comment la CIA a échoué dans sa mission principale, comment des bureaucrates autocentrés ont préféré la survie à la vérité, et comment les États-Unis ont perdu tout espoir de comprendre la Russie à un moment crucial de son histoire. Elle permet d'expliquer, aussi, pourquoi le monde déconcerte tant les États-Unis et pourquoi l'actualité internationale les prend si souvent au dépourvu.

Outre le fait que le Quatrième Homme est l'un des mystères d'espionnage les plus durables de l'histoire américaine, il jette une lumière crue sur la méfiance qui a empoisonné les relations entre la CIA et le FBI dans les années 1980 et 1990. Comment pourrait-il en être autrement alors que le FBI envisage sérieusement la possibilité qu'un officier de haut rang de la CIA soit une taupe du KGB, en mesure de faire dérailler les enquêtes de contre-espionnage russe du FBI sur la CIA ?

Alors que Vladimir Poutine menace aujourd'hui de déclencher une troisième guerre mondiale, une telle hostilité entre la CIA et le FBI ne pouvait pas tomber plus mal. Cela peut sembler une affaire d'initiés si on ne comprend pas comment fonctionne l'espionnage vis-à-vis de la Russie. Alors qu'il est pratiquement impossible à la CIA de recruter des Russes à Moscou, le FBI jouit d'un avantage de taille, puisqu'il peut observer les responsables russes dans un aquarium et décider qui est susceptible d'être recruté. Lorsque le FBI recrute un Russe, il est remis à la CIA pour qu'elle le dirige à Moscou. Mais l'infiltration de la CIA par un espion du KGB de haut niveau rend une telle coopération impossible. L'un de ces espions recrutés par le FBI l'a-t-il trahi auprès du Kremlin de Poutine ? Ce qui est certain, c'est qu'à cause du désaccord entre la CIA et le FBI, nous sommes hors jeu. Donc, oui, le Quatrième Homme est un problème digne d'intérêt.

Le vrai problème est que personne à ce jour ne sait quels dommages il a causés à notre sécurité nationale. S'il a effectivement eu accès aux secrets que le FBI soupçonne, ils sont incalculables. Si, en revanche, les sceptiques de la CIA ont raison de dire que le Quatrième Homme n'est pas une réalité mais une invention d'enquêteurs paranoïaques, cette histoire devient un témoignage de l'étrange influence du KGB aux États-Unis ; le *Russiagate* ayant éclaboussé Donald Trump en est l'exemple le plus récent.

À la fin de l'année 2022, le FBI suivait toujours les pistes liées à Paul Redmond, qui conteste avec véhémence les accusations à son égard.

Remerciements

Ce livre n'aurait jamais pu être écrit sans l'aide d'anciens enquêteurs du FBI et de la CIA ayant dévoué leur carrière à la chasse aux taupes russes au sein du gouvernement américain. S'ils ont tous été circonspects à un degré ou à un autre, leur expérience et leurs conseils m'ont été indispensables. Il est impossible également d'écrire cet ouvrage sans le travail d'édition et les conseils si précieux de Sam Raim chez Hachette, il a réussi à transformer en thriller haletant ce qui, autrement, aurait été une énième enquête de contre-espionnage. Et il y est parvenu en donnant au lecteur tous les détails nécessaires, sans jamais le perdre dans un tourbillon jargonneux. Enfin, *Le Quatrième Homme* n'aurait jamais vu le jour sans les encouragements et la perspicacité de mon agent, Paul Lucas.

Who's Who de l'espionnage

« **Adolf** » : Officier du KGB, Ligne KR.

« **Alex** » : Officier du Renseignement intérieur du KGB et source de la CIA. Son premier contact avec l'Agence s'est fait à Berlin, avec David Rolf et Mike Sulick.

Angleton, James Jesus (1917-1987) : Ancien de l'OSS, nommé directeur du contre-espionnage de la CIA en 1954 et licencié par Bill Colby, directeur de l'Agence, en 1974.

Bakatine, Vadim : Président du KGB en 1991-1992, choisi par Gorbatchev.

Bannerman, Laine : Directrice de l'Unité des enquêtes spéciales (SIU) entre 1994 et 1995.

Bearden, Milt : Directeur de la Division Eurasie centrale, direction des Opérations de la CIA.

Beria, Lavrenti : L'ancien chef de la sécurité de Staline, psychopathe et tueur en série.

Blee, David : agent de la CIA.

Bloch, Felix : Fonctionnaire au Département d'État américain.

Bokhan, Sergueï : Colonel du GRU (service secret militaire russe) affecté à Athènes, espionnant pour la CIA.

Boudanov, Viktor : Dans les années 1980, dirigeait la Ligne KR dans la *rézidientoura* du KGB à Berlin Est. En 2007, il évoque ses liens avec Poutine. En 2017, sous l'administration Trump, il décroche un contrat pour assurer la sécurité de l'ambassade américaine à Moscou.

Carlson, Rod : Superviseur de l'agent Sergueï Papouchine à la CIA.

Chernov, Nikolaï : agent dormant du GRU, technicien, porté volontaire auprès du FBI dans les années 1960, contact rompu en 1972. Arrêté au début des années 1990 sans raison apparente.

Clapper, James : Ancien directeur du renseignement national américain.

Corbin, Dick : Ancien de la National Security Agency (NSA), la branche du Pentagone chargée des écoutes, expert des « rouges » réaffecté au contre-espionnage à Langley.

Curran, Ed : Agent spécial du FBI. Dirigeait le contre-espionnage de la CIA au milieu des années 1990.

Deardorff, Bill : Agent de la CIA, vétéran de la Guerre froide.

Deutch, John : Directeur de la CIA (1995-1996) après James Woolsey.

Devine, Jack : Chef de la division Eurasie centrale et directeur adjoint associé des Opérations, remplaçant de John MacGaffin.

Downing, Jack : Chef de poste de la CIA de Moscou.

Eckstein, Sue : Équipe du contre-espionnage soviétique à la CIA.

FAREWELL : voir Vetrov, Vladimir Ippolitovich.

Felfe, Heinz : Chef des opérations de contre-espionnage soviétique du Bundesnachrichtendienst (BND). Arrêté en 1961, jugé et condamné à 14 ans de prison pour avoir espionné pour le KGB.

Fitzgerald, Debby : Agent de terrain de la CIA.

Fitzgerald, Myrna : Équipe soviétique du contre-espionnage à la CIA.

Gerber, Burton : Chef de poste de la CIA à Moscou, puis chef de la Division URSS-Europe orientale après Milt Bearden et John MacGaffin. A pris sa retraite en 1995.

Gordievsky, Oleg : Colonel du KGB, affecté à la direction par intérim de la *rézidientoura* de Londres. Rappelé à Moscou en mai 1985, près d'un mois avant la rencontre fatidique de Ames et de son contact soviétique au *Chadwicks*, le 13 juin 1985.

Grimes, Sandy : Enquêtrice de la CIA dans le dossier Aldrich Ames, Unité des enquêtes spéciales (SIU).

GTPROLOGUE : Cryptonyme de la CIA pour Aleksandr « Sacha » Jomov, officier de la Deuxième direction générale. A très longtemps fait baver des ronds de chapeau à la CIA.

Hall, John : Chef du Centre de contre-espionnage de la CIA.

Hanssen, Robert : Agent du FBI et taupe pour le GRU et le KGB. Il se porte au départ volontaire pour le GRU à New York, en novembre 1979. En octobre 1985, il établit des contacts avec le KGB, pour les rompre au début des années 1990, et les rétablir en 1999. Arrêté en 2001.

Haspel, Gina : Directrice adjointe de la CIA de 2017 à 2018, puis directrice de 2018 à 2021.

Hathaway, Gardner (« Gus ») : Chef du contre-espionnage de la CIA entre 1985 et 1990.

Hayden, Mike : Directeur de la NSA (National Security Agency) de 1999 à 2005, puis est directeur de la CIA de 2006 à 2009.

Hayes, Joseph (Joe) : Officier supérieur de la CIA spécialiste de cryptologie russe, ayant été soupçonné d'être un espion russe.

Hough, Maryann : Enquêtrice dans le dossier du Quatrième Homme de 1994 à 1995.

Howard, Edward Lee : Agent de la CIA ayant fait défection à l'Union soviétique. Mort à Moscou le 12 juillet 2002, d'une « chute accidentelle ».

Ioujine, Boris Nikolaïevitch : Officier du KGB correspondant de l'agence de presse russe TASS, affecté à San Francisco, qui espionnait pour le FBI et la CIA. De retour à Moscou en 1982, il est arrêté et jugé pour espionnage.

Iourtchenko, Vitali : Colonel du KGB ayant fait défection à la CIA à Rome, le 1er août 1985, avant de refaire défection à l'Union soviétique en octobre 1985. N'a jamais été arrêté.

Karetkine, Youri : agent des services secrets russes.

Kelley, Brian : Officier de contre-espionnage à la CIA.

Klimenko, Valentin : Officier du Renseignement intérieur du KGB, devenu directeur du FSB.

Koecher, Karl : Officier des services secrets tchèques émigré aux États-Unis en 1965 en se faisant passer pour un dissident. Embauché comme linguiste en 1973 par la CIA, il informe le KGB de nombreuses opérations de la CIA. Coincé par le FBI, puis échangé avec les Russes sur le Pont des espions de Berlin en 1986 contre, notamment, Nathan Chtcharanski.

Leven, Chuck : Officier traitant de la CIA.

Lewis, John : Directeur adjoint du FBI en charge de la division du Renseignement.

Lofgren, Bill : Chef de la Division Eurasie centrale (Division soviétique) après Burton Gerber.

MacGaffin, John : Chef de la division Eurasie centrale et directeur adjoint associé des Opérations où il succède à Lilt Bearden en 1992.

« **Max** » : voir Aleksandr Zaporojski.

Milburn, James (Jim) : Meilleur analyste du FBI sur la « cible » soviétique. Affecté en 1991 à la SIU de la CIA pour aider à l'enquête sur les pertes de 1985-1986.

Mitrokhine, Vassili : Ancien archiviste du KGB devenu informateur du MI6.

Mowatt-Larssen, Rolf : Chef de poste intérimaire de la CIA à Moscou.

Negroponte, John : Directeur du renseignement national américain.

Nicholson, Harold (« Jim ») : Agent américain recruté par le KGB à Kuala Lumpur, affecté à la Ferme (centre d'entraînement de la CIA en Virginie du Nord), arrêté le 16 novembre 1996, jugé et condamné pour espionnage, emprisonné à vie.

Ogordnik, Aleksandr Dmitriévitch : Diplomate soviétique espionnant pour la CIA, cryptonyme TRIGON.

Olson, Jim : Directeur adjoint des Opérations de la CIA au contre-espionnage, prédécesseur de Ted Price, chef des Opérations soviétiques en 1985.

Olson, Ruth : agent de la Sécurité de la CIA.

O'Reilly, John : Agent de la CIA, vétéran de la Guerre froide.

Papouchine, Sergueï : démissionne du KGB et se lance dans le pétrole. Il renseigne ensuite le FBI, la CIA et le MI6.

Pelton, Ronald : Employé de la NSA (National Security Agency, la branche du Pentagone chargée des écoutes), passé au KGB en 1980.

Philby, Kim : Chef des Opérations de contre-espionnage du MI6.

Piekney, Bill : Chef adjoint de la Division soviétique à partir de 1986, remplaçant Milt Bearden.

Polechtchouk, Leonid Gueorguievitch : Officier de la Première direction du KGB (futur SVR) recruté par la CIA à Lagos, au Nigeria.

Poliakov, Dimitri Fédérovitch : Général de division, à la brillante carrière au GRU (renseignement militaire russe). Alerte les États-Unis de la scission sino-soviétique. Vendu par Rick Ames.

Price, Hugh « Ted » : Directeur adjoint des Opérations de la CIA ayant ordonné l'enquête sur le Quatrième Homme. Succède à Jim Olson. A pris sa retraite en 1995.

Redmond, Paul : Chef du centre de contre-espionnage de la CIA et directeur adjoint associé pour le contre-espionnage. Retraité de la CIA en 1997, mais rappelé en 2001 dans le cadre de l'évaluation des dommages causés par l'agent double Robert Hanssen.

Rochford, Mike : L'agent du FBI à qui l'on doit la capture de Robert Hanssen (agent du FBI passé au GRU et au KGB).

Rolph, David : Chef de poste de la CIA, Moscou.

Sharansky, Natan : Opposant soviétique anticommuniste accusé d'espionnage en Russie, échappé du Goulag. Homme politique israélien.

Skripal, Sergueï : Ancien officier militaire russe installé à Salisbury, dans le Royaume-Uni. A survécu à une tentative d'assassinat.

Smith, Fran : Directrice de la branche soviétique, Division SE (CIA), en charge des opérations en Union soviétique. Intégrée au CI/STF sous Gus Hathaway en 1986. Transférée en 1988 à la nouvelle Direction des enquêtes du CIC en tant que directrice de la section soviétique.

Sommer, Mary : Analyste de la CIA.

« Souris grise » : Nom de code de l'enquête du FBI sur Jeanne Vertefeuille.

Sparkman, Mark : Officier traitant.

Spry, Dell : Agent du FBI.

Stombaugh, Paul : Officier traitant de la CIA en poste à Moscou, ancien agent spécial du FBI.

Sulick, Mike : Chef de la division Eurasie centrale de 1999 à 2002, chef du contre-espionnage de la CIA de 2002 à 2004, directeur des Opérations de la CIA de 2007 à 2010.

Szady, David : Directeur adjoint du FBI pour le contre-espionnage.

Tcherkachine, Victor Ivanovitch : Directeur de la Ligne KR à la *rézidientoura* de Washington en 1985. Premier officier traitant de Rick Ames, superviseur de Robert Hanssen au KGB.

Tolkachev, Adolf Georgievich : Fonctionnaire à l'ambassade de Russie à Ottawa en 1998, puis à New York, d'où il est transféré à Moscou.

Tsymbal, Vladimir : Spécialiste en communications de la Ligne KR (KGB).

Twetten, Tom : Directeur adjoint des Opérations de la CIA de 1991 à 1993.

Vassiliev, colonel Vladimir Mikhaïlovitch : Agent du GRU (renseignement militaire soviétique) à Budapest.

Vertefeuille, Jeanne : Directrice de l'Unité des enquêtes spéciales (SIU) chargée de la traque de Ames.

Vetrov, Vladimir Ippolitovich : Nom de code FAREWELL. Officier scientifique et technique du KGB travaillant pour les services secrets français. Arrêté en 1982 pour meurtre. Démasqué en prison comme espion et exécuté en 1983. Aurait été grillé par une autre taupe que Howard, Ames ou Hanssen, probablement en 1983.

Weber, Steve : N° 3 de la Division URSS-Europe orientale à la CIA.

Webb, Cindy : Agent de la CIA.

Wiser, Les : L'agent principal du FBI dans l'enquête sur Rick Ames.

Woolsey, James : Directeur de la CIA entre 1993 et 1995.

Worthen, Diana : Enquêtrice, Unité des enquêtes spéciales (SIU).

Zaporojski, Aleksandr (« Max ») : Officier de contre-espionnage au sein du futur SVR, le Service du renseignement extérieur de la Fédération de Russie, Ligne KR (contre-espionnage) du KGB.

Zhomov, Aleksandr Vassiliévitch, « **Sacha** » : Officier de la Deuxième direction générale (futur FSB). GTPROLOGUE, selon son cryptonyme de la CIA, chèvre du KGB à la CIA. Chef du département des Amériques du Renseignement intérieur russe.

Lexique

201 : Le dossier rassemblant toutes les informations pertinentes et connues sur la source.

Agent de la route : agent messager au service du KGB.

Bigot, liste : Liste réservée à six agents au minimum, et rarement plus de vingt, qui consigne la date d'accès de chacun à une affaire sensible, et celle de son exclusion du dossier.

Boîte aux lettres morte : Quand un agent laisse des documents dans un endroit caché pour que son officier traitant vienne les récupérer, ou *vice versa.*

CE (Central Eurasia) : La Division Eurasie centrale de la CIA, en charge de la Russie, des ex-Républiques soviétiques et de l'Europe de l'Est.

Chèvre : Agent triple formé par les services secrets russes pour induire la CIA en erreur.

CIC (Counterintelligence Center) : Le Centre de contre-espionnage, formé en 1988 à partir des anciens membres du CI et d'autres composantes du contre-espionnage de la CIA. Le premier chef du CIC, Gus Hathaway avait deux titres : directeur adjoint associé aux Opérations de contre-espionnage et chef du Centre de contre-espionnage. Ted Price, son adjoint, portait également deux casquettes : chef adjoint et chef des Opérations du Centre.

CIC/SIU, ou Centre de contre-espionnage/Unité des enquêtes spéciales : voir **SIU**.

Développementaux : Individus que la CIA espère un jour recruter en tant qu'agents.

Direction K : La branche de contre-espionnage du Renseignement étranger russe.

Direction T : Direction de la science et de la technologie du KGB.

Division Eurasie centrale : Nouvelle désignation de la Division URSS-Europe orientale au sein de la Direction des Opérations de la CIA.

Division URSS-Europe orientale : Division sous l'autorité du directeur adjoint des Opérations de la CIA.

Écran de fumée : Voir **Sonde.**

Éruptions : Lorsqu'une *rézidientoura* déverse tout son personnel dans les rues afin d'aveugler et de paralyser les équipes de surveillance du FBI. Ce dernier étant occupé à chasser des leurres, l'espion a les mains libres pour aller rencontrer une source ou actionner une boîte aux lettres morte.

FSB (Service fédéral de sécurité de la fédération de Russie), ex-Deuxième direction générale du KGB : Renseignement intérieur du KGB, chargé du contre-espionnage soviétique interne. Équivalent du FBI américain ou du MI5 britannique.

GRiD : Ordinateurs portables blindés et coupés du réseau, conçus spécialement pour ne pas émettre d'émissions électromagnétiques « TEMPEST » susceptibles d'être interceptées à distance.

GRU : Le renseignement militaire russe.

IA : Analyste du renseignement. Les IA sont chargés des moindres détails de la gestion d'un agent, qu'il s'agisse de vérifier ses rapports ou de s'assurer qu'il n'est pas tombé dans l'escarcelle du contre-espionnage local. Les IA sont principalement affectés à Langley, mais aussi à l'étranger dans les plus grosses antennes.

***Kompromat* :** Éléments compromettants, collectés sur des étrangers et des nationaux.

LAN : Réseau informatique fermé.

Ligne KR : Section de contre-espionnage dans une *rézidientoura,* une antenne secrète du KGB à l'étranger. Ses officiers gèrent les agents doubles dans les services de renseignement étrangers.

NKVD : Commissariat du peuple aux Affaires intérieures. Principal service de renseignement soviétique entre 1933 et 1946.

NSA (National Security Agency) : L'Agence nationale de la sécurité, organisme gouvernemental du département américain de la Défense, responsable du renseignement d'origine électromagnétique et de la sécurité des systèmes d'information.

Officier « noir » : Officier voyageant avec un passeport de tourisme sous un faux nom.

OSS : Bureau des services stratégiques, l'ancêtre de la CIA.

OT : Officier traitant.

Rézidientoura : Antenne secrète à l'étranger.

SIU (Special Investigations Unit) : Unité d'investigation spéciale du Centre de contre-espionnage (CIC) de la CIA. Créé par Paul Redmond, directeur adjoint du CIC, en 1991 pour rouvrir l'enquête sur les pertes d'agents soviétiques survenues en 1985 et 1986. Directement sous ses ordres.

Sonde, ou écran de fumée : câble signalant de fausses informations.

SVR (Service du renseignement extérieur de la Fédération de Russie) : **Ex-PGOu,** équivalent russe de la CIA américaine ou du MI6 britannique.

Taupe : Agent double infiltré dans un service espionnant pour un autre.

TR : Traitement restreint. Pour pouvoir lire les plus sensibles des câbles TR, un agent doit être inscrit sur une liste « Bigot ».

Chez le même éditeur

Les Crimes de Monsieur Kissinger – Christopher Hitchens (2001).
La Vie rêvée des maths – David Berlinski (2001).
Ces comédiens qui nous gouvernent – Arthur Miller (2002).
Lettres à un jeune rebelle – Christopher Hitchens (2002).
Le Djihad américain – Lewis Lapham (2002).
Lettres de France, après le 11 septembre – Jean Daniel (2002).
Dans l'œil du compas – Leonard Mlodinow (2002).
Le Vrai Saddam Hussein – Saïd K. Aburish (2003).
Notre route commence à Bagdad, par les faucons de la Maison-Blanche – Lawrence F. Kaplan et William Kristol (2003).
Les Anglais, portrait d'un peuple – Jeremy Paxman (2003).
Yasser Arafat – Saïd K. Aburish (2003).
Jean Daniel, observateur du siècle – collectif (2003).
30 jours au cœur du système Blair, Downing Street en guerre – Peter Stothard (2003).
L'Europe en otage? Histoire secrète de la Convention – Alain Dauvergne (2004).
Que sont les grands hommes devenus? – Jacques Julliard (2004).
L'Amérique bâillonnée – Lewis Lapham (2004).
Le Roman noir de la Maison-Blanche. Les révélations de Paul O'Neill, ex-secrétaire au Trésor – Ron Suskind (2004).
Le Clan Aburish, une saga palestinienne – Saïd K. Aburish (2004).
Comment l'Europe va sauver l'Amérique – Charles A. Kupchan (2004).
Comment peut-on être américain? – Henry Louis Mencken (2004).
L'Autre Islam. Au cœur de l'univers chiite – Lilli Gruber (2005).
Le Vice au pouvoir. La biographie de Dick Cheney – John Nichols (2005).
Maudits Français! Trois siècles de relations tumultueuses entre la France et l'Amérique – John J. Miller et Mark Molesky (2005).
La Dynamique du Japon. Histoire de la première modernité d'Asie – collectif dirigé par Jean-François Sabouret (2005).
Ils racontent la mondialisation. De Sénèque à Lévi-Strauss – anthologie par Laurent Ferri (2005).
Mr China. Comment perdre 450 millions de dollars après avoir fait fortune à Wall Street – Tim Clissold (2006).
Psychanalyse de l'antilibéralisme. Les Français ont-ils raison d'avoir peur? – dirigé par Christian Stoffaës (2006).
À la Maison de verre. L'ONU et ses secrétaires généraux – dirigé par Romuald Sciora, préface de Jacques Chirac (2006).
La Terre est plate. Une brève histoire du XXIe siècle – Thomas Friedman (2006).
Le Grand Désastre mondial – George Soros (2006).
Une brève histoire des maths – David Berlinski (2007).
L'Europe tragique et magnifique. Les grands enjeux européens – Jacques Delors et Notre Europe (2007).
Kidnappés par la CIA. Les charters de la torture – Trevor Paglen et A.C. Thompson (2007).
Nous les Allemands. Vous pouvez nous aimer – Matthias Matussek (2007).
La Vie des autres. Le film qu'il faut lire – Florian Henckel von Donnersmarck (2007).

Nous et le reste du monde – Claude Revel (2007).
Poutine – Le Parrain de toutes les Russies – Jean-Michel Carré (2008).
Origines – L'esprit, la vie, la matière – David Berlinski (2008).
France-Europe – Le Bal des hypocrites – Thierry Chopin (2008).
Le Second Rebond de la balle. Transformez vos risques en opportunités – Ronald Cohen (2008).
La Terre à l'envers : trop plate, trop chaude, trop de monde – Thomas Friedman (2009).
L'Art d'être infidèle – Paris – New York – Tokyo – Moscou – Pamela Druckerman (2009).
Petits secrets et grandes intrigues. Complots, mensonges et trahisons à la Commission européenne – Derk-Jan Eppink (2009).
Dieu n'est pas mort. La science n'explique pas tout – David Berlinski (2009).
L'Empire américain. L'heure du partage – Fareed Zakaria (2009).
L'Irrésistible Ascension de l'argent. De Babylone à Wall Street – Niall Ferguson (2009).
Les Américains à Paris. Vie et mort sous l'Occupation nazie 1940-1944 – Charles Glass (2010).
La Twittérature. Les chefs-d'œuvre de la littérature revus par la génération Twitter – Emmett Rensin et Alexander Aciman (2010).
Ces hommes qui ont fait l'Amérique – Felix Rohatyn (2010).
2012. La fin du Monde n'aura pas lieu. La prophétie maya réfutée par la science – Alain Cirou (2010).
Éloge de l'optimisme. Quand les enthousiastes font bouger le monde – Philippe Gabilliet (2010).
Les 25 Empires du désert. Une histoire du Proche et Moyen-Orient – Pierre Mussa (2011).
La Race des purs. Comment les Nord-Coréens se voient – Brian R. Myers (2011).
Mr China. Comment perdre 450 millions de dollars à Pékin après avoir fait fortune à Wall Street – Tim Clissold (nouvelle édition, 2011).
Un banquier dans le siècle. L'homme qui a sauvé New York de la faillite – Felix Rohatyn (2011).
Peut mieux faire ! Pour un renouveau des politiques de l'éducation – Michel Dollé (2012).
La Mer à l'aube. Les dernières heures de Guy Môquet – Volker Schloendorff (2012).
10 conseils utiles aux futurs dictateurs. Bien choisir sa femme, ses amis, ses ennemis… – Bénédicte Lapeyre (2012).
Éloge de la chance, ou l'art de prendre sa vie en main – Philippe Gabilliet (2012).
Obama la vérité. Dans les coulisses de la Maison-Blanche – Ron Suskind (2012).
Le Début de l'histoire – Francis Fukuyama (2012).
Back in the USA. Quand l'Amérique se réinvente – Thomas L. Friedman et Michael Mandelbaum (2012).
Économie zombie. Pourquoi les mauvaises idées ont la vie dure – John Quiggin (2013).
Le Grand Roman de notre histoire. 2 000 ans de guerres et de passions – José Enrique Ruiz-Domènec (2013).
Le Pouvoir des habitudes. Changer un rien pour tout changer – Charles Duhigg (2013).
Les Crimes cachés des présidents. Une autre histoire de l'Amérique – Oliver Stone et Peter Kuznick (2014).
Éloge des esprits libres. De Lao-tseu à Nietzsche – Marc Halévy (2014).
Il n'y a pas que l'euro. Démocratie, travail, égalité – Massimo D'Alema (2014).
Civilisations. L'Occident et le reste du monde – Niall Ferguson (2014).
La Tragédie de l'Union européenne. Désintégration ou renaissance ? – George Soros (2014).
L'Attrape chance. Récit – Dominique Eudes (2014).
Le Paradoxe du poisson rouge. Une voie chinoise pour réussir – Hesna Cailliau (2015).

50 bonnes raisons de choisir l'optimisme – Thierry SAUSSEZ (mars 2015).
Rien n'est vrai, tout est possible. Aventures dans la Russie d'aujourd'hui – Peter POMERANTSEV (2015).
Éloge de l'audace et de la vie romanesque – Philippe GABILLIET (2015).
Main basse sur le Kazakhstan – Marc RUSCART (2016).
Éloge de la métamorphose. En marche pour une nouvelle humanité – Alain DE VULPIAN avec Irène DUPOUX-COUTURIER (2016).
Une vie animée. Le destin inouï d'un enfant autiste – Ron SUSKIND (2017).
Merci d'être en retard. Survivre dans le monde de demain – Thomas FRIEDMAN (2017).
L'Homme qui a vendu son nom – BARBARY (2017).
À l'ombre de l'épée. Naissance de l'islam et grandeur de l'empire arabe – Tom HOLLAND (2017).
Les Vertus de l'inégalité – Marc DE VOS (2017).
Le Temps des fous. Quand l'Amérique abandonne sa démocratie – Lewis LAPHAM (2018).
L'Art de changer de vie en 5 leçons – Philippe GABILLIET (2018).
Éloge des vertus – Jean-Yves BOULIC (2018).
Les Grands Entretiens de l'Histoire – Jean-Marc SYLVESTRE (2018).
J'ai décidé d'être là. Comment être présent à l'ère du digital – Aurélie SIRDEY (2018).
Obama Confidentiel. 10 ans dans l'ombre du Président – Ben RHODES (2019).
L'Ami indésirable. La fin d'une histoire ? – Georg BLUME (2019).
Tyrans. Shakespeare raconte le XXIe siècle – Stephen GREENBLATT (2019).
L'Œuvre sans auteur. Le destin tragique d'une famille allemande – Florian HENCKEL VON DONNERSMARCK (2019).
Les Bâtisseurs du futur. Le monde que vous attendez est déjà là – Hesna CAILLIAU (2019).
Le Pouvoir de l'art – Markus GABRIEL (2019).
Dans la tête d'Orwell. La vérité sur l'auteur de 1984 – Christopher HITCHENS (2019).
Les Chrétiens. Comment ils ont changé le monde – Tom HOLLAND (2019).
100 ans. Le bonheur d'être centenaire – Lynda GRATTON et Andrew SCOTT (2020).
Les Robots, les hommes et la paix – Timo HONKELA (2020).
Fantaisies quantiques. Dans les coulisses des inventions du XXe siècle – Catherine D'OULTREMONT et Marina SOLVAY (2020).
La Cible – Sandro GOZI (2020).
Opération Condor. Un homme face à la terreur en Amérique latine – Pablo Daniel MAGEE (2020).
La Fin des manipulateurs. Comment mettre au pas les géants de la Silicon Valley – Pierre POZZI BELFORTI et Pierre-Henri THOMAS (2020).
Retour vers le futur. 10 leçons pour demain – Fareed ZAKARIA (2021).
Impact. Quand l'argent a du cœur – Ronald COHEN (2021).
Le jour où la Chine va gagner. La fin de la suprématie américaine – Kishore MAHBUBANI (mars 2021).
Déjeuner avec les talibans. Révélations d'un diplomate – Jean-Yves BERTHAULT (2021).
Apocalypses. De l'Antiquité à nos jours – Niall FERGUSON *(2021).*
Éloge de l'inattendu. L'art de se laisser surprendre – Philippe GABILLIET (2021).
Les Amazones du Mossad. Au cœur des services secrets israéliens – Michel BAR-ZOHAR et Nissim MISHAL (2022).
Une symphonie fantastique. L'histoire de la musique de l'origine à nos jours – Michel SPITZER, préface d'Éric-Emmanuel SCHMITT (2022).
Les Criminels de la cryptomonnaie. Traque au cœur du Dark Web – Andy GREENBERG (2022).
L'invention de la Chine. 5 000 ans d'histoire – Bill HAYTON (février 2023).
Libéralisme, vents contraires – Francis FUKUYAMA (mars 2023).

Achevé d'imprimer sur les presses
de l'imprimerie CPI Firmin-Didot
à Mesnil sur l'Estrée
pour le compte des
éditions Saint-Simon
en mars 2023

N° d'impression : 174268
Dépôt légal : avril 2023
ISBN : 978-2-37435-040-0